상식 쏙쏙

세계사 퀴즈
1000

상식 쏙쏙 세계사 퀴즈 1000

지 은 이 | 메러디스 맥아들(Meredith MacArdle)

편 역 | 마도경

펴 낸 이 | 박동성

엮 은 이 | 박지선

펴낸 곳 | **사일런스북** | 경기도 수원시 장안구 송정로 76번길 36

전 화 | 070-4823-8399

팩 스 | 031-248-8399

홈페이지 | www.silencebook.co.kr

출판등록 | 제2016-000084호 (2016.12.16)

2019년 11월 11일 초판 1쇄 발행

ISBN | 979-11-89437-16-9 03900

가격 | 14,300원

「이 도서의 국립중앙도서관 출판예정도서목록(CIP)은 서지정보유통지원시스템 홈페이지 (http://seoji.nl.go.kr)와 국가자료공동목록시스템(http://www.nl.go.kr/kolisnet)에서 이용 하실 수 있습니다.

(CIP제어번호: CIP2019038135)」

상식 쏙쏙
세계사 퀴즈
1000

메러디스 맥아들 지음

마도경 편역

 알맹

목차

머리말

영국의 작가 L. P. 하틀리Hartley는 1953년에 출간한 소설《중매자The Go-Between》에서 "과거는 '외국'이다. 그곳 사람들은 다른 식으로 살고 행동한다."라고 썼다.

과거는 현대인들이 계속, 즐겁게 방문할 수 있는 '나라'이다. 텔레비전에서 시대극을 보든, 역사가들과 고고학자들이 최근에 발견한 놀라운 연구 결과를 책으로 보든, 역사를 늘 우리를 매혹하고, 심취하게 하며, 우리는 동질감을 느낀다. 이 세상에 존재했던 많은 문화와 문명들은 모두 수백 년에 걸친 인류의 노력으로 이루어졌다. 그리고 그것들은 모두 현대인의 삶에 기반이 되었다. 역사는 헤아릴 수 없이 많은 전쟁과 분쟁으로 점철돼 있지만, 평화적인 사건들도 많이 있으며, 예술과 과학 그리고 우리 사회가 발전하는 과정에서 우리가 겪어야 했던 격변의 시대들도 많이 있었다.

이 책은 인류의 모든 시대와 국가들을 탐색·조망하되, 역사적으로 중요한 사건들과 세계사에 뚜렷한 발자국을 남긴 중요 인물들에게 초점을 맞추었다. 만약 여러분이 특정한 시대 또는 특정한 나라에 대해 많이 알고 있다면 이 책에 수록된 '일부 특정한' 문제들을 쉽게 맞힐 수 있을지 모른다. 하지만 이 책에는 어떤 역사적 인물이 언제, 무슨 행동을, 왜 했는지에 대하여 자신의 지식을 평가해볼 수 있는 수준 높은 문제들도 많이 수록돼 있다.

1장

기원전 3500년~기원전 799년

1. 기원전 3500년 인류는 여전히 동물의 뼈, 사슴뿔, 나무와 더불어 석기를 주로 사용하고 있었다. 인류 발달사에서 이 시대는 무슨 시대로 불리는가?

2. 알프스산맥에 작은 공동체들을 이루고 살던 인류는 기원전 3500년경 호수와 강변에 독특한 구조의 집을 짓고 살았다. 이 집들을 무엇이라고 부르는가?
   A 원형 탑   B 기둥/말뚝으로 받친 오두막   C 바지선 주택

3. 기원전 3500년 이전 시대, 인류가 주로 사용한 딱딱한 물질은 돌이었지만 일부 지역에서는 금속도 사용되었다. 그 금속은 무엇이었는가?

4. 기원전 3500년경 중국인들은 작은 동물을 키워 그것으로부터 천을 만들었다. 그것은 무엇이며, 그것이 생산하는 물질은 무엇인가?

5. 인류 최초의 문명들은 지리학적으로 어떤 지형에서 주로 발달하였는가?
   A 산꼭대기   B 대초원과 평원지대   C 하곡河谷

○정답○

❶. 신석기시대

❷. B 기둥/말뚝으로 받친 오두막

❸. 구리

❹. 누에. 누에는 비단을 생산한다.

❺. C 하곡河谷

6. 아메리카 대륙에서 탄생한 역사상 최초의 문명은 기원전 3500년경부터 기원전 1800년경까지 지금의 페루 지역에서 번영한 노르테 치코 Norte Chico 문명이다. 그들은 피라미드, 흙을 쌓아 올린 둔덕 같은 대단한 규모의 구조물들을 만들었다. 그 문명 사람들은 그 외에 이와는 대조적인 구조물도 만들었는데 그것은 무엇인가?

   A 오벨리스크   **B** 크고, 지표면보다 낮은 원형 광장   **C** 둥근 탑

7. 아메리카 대륙에서 재배된 최초의 농작물은 무엇인가?

   A 밀   **B** 옥수수   **C** 쌀

8. 수메르, 바빌론, 아시리아 같은 고대 문명의 요람인 메소포타미아 지역은 오늘날의 어느 나라인가?

   A 터키   **B** 이란   **C** 이라크

9. 기원전 3500년경 오늘날 페루 지역의 주민들은 수송 수단으로 어떤 동물을 이용했나?

10. 고대에 만들어진 환상 열석은 오늘날 많은 나라에서 발견할 수 있다. 잉글랜드에 있는 스톤헨지 Stonehenge (아래 사진)는 독특한 형태의 환상 열석인가?

○정답○

6. B 크고 지표면보다 낮은 원형의 광장

보충: 이런 광장을 선큰 광장Sunken Plaza, 땅속으로 깊게 파인 구조로 햇볕이 잘 드는 광장이라고 한다.

7. B 옥수수

8. C 이라크. 정확히 말하면 티그리스강과 유프라테스강 사이의 지역

9. 라마

10. 그렇다. 이 고대 유물은 세계에서 가장 정교하게 만들어진 환상 열석이며, 유일하게 삼석탑三石塔, 곧게 선 두 돌 위에 한 개의 돌을 가로로 얹어 놓은 거석 기념물이 포함돼 있다. 이것은 또 상인방가로로 놓인 돌을 얹어 놓기 위해 장붓구멍목재에 다른 목재를 끼우기 위해 내는 구멍과 장부 이음을 사용해 곧추선 돌들을 원형으로 연결해 놓은 유일한 환상 열석이다.

보충: 환상 열석은 거대한 선돌이 둥글게 줄지어 놓인 고대 유적을 말한다.

11. **OX 문제** 젓가락은 기원전 3500년 이전부터 이미 중국에서 사용되었다.

12. 정확한 연대는 알 수 없으나, 아마도 기원전 3239년에서 기원전 3105년 사이에 오늘날 오스트리아와 이탈리아의 접경을 따라 알프스산맥을 넘으려 했으나, 산속에서 죽은 사람이 있었다. 그는 누구인가?

13. 이 미라는 오늘날 전 세계에서 흔히 볼 수 있는 장식을 자기 몸에 하고 있었다. 그것은 무엇인가?

14. 기원전 3200년경 메소포타미아인들은 새로운 이동 수단, 또는 운송 장치를 발명했다. 그것은 무엇인가?

15. 기원전 3200년경 수메르인들이 개발한 **아래의 문자**를 무엇이라고 하는가? 이것은 보통 쐐기 모양의 도구를 젖은 점토판에 눌러서 만들었다.

⑪. O. 그럴 가능성이 매우 크다.

⑫. 얼음인간 외치Ötzi. 후기 신석기시대에 살았던 인간의 미라로서, 자연 상태로 보존된 미라로서는 유럽에서 가장 오래되었다.

보충: 외치Ötzi는 1991년 이탈리아·오스트리아 국경 지대의 빙하에서 발견된 신석기시대의 남성 미라이다. 연구 결과, 동물 가죽으로 만든 옷을 입었고, 어깨에 화살을 맞아 숨진 것으로 추정됐다. 발견 당시 빙하 속에서 냉동·건조되어 피부와 내장은 물론 혈액 속의 DNA까지 완벽하게 보존됐다.

⑬. 문신

보충: 학자들은 이 미라의 몸에서 수십 개의 문신을 발견했다.

⑭. 바퀴 또는 바퀴 달린 운송 수단

⑮. 설형楔形 문자

보충: 설형문자는 수메르인들이 기원전 3000년경부터 사용했던 상형문자로, 현재 알려진 것 중 역사상 최초의 문자이다. 쐐기문자cuneiform라고도 한다. 시간이 지나면서 상형 문자적인 요소는 줄어들고 점점 추상화되었다.

16. 기원전 3200년경 이집트 나일강 변의 농부들은 나일강이 새벽에 떠오르는 어떤 별과 때를 같이하여 범람한다는 사실을 발견했는가?

A 시리우스천랑성 **B** 북극성 **C** 켄타우루스자리의 알파$_\alpha$별

17. 고대 이집트의 왕조 시대는 3개의 주요 범주로 구분한다. 이것은 무엇으로 나뉘는가?

A 왕국 **B** 제국 **C** 집

18. 주요 이집트 왕조 시대들 사이에 끼어 있는 불안하고 분열된 시기를 무엇이라고 부르는가?

19. 아일랜드에 있는 뉴그레인지Newgrange의 '통로 무덤'은 기원전 약 3200년에 조성된 것으로 알려져 있다. 이 고분은 연중 하루, 햇빛이 통로를 통해 들어와 묘실 안까지 환하게 비치도록 설계돼 있다. 그날은 언제인가?

20. 스코틀랜드 오크니Orkney섬에서 발견된 신석기시대의 촌락은 기원전 약 3100년 전에 조성된 것으로 추정되는데, 이 섬에는 나무가 귀했기 때문에 침대, 선반, 식탁 등 집에 있는 가구 대부분은 돌로 만들어졌다. 이 촌락의 이름은 무엇인가?

21. 기원전 3000년경 소말리아에 살던 사람들은 어떤 동물을 가축화하였나?

힌트: 뒤이어 아프리카 다른 지역에 살던 주민들도 이를 모방하였다.

A 늑대 **B** 낙타 **C** 고양이

○정답○

⑯. A 시리우스_{천랑성}

⑰. A 왕국.　즉 고왕국, 중왕국, 신왕국으로 구분한다.

　보충: 고대 이집트의 왕조 시대는 대략 3000년에 이르며, 이것은 다시 고-중-
　　　 신이라는 세 차례의 왕국 시대와 그 사이에 있는 세 번의 중간기, 그리
　　　 고 말기 시대와 프톨레마이오스 시대로 구분된다.

⑱. 중간기

　보충: 이 3개의 왕국 시대 사이에 끼어 있는 3번의 중간기는 통일 왕국이 해
　　　 체되어 이집트 각 지역에서 여러 정권이 동시에 존재하며 서로 경쟁을
　　　 하던 시기를 말한다. 중국의 춘추전국시대와 비슷하다.

⑲. 동짓날

　보충: 뉴그레인지는 아일랜드 미스_{Meath}주에 있는 돌로 구축된 거대한 묘실_{墓室}로 신석기시대에 지어진 것으로 추정된다. 이 유적은 커다란 고분 하
　　　 나로 이루어져 있으며 고분 안에는 석조 통로와 석실이 있는데, 내부 석
　　　 실에서 인간의 유골과 부장품 또는 봉납품으로 생각되는 유물들이 발견
　　　 되었다. 고분 입구 통로 방향은 동지점 위치와 나란하며, 이 때문에 동
　　　 지가 되면 태양 빛이 입구를 통해 들어와 석실 안까지 들어찬다.

⑳. 스카라 브레이_{Skara Brae}

㉑. B 낙타

22. OX 문제   포르투갈 잠부제이루_{Zambujeiro}에 있는 거대한 고인돌은 대
략 기원전 3000년에 만들어졌으며, 단일 묘실을 갖춘 봉분으로는 유
럽에서 가장 큰 것이다. 여기에는 최고 8m에 달하는 거석들이 줄지어
늘어서 있다. 돌들의 크기가 너무 커서 1960년대에 이 유적지를 탐사
했던 고고학자들은 묘실에 접근하기 위해 다이너마이트를 사용해야
했다.

23. 기원전 3000년 이전에 인류가 제작했던 두 가지 귀금속은 무엇인가?

24. 수메르 문명에서 처음 나타난 정치 및 사회 조직의 형태는 무엇인가?
  A 광범위한 제국   **B** 도시국가   **C** 이동하는 궁중

25. 아래 사진은 루즘 엘히리_{Rujm el-Hiri, '살쾡이의 돌무더기'} 또는 길갈 리페임
_{Gilgal Refaim, '유령들의 바퀴'}이라고 불리는 환상 거석으로, 기원전 3000년
에서 2700년 사이에 조성된 것으로 추정된다. 이 거석 기념물은 어디
에 있는가?
  A 홍콩   **B** 스웨덴   **C** 시리아/이스라엘의 골란고원

○정답○

㉒. O

㉓. 금과 은

㉔. B 도시국가

㉕. C 시리아/이스라엘의 골란고원_{Golan Heights}

26. 세계에서 가장 큰 선사시대의 환상 열석은 어디에 있는가?

27. 고대 이집트어로 '파라오pharaoh'는 무슨 뜻인가?

28. 기원전 3050년경 상이집트와 하이집트를 하나로 통일하여 통합 이집트 제1왕조를 건립한 이집트의 파라오는 누구인가?

29. 2000년 이상 지속한 도시로서 센나케리브Senacherib 왕과 아슈르바니팔 Ashurbanipal 왕이 발전시켰고, 거대한 고대의 도서관이 있는, 메소포타미아 시대의 중요한 도시는 어디인가?
A 알렉산드리아   **B** 비블로스   **C** 니네베

30. 유럽에서 가장 오래전에 발생한 문명으로, 기원전 2700년에서 기원전 1500년까지 지중해 지역, 특히 크레타Crete섬을 중심으로 번성했던 문명은 무엇인가?

31. 아래 사진은 선사시대의 거석들로서, 세계에서 가장 큰 거석 집합소 중 하나이다. 이곳은 어디인가?

26. 잉글랜드의 에이브버리Avebury

27. 큰 집

　보충: 파라오Pharaoh는 고대 이집트의 정치·종교적 최고 통치자를 나타내는 표현으로 이집트의 왕 또는 왕위를 나타내는 말이다. 원래는 "큰 집"이라는 뜻으로 이집트 왕의 궁정, 왕궁을 나타내는 말이었으나, 시간이 흐르면서 '왕'이라는 의미를 나타내게 되었다.

28. 메네스Menes

29. C 니네베Nineveh

　보충: 아슈르바니팔은 고대 아시리아의 마지막 왕으로 기원전 669년부터 기원전 627년까지 통치했다. 그의 재위기에 아시리아는 군사적 측면은 물론, 문화적으로도 최전성기를 구가했으며, 니네베에 세계 최초로 체계적인 도서관을 세운 것으로 유명하다. 비블로스는 오늘날 레바논의 수도 베이루트 인근에 있는 고대 페니키아의 항구 도시이다.

30. 크레타섬을 비롯하여 에게해 연안의 여러 섬에서 번영했던 '미노아Minoan 문명'

　보충: 미노아 문명은 그리스의 크레타섬을 중심으로 번성한 청동기시대의 고대 문명이다. 크레타 문명이라고도 한다.

31. 프랑스 브르타뉴Brittany의 카르나크Carnac 유적지

32. 벽화와 조각을 통해 이 문명이 독특한 형태의 오락용 곡예 또는 종교 의식을 행했다는 게 알려졌다. 여기에 크고 위험한 동물이 등장하는데 그것은 무엇인가?

33. **OX 문제**　우리는 '선형문자 A'라고 불리는 이 문명의 문자 체계를 아직 해독하지 못했다.

34. 현재까지 알려진, 이 문명의 가장 큰 중심지는 어디인가?

35. 유럽에서 청동기시대에 가장 널리 보급되었던 무기는 무엇인가?

36. 중국의 청동기시대를 나타내는 대표적인 물건은 무엇인가?

　A 그릇　**B** 방패　**C** 투구

37. 청동기시대와 특히 관련이 깊은 중국의 왕조는 무엇인가?

38. 중국에서 기원전 약 2500년에 반신반인 존재인 황제黃帝와 그의 부인 누조嫘祖는 초기 형태의 문자, 달력, 도기 등 문명의 여러 상징을 발명한 것으로 알려져 있다. 황제는 중국에서 가장 중요한 강의 주변 지역 흙 색깔에서 비롯한 또 다른 칭호로 불렸다. 그것은 무엇인가?

　A 자주색 황제

　B 노란 황제

　C 붉은 황제

○정답○

㉜. 황소(의 뿔 위로 뛰어넘기)

㉝. O

> 보충: 선형문자 A_{Linear A}는 크레타섬에서 사용한 문자 체계이다. 영국의 고고학자인 아서 에번스_{Arthur Evans}가 1900년 크노소스 궁전을 발굴하다가 발견하였다. 이 문자는 크레타섬 각지에서 출토되어, 크레타 주민들이 널리 사용했던 문자로 추정된다. 같이 발견된 '선형문자 B'는 1950년대에 마이클 벤트리스_{Michael Ventris}에 의해 해독되었지만, 선형문자 A는 조각된 점토판의 품질이 좋지 않고 발견된 수도 적어 아직 해독되지 않았다.

㉞. 크레타섬의 크노소스_{Knossos}

> 보충: 크노소스는 에게 문명의 중심지로 번영하였던 크레타섬 내의 고대 도시

㉟. 도끼

㊱. A 그릇

㊲. 상商나라

> 보충: 상商, 기원전 1600년경~기원전 1046년경나라는 역사적으로 실제 존재했다고 여겨지는 최초의 중국 왕조이다. 이 나라의 마지막 도읍이 은殷이기 때문에, 은나라라고 부르기도 한다.

㊳. B 노란 황제_{Yellow Emperor}

> 보충: 누조嫘祖는 양잠법의 창시자로 각종 문헌에 묘사돼 있다.

39. OX 문제 수메르인들은 인류 역사상 최초의 전쟁 기록을 기원전 2700여 년 전에 돌에 새겨 놓았다.

40. 현재까지 알려진 역사상 최초의 건축가는 기원전 2667년에서 태어나 기원전 2648년에 죽은 사람으로서 당시 이집트의 파라오인 조세르 _{Djoser}를 위해 최초의 피라미드를 지었고, 나중에 의사로서의 재능 때문에 멤피스_{카이로 남쪽, 나일강 유역에 위치한 고대 이집트의 수도}에서 신으로 추앙을 받았다. 그는 누구인가?

A 람세스 **B** 프톨레마이오스 **C** 임호테프

41. 기원전 2663년에서 2195년까지 지속한 이집트 고왕국 시대의 수도는 어디였는가?

A 알렉산드리아 **B** 카이로 **C** 멤피스

42. 인더스 계곡 문명은 기원전 2600년에서 기원전 1800년 사이에 절정기를 누렸는데, 이 문명이 꽃을 피운 주요 도시들은 대체로 오늘날 어느 나라(들)에 속해 있는가?

43. 고대 이집트 문명과 인더스 계곡 문명 중 어느 문명이 더 넓은 영토를 점유하고 있었는가?

44. 인더스강 문명에 속한 많은 집에서 발견할 수 있는 위생상의 특징은 무엇인가?

○정답○

39. O

40. C 임호테프Imhotep

　보충: 임호테프는 고대 이집트의 학자이자 태양신 라Ra를 섬기는 대제사장이
　　　었다. 이집트 피라미드의 역사상 건축가로 거론된 유일한 사람이다. 그
　　　는 기록에 역사상 최초의 공학자이자 의사, 건축가로 서술되어 있다. 사
　　　후, 이집트에서는 건축과 공학의 신으로 추앙받았다. 조세르는 이집트
　　　제3왕조의 두 번째 파라오이다. 람세스는 고대 이집트의 파라오 이름이
　　　며, 프톨레마이오스는 기원전 4~3세기에 이집트를 지배한 프톨레마이
　　　오스 왕조의 역대 왕.

41. C 멤피스

42. 파키스탄과 인도

　보충: 인더스 문명 또는 인더스 계곡 문명Indus Valley Civilization은 기원전 약
　　　3300년에서 1700년까지 존속하였으며, 기원전 2600년에서 1800년
　　　사이에 흥했던 문명으로, 인더스강과 현재 파키스탄과 북서쪽 인도에
　　　걸쳐 있는 가가 하크라Ghaggar-Hakra강 사이에 있었다. 인도 최초의 문명
　　　으로, 세계 4대 문명 중 하나이다.

43. 인더스 계곡 문명

44. 수세식 변소

45. OX 문제 고고학자들은 인더스강 문명의 주민들이 도시 주변에 거대하고, 방어적인 성벽을 쌓은 가장 큰 목적이 홍수를 막기 위해서라고 추정한다.

46. 인더스강 문명을 빛낸 도시들에 사람이 거주한 기간은 겨우 700년이었다. 고고학자들은 그곳의 도시 문명이 종말을 고한 이유로 무엇을 꼽고 있는가?
A 남쪽에서 정복자들이 침공했다.
B 강이 말라, 인구가 밀집된 도시들이 더 존속하기 힘들었다.
C 도시들 간에 전쟁이 일어났다.

47. OX 문제 인더스강 문명의 중요한 유산인 이 인더스 문자 또는 하라판 문자Harappan script는 아직 해독되지 않았다.

48. 기원전 2350년경 메소포타미아 지역 아카드Akkard 도시를 다스리는 왕이 최초의 직업 군대를 양성하여 최초의 정복 전쟁을 일으켜 마침내 수메르-아카드 제국을 창건하였다. 그는 누구인가?
A 사르곤 1세 **B** 네브카드네자르 **C** 함무라비

49. 기원전 2200년에서 기원전 1500년 사이에 수메르인들은 계단식 탑 위에 거대한 신전을 건축했다. 그 신전들을 무엇이라고 부르는가?

○정답○

㊺. O

㊻. B 강이 말라, 인구가 밀집된 도시들이 더 존속하기 힘들었다.

㊼. O

보충: 인더스 문자는 인더스 문명의 중기, 하라파와 모헨조다로 등 문명의 중심지에서 사용된 상형문자이다. 인장, 도장류에 새겨진 인더스 문자는 아직 완전히 해독되지 않고 있다.

㊽. A 사르곤Sargon 1세

보충: 사르곤 왕은 흔히 "아카드의 사르곤"으로 불리는 인물로, 기원전 24~23세기에 수메르 도시국가들을 정복, 제국을 창건하여 56년간 재위하였다. 사르곤 왕의 치세는 아시리아 제국의 사르곤 부조에서 드러나 있다. 네브카드네자르는 신新바빌로니아의 왕이며, 함무라비는 기원전 18세기경의 바빌로니아 왕으로 함무라비 법전의 제정으로 유명하다.

㊾. 지구라트Ziggurat

보충: 지구라트는 흙을 햇볕에 말려 만든 벽돌이나 구워 만든 벽돌로 만들어진 메소포타미아 성탑聖塔이다. 우르 제3왕조 시대에 만들어진 '우르의 거대한 지구라트'는 난나르Nannar 신에게 바쳐진 것으로, 기단은 3단이며 꼭대기에 신전을 떠받들고 있는 형상이다. 신바빌로니아 시대의 건축물로서, '바벨탑'이라는 이름으로 더 유명한 바빌론 성탑은 7층의 기단 위에 세워진 마르두크 신의 성탑이다.

50. 기원전 2100년에 수메르의 도시국가인 우르Ur에서 처음 건축되었고, 그 후 기원전 6세기에 다시 지어진 건물은 이 무엇인가? (사진 참조)

51. 기원전 2000년경 메소포타미아 지역에서 쓰인 세계에서 가장 오래된 이야기는 무엇인가?

52. 기원전 2000년경 '종' 모양의 도기를 만들어 사용했던 유럽 민족에게 는 어떤 별명이 부여되었는가? 이 도기들에는 흔히 여러 겹으로 가로 로 그려 넣은 장식이 곁들여져 있다.

53. 기원전 2000년대에 생존했던 인물로 추정되고, 메소포타미아 지역인 갈데아Chaldees의 우르 출신으로서 하나님과 약속을 하고 유대교를 창 시한 유대 '족장'은 누구인가?

54. 기원전 1792년부터 1750년까지 바빌론을 통치했던 함무라비 왕은 수메르-아카드 제국을 정복한 뒤 강력한 국가를 건설하였다. 그는 돌 기둥과 점토판에 무엇을 새겨 넣었는가?

○정답○

50. 우르의 거대한 지구라트

51. 길가메시 서사시

　　보충: 길가메시 서사시는 고대 메소포타미아의 서사시로 수메르 남부의 도시
　　　　국가 우르의 전설적인 왕 길가메시의 업적을 찬양하는 노래이다. 19세
　　　　기 서남아시아 지방을 탐사하던 고고학자들이 수메르의 고대 도시들을
　　　　발굴하는 과정에서 발견되었다. 길가메시 서사시는 호메로스의 서사시
　　　　보다 1500년 정도 앞선 것으로 평가된다.

52. 비커족Beaker people

　　보충: 비커족은 후기 신석기시대와 초기 청동기 시대의 유럽 북부와 서부 지
　　　　역에서 독특한 도기 그릇을 만들어 사용하던 족속을 일컫는다.

53. 아브라함Abraham

54. 인류 역사상 최초의 방대한 법전. 일명 함무라비 법전

55. 이집트 카이로에 있는 '기자의 대피라미드'는 어느 파라오의 무덤인가?

A 람세스 2세   B 클레오파트라   C 쿠푸

56. 아래 사진 속 이집트 피라미드의 이름은?

A 사카라(또는 조세르)의 계단식 피라미드

B 하와라의 원형 피라미드

C 테베의 블록 피라미드

57. 이집트 피라미드는 원래 건축물 기초로 쓰이는 거대한, 사각형 돌덩어리와는 다른 매끄러운 자재로 둘러싸여 있었다. 그 덮개로 쓰인 자재는 무엇이며 무슨 색깔이었는가?

A 붉은 황토   B 초록색 대리석   C 백색 석회석

58. 기원전 1700년경 장기간에 걸친 기후 작용이 끝나고, 한때 비옥했던 북아프리카 지역의 토질은 영구히 변해버렸다. 이 지역의 현재 이름은 무엇인가?

○정답○

55. **C** 쿠푸Khufu. 또는 그의 그리스식 이름인 키옵스Cheops

보충: 기자의 대피라미드는 이집트 기자에 있는 피라미드 중 하나이다. 기원
전 2560년 무렵에 세워졌으며, 완공까지 약 20년이 걸렸다. 피라미드
중 가장 규모가 커 '대피라미드'라고도 불린다. 바로 옆에 아들과 손자
파라오의 피라미드가 있다. 가장 유명한 스핑크스가 기자의 피라미드군
앞에 있다. 이 피라미드는 세계 7대 불가사의 중 하나이자, 유일하게 현
재까지 남아 있는 것이다.

56. **A** 사카라의 계단식 피라미드

보충: 블록은 사각형의 돌덩어리를 뜻한다.

57. **C** 백색 석회석

보충: 기자 피라미드 본체에 사용했던 석회암은 기자 고원에 있는 품질이 떨
어지는 석회암이었다. 외장석으로 사용하는 결이 고운 하얀 석회암은
현재 카이로 근처의 채석장인 투라Tura와 마아사라Ma'asara 인근에 있는
무카탐Muqattam산에서 갖고 온 것으로 추정된다. 요즘도 투라에서는 최
고급의 석회암을 생산하고 있다.

58. 사하라 사막

59. 기원전 1650년에서 기원전 700년 사이에 지어진 미시시피 강가의 파버티 포인트Poverty Point는 북아메리카에서 발견된 동시대의 흙 둔덕 중 가장 크고 가장 정교한 형태의 흙 둔덕이다. 이 유적지의 가장 뚜렷한 특징은 무엇인가?

A 크고 둥근 흙 둔덕

B 다진 흙으로 만든 피라미드

C C자형 동심원의 흙 둔덕들

60. 기원전 1600년경 강력한 제국으로 발전하였고, 기원전 1595년 유프라테스강을 따라 메소포타미아 지역을 침공하여 바빌론시를 약탈한 이 제국은?

A 후라이트 제국   **B** 히타이트 제국   **C** 해카이트 제국

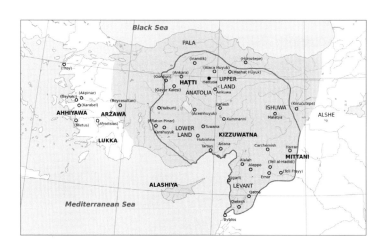

61. 기원전 1500년경 아메리카 대륙의 초기 문명이 멕시코의 동부 해안과 멕시코만을 따라 부흥하였다. 이 민족은 거대한 석재 두상을 건조한 민족으로 유명하다. 이들은 누구인가?

A 톨텍족   **B** 올멕족   **C** 아즈텍족

○정답○

❺❾. C C자형 동심원의 흙 둔덕들

❻⓪. B 히타이트 제국_{Hittite Empire}

❻❶. B 올멕족_{Olmecs}

　　보충: 톨텍족은 10세기경 멕시코를 중심으로 번영했던 인디언. 올멕족은 멕
　　　　시코의 타바스코_{Tabasco}와 베라크루스_{Veracruz}에 주로 거주하던 고대 인디
　　　　오로서 메소아메리카_{중미} 대륙 최초의 문명을 일으켰다. 아즈텍족은 멕
　　　　시코 원주민으로 1519년 스페인의 코르테스_{Cortes}에게 정복당하였다.

62. 쿠시Kush 피라미드는 어느 지역에 지어진 피라미드인가?

　　A 이집트　**B** 수단　**C** 중앙아메리카

63. 기원전 1580년에서 기원전 1080년 사이에 이집트는 지중해 및 북아프리카 지역에서 지배적인 세력으로 떠올랐다. 이집트가 지배한 두 이웃 나라는 어디인가?

　　A 누비아, 팔레스타인　**B** 리비아, 누비아　**C** 리비아, 팔레스타인

64. 인도에서 기원전 1500년경부터 기원전 800년경까지 융성했던 시대를 왜 베다 시대Vedic Age라고 부르는가?

65. **OX 문제**　중국의 상商나라 때의 유물인 갑골문자는 당대 사회상을 충실하게 반영한 독특한 기록이다.

66. 기원전 1473년경 이집트의 섭정 여왕이었던 하트셉수트Hatshepsut는 파라오로서 이집트를 통치하기 시작했다.　**OX 문제**　이때부터 그녀는 흔히 남자 옷을 입고 가짜 수염을 붙인 모습으로 각종 미술품에 묘사되기 시작했다.

67. 기원전 1457년에 벌어진 역사상 최초의 각개전투는 다음 중 어느 것?

　　A 이스라엘인들과 가나안 사람들 간에 벌어진 예리코 전투

　　B 이집트인들과 히타이트족 간에 벌어진 유프라테스 전투

　　C 이집트인들과 카데쉬 사이에 벌어진 메기도 전투

68. **OX 문제**　고대 이집트인들은 세 가지 형태의 문자, 즉 상형문자Hiero-glyph, 신관 문자Hieratic, 민중 문자Demotic를 사용하였다.

○정답○

㉒. B 수단

㉓. A 누비아와 팔레스타인

　　보충: 이집트는 남쪽으로 누비아까지, 동쪽으로는 팔레스타인 지역까지 지배
　　　　하였다. 누비아는 오늘날 아프리카 수단의 북부 지방을 가리킨다.

㉔. 이 시대에《베다Vedas》라는 힌두교 경전이 편찬되었기 때문이다.

㉕. O. 그것들은 고대 중국의 사회상을 집대성한 문헌이다.

㉖. O. 아마도 자신이 진정한 파라오임을 과시하기 위해서 그랬던 것
　　　 같다.

㉗. C 이집트인들과 카데쉬 사이에 벌어진 메기도 전투

　　보충: 메기도Megiddo 전투는 기원전 1457년경 투트모세 3세가 이끄는 이집트
　　　　신왕국과 유대족 사이에 벌어진 전투이다. 이 전투에서는 이집트가 승
　　　　리하였다.

㉘. O. '그림'이 곁들여져 있는 상형문자는 건축물과 기념물 등에 사용
　　　 되었다. 민중 문자는 일상적인 문서에 쓰는 육필 문자였으며, 신관 문
　　　 자는 종교적 문서에 사용되었다.

69. 고대 이집트인들이 일반적으로 어느 물질 위에 문서를 작성하였나?

70. 고대 그리스의 미케네Mycenean 문명은 다음 중 어느 건축물 또는 유물로 유명한가?

A 피라미드   B 궁전   C 도기

71. 기원전 1380년에서 기원전 550년 사이에 잉글랜드의 한 석회암 언덕에 어떤 동물의 이미지가 새겨졌다. 이 동물은 무엇이며, 이 이미지는 어디에 있는가?

72. 기원전 1365년부터 메소포타미아 북부의 왕국이 근동에서 지배적인 세력으로 부상하여 이집트와 히타이트 제국보다 더욱 강력하고 거대한 제국으로 팽창하였다. 그 왕국의 이름은?

73. 궁전 입구 옆에 세워져 있는 이 거대하고, 날개가 달려 있고, 인간의 머리에 사자 혹은 황소의 몸을 갖춘 석상(사진 참조)들은 아시리아 제국의 어느 도시에서 발견되었는가?

○정답○

69. 파피루스_{Papyrus}

보충: 파피루스는 '파피루스'라는 갈대과의 식물 잎으로 만든 물질로 종이가 발명되기 이전에 종이와 같은 용도로 쓰였다.

70. B 궁전

71. 잉글랜드 옥스퍼드주 어핑턴에 있는 '어핑턴의 백마_{Uffington White Horse}'

보충: '어핑턴의 백마'는 영국 옥스퍼드셔주 어핑턴의 들판에 그려져 있는 말 모양의 이미지이다. 이 백마는 기원전 1,000년경에 그려졌다고 추정된다.

72. 아시리아_{Assyria}

73. 님루드_{Nimrud}

보충: 님루드는 니네베의 남쪽에 위치한 티그리스강 언저리의 도시로서, 아시리아 왕인 샬만에세르_{Shalmaneser} 1세가 건설하여 아시리아 수도로 약 천 년간 존재하였다.

74. 기원전 1335년경에 죽은 이집트의 왕으로서, 다신교 숭배를 금지하고 유일신인 태양신 아톤Aton에 대한 숭배를 제도화했던 탓에 '이단자'로 알려진 파라오는 누구인가?

75. 이집트의 여왕이자 위에 설명한 '이단' 파라오의 왕비는 누구이며, 그녀의 이름은 무슨 뜻인가?

76. '이단자' 파라오가 새로운 수도로 정한 도시의 이름은 무엇인가?

77. 그의 아들이자 후계자는 누구인가?

78. 파피루스로 만든 배에 서서 작살을 들어 적을 공격하는 밑의 이미지는 이집트의 어느 파라오를 묘사하고 있는가?

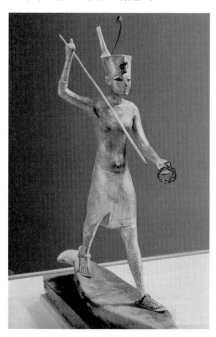

74. 아케나톤Akhenaton

보충: 고대 이집트 제18왕조의 파라오. 테베의 수호신인 아멘Amen에게 제사 지내는 신관들의 세력이 왕권을 억제할 정도로 커지자 그것을 억제하기 위해 다신교 숭배를 금지하고 태양신 아톤을 유일신으로 숭배하는 새로운 일신교를 도입했다. 또한 수도를 테베에서 오늘날의 알-아마르나 지역으로 옮겼다. 그러나 새로운 종교를 받아들인 것은 상류층뿐이었고, 그가 죽자 아멘 신앙이 부활하였고 수도도 다시 테베로 돌아갔다.

75. 네페르티티Nefertiti이며, '아름다운 여자가 왔다'는 뜻.

보충: 네페르티티는 이집트 제18왕조의 파라오 아케나톤의 왕비이자, 투탕카멘의 이모이다. 네페르티티는 '미녀가 왔다'라는 의미로 이집트 박물관에 소장된 미완성의 두상은 그녀의 화려한 미모를 잘 표현해주고 있다. 아케나톤의 치세 말기에 왕의 총애를 잃고 왕궁에서 물러났지만, 기원전 1334년에 아케나톤이 사망하고, 투탕카멘이 왕위에 오르자, 그를 대신하여 약 2년간 이집트를 다스렸다.

76. 아마르나Amarna

보충: 아마르나는 이집트 제18왕조의 파라오였던 아케나톤 시대의 수도로, 나일강 동안에 자리 잡고 있다. 고대 이집트의 문서에서는 아케타톤Akhetaton으로도 불렸다. 아케타톤은 '아톤의 지평선'이라는 뜻이다.

77. 투탕카멘Tutankhamun

78. 투탕카멘

79. OX 문제 인류 역사상 최초의 평화 조약은 이집트의 람세스 2세와 히타이트족 간에 체결되었다.

80. 아부심벨Abu Simbel에 자신을 찬미하는 신전을 짓게 한 파라오는 누구인가?

힌트 아부심벨 대신전이라고 불리는 이 유적은 1964년 아스완 댐 공사 때문에 힘겹게 이전되었다.

81. 기원전 1200년경 지금의 터키 중부 지방에 살던 인류는 역사상 최초로, 새롭고 강력한 물질을 사용하기 시작했다. 그 물질은 무엇이며, 이것을 계기로 출범한 시대는 '무슨' 시대인가?

82. 기원전 1200년경에 융성한 민족으로서 지중해 연안의 항구들을 중심으로 활동하면서, 유능한 해상 무역업자들이라고 불린 사람들은 누구인가?

83. 기원전 1175년에 발발한 델타 전투에서 이집트의 파라오인 람세스 3세는 나일강 둑을 따라 궁수들을 배치하여 지중해 해안 지역을 오래전부터 공격해왔던 함대를 격파하였다. 이 침략자들은 누구인가?

A 바다의 거지들

B 바다 민족

C 카리브의 해적들

○정답○

79. **O.** 이 조약은 기원전 1275년에 발발한 카데시Kadesh 전투가 승패를 가르지 못하고 끝난 뒤 체결되었다.

보충: 팔레스타인 지역의 패권을 놓고 히타이트와 다투던 이집트의 람세스 2세는 카데시 전투에 직접 출정하여 히타이트 왕 무와탈리스 2세와 전투를 벌였다. 양쪽은 승패를 가르지 못한 채 장기간 전쟁을 계속하던 중 람세스 2세의 재위 21년째인 기원전 1269년에 이집트와 히타이트 사이에 평화 조약을 체결하고 휴전하였다. 람세스 2세는 히타이트 왕녀를 왕비로 맞이하였다. 이것은 세계사에서 최초의 평화 조약이라 평가받는다.

80. 람세스 2세

81. 새로운 물질은 '철'이며, 이것은 '철기시대'를 열었다.

82. 페니키아인들

보충: 페니키아는 고대 가나안의 북쪽에 근거지를 둔 고대 문명이다. 오늘날의 레바논과 시리아, 이스라엘 북부로 이어지는 해안에 중심으로 번영하였다. 기원전 1200년경에서 900년경까지 진취적인 해상 무역 문화를 지중해를 가로질러 퍼뜨렸으며, 최초로 알파벳을 사용한 문명으로 널리 알려져 있다.

83. **B** 바다 민족Sea Peoples

보충: 이른바 '바다 민족' 또는 '바다의 사람들'은 청동기시대 말기까지 남유럽, 특히 에게해에서 지중해를 거쳐 아나톨리아, 시리아, 가나안, 키프로스, 이집트를 침략한 해양 민족의 총칭이다.

84. 기원전 1200년경 '트로이의 목마'가 건조된 도시는 오늘날 어느 나라에 있는가?

85. 이 도시는 고대 그리스의 군대에 의해 몇 년이나 포위당했다가 결국 이 '트로이의 목마'를 활용한 작전에 속아 함락되었는가?

86. 이 전쟁은 한 여자가 애인과 함께 이곳으로 도망가는 바람에 촉발되었다. 그 여자의 이름은 무엇인가?

87. 그리스 시인 호메로스_{Homer}의 기록에 따르면 이 트로이 포위전에 참가한 고대 그리스의 왕은 10년간 집에 돌아가기 위해 애를 썼다고 한다. 그의 이름은 무엇인가?

88. 그림 속의 이집트 노동자들의 직업은 무엇인가?

89. 기원전 1000년경 아프리카 칼라하리 사막에 살던 산_{San}족은 후대에 길이 남은 예술품들을 많이 만들었다. 그들이 사용한 재료는 무엇이었는가?

A 파피루스 B 도기 C 바위

○정답○

84. 터키

보충: '트로이의 목마'는 트로이 전쟁 때 고대 그리스인들이 속이 빈 목마 속에 군사를 숨겨 적진인 트로이 안으로 들여보낸 전설 속의 장치

85. 10년

86. 헬레네

보충: 헬레네는 고대 그리스 신화에 나오는 제우스와 레다의 딸로, 사람이 낳은 여인 가운데 가장 아름다웠다고 전해진다. 헬레네는 스파르타의 메넬라오스 왕의 아내였으나, 아프로디테의 뜻에 따라 트로이의 왕자 파리스를 따라 트로이로 도망갔다. 이 일이 유명한 트로이 전쟁의 불씨가 되었다. 이 이야기는 신화로만 여겨졌으나, 1871년 독일의 고고학자 하인리히 슐리만이 트로이의 발굴에 성공하면서 실제 사건으로 밝혀졌다.

87. 오디세우스Odysseus. 로마인들은 율리시스Ulysses라고 불렀다.

88. (사본) 필경사

보충: 인쇄술이 발명되기 전에 사본을 베껴 쓰던 사람들을 말한다.

89. C 바위

90. 기원전 1000년경 이오니아계 그리스인들은 소아시아의 해안 지역에 12개의 도시를 건설하여 이 도시들을 '이오니아 동맹'으로 결속하였다. **OX 문제** 이오니아 동맹에 속한 도시들은 파니오니아$_{Panionia}$라는 축제에 참가하여 패니오니움 성소$_{Panionium \ Sanctuary}$에서 종교의식을 올리곤 했다.

91. 기원전 1000년경에 한 민족이, 적어도 그 민족의 언어가 중부 및 남부 아프리카에 널리 퍼졌다. 어느 민족인가?

A 우르두   **B** 무투   **C** 반투

92. 성서에 등장하는 왕이자 중요한 혈통의 시조로서 기원전 1000년경 이스라엘을 통치한 사람은 누구인가?

93. 이 왕의 아들로서 유난히 현명했던 군주로 자주 언급되는 이는?

94. 기원전 1100년경 미케네$_{Mycenae}$ 문명은 몰락하였고, 그 후 약 300년 동안 그리스 문화는 단순·편협해졌다. 이 시대를 무엇이라고 부르는가?

A 그리스 르네상스   **B** 그리스 암흑기   **C** 고대 그리스 시대

95. 기원전 1000년경 아라비아 남부 지역에서 사바$_{Saba}$ 같은 도시국가들이 탄생하여 수익성이 높은 아시아, 아프리카, 유럽 간의 향신료 교역을 통해 융성하였다. 그들이 특히 많이 취급한 상품들은 무엇이었는가?

A 유향과 몰약   **B** 소금과 후추   **C** 기름과 식초

○정답○

90. O

> 보충: 이오니아인은 기원전 1100년경 아티카Attica섬에 정착한 고대 그리스인
> 들을 말한다. 이오니아 동맹을 맺은 도시들은 뮈칼레Mycale산에 있는 패
> 니오니움에 모여 그들이 섬기는 바다의 신 '포세이돈'에 대한 의식을 치
> 렀다.

91. C 반투Bantu

92. 다윗David 왕

> 보충: 다윗 왕은 이스라엘 왕국의 제2대 왕으로서 40년간 통치하였다. 구약
> 성경에서 매우 탁월한 인물로 언급되어 있다. 성경에는 예수 그리스도
> 를 다윗 왕가의 자손으로 언급하고 있다.

93. 솔로몬Solomon

94. B 그리스 암흑기Greek Dark Ages

95. A 유향과 몰약

> 보충: 사바는 아라비아 서남부 지역에서 융성했던 고대 왕국으로 향료·보석류
> 의 교역으로 유명하다. 몰약은 미르나무속 나무에서 나오는 수지로, 향
> 수·향료의 원료로 사용된다.

96. 차빈 데 우완타르_{Chavín de Huántar}라는 종교적 성소는 현재 어느 나라에 있는가?

힌트: 이것은 기원전 900년경 융성했던 차빈_{Chavín} 문화의 중심지였다.

97. 기원전 814년 카르타고_{Carthage}라는 도시국가를 창건한 민족은?

98. 카르타고는 현재의 어느 나라에 있었으며, 이 왕국은 어디까지 세력을 확장했는가?

99. 고대 세계 7대 불가사의는?

100. 위에 열거한 7대 불가사의 중 현재까지 남아 있는 유일한 것은?

○정답○

96. 페루

보충: 안데스 문명의 본격적인 시작을 알린 차빈 문화는 기원전 1000년~기원전 400년까지 번성하였던 것으로 보이며, 수준 높고 세련된 조각품이나 건축물, 그리고 토기들을 만들었다. 차빈이라는 명칭은 지금의 페루 북부 고원지대에 있는 차빈 데 우완타르 유적에서 유래하였다.

97. 페니키아인들

보충: 카르타고는 아프리카 북부의 고대 도시국가

98. 카르타고는 지금의 튀니지에 있었으며, 이 나라는 북부 아프리카, 이베리아반도의 연안 지역, 지중해 일부까지 세력을 펼치었다.

99. 1. 기자$_{Giza}$의 대大피라미드 2. 바빌론의 공중 정원 3. 그리스 올림피아의 제우스상像 4. 에페소스$_{Ephesus}$의 아르테미스 신전 5. 할리카르나소스에 있는 마우솔로스의 영묘 6. 로도스의 거상巨像 7. 이집트 알렉산드리아의 파로스 등대

100. 기자$_{Giza}$의 대大피라미드

2장

기원전 800년~서기 499년

1. 기원전 800년경 이베리아 연안에 정착촌을 건설한 민족은?
   A 페니키아인   B 필리스틴인   C 펠로폰네소스인

2. 기원전 776년, 그리스에서 역사상 처음으로 열린 스포츠 대회는?

3. 기원전 753년은 고대 유럽의 중요한 도시가 탄생한 해로 여겨지고 있다. 어느 도시인가?

4. 기원전 750년경부터 그리스의 식민지 개척자들은 지중해 연안 지역에 정착하기 시작했다. 그들은 초기에 식민지를 주로 어디에 건설하였는가?
   A 남부 이탈리아와 시칠리아섬   B 스페인   C 모로코

5. 기원전 8세기, 그리스인들은 초기 페니키아인들이 쓰던 '문화적 발명품'을 변형하여 쓰기 시작했다. 이것은 음성을 표기하는 문자 체계로서 그 후 영원한 인류의 문화유산이 되었다. 그것은 무엇인가?

○정답○

❶. A 페니키아인

보충: 필리스틴인Philistines은 고대에 지금의 팔레스타인 서남부 지역에 살던 민족을 말한다. 블레셋 사람들이라고도 한다.

❷. 올림픽 대회

❸. 로마

보충: 로마는 기원전 753년 4월 21일에 로물루스가 세운 것으로 전해지고 있다. 이 날짜는 기원전 1세기 말에 활동한 로마의 역사가 마르쿠스 테렌티우스 바로Marcus Terentius Varro가 설정한 날짜인데, 그는 구체적인 과학적 증거 없이 고대 로마의 신화와 전설들을 연구하여 이 날짜를 도출한 것으로 알려져 있다.

❹. A 남부 이탈리아와 시칠리아섬

보충: 그리스는 기원전 7, 8세기에 인구가 급격히 늘어나면서, 이탈리아 남부와 시칠리아, 소아시아를 비롯하여 멀리 갈리아 남부와 에스파냐 해안까지 이주하여 식민지를 세웠다.

❺. 모음과 자음을 나타내는 기호로 구성된 초기 형태의 알파벳 문자

6. 기원전 745년부터 727년까지 아시리아를 통치했던 티글라트 필레세르Tiglath Pileser 3세는 정복한 시리아 땅에서 사용되던 새로운 알파벳 체제를 공용어로 채택했다. 그는 의도하지 않았지만, 이것은 향후 수천 년간 지속한 역사적 유산을 창조한 셈이었다. 이 새로 도입된 알파벳 체계는 이보다 앞서 개발된 메소포타미아 문자보다 간단했다. 그래서 그때부터 모든 문서를 이 문자로 기록했을 뿐 아니라 그전에 쓰인 기록들도 이 문자로 다시 썼다. 이것은 무슨 알파벳인가?

힌트: 이 언어는 예수 그리스도, 중동과 아라비아반도 전역의 사람들이 쓰던 언어의 원조 격이다.

7. 바빌로니아 사람들은 10진법 대신 60진법을 사용했다. 그래서 그들은 현대인들처럼 10까지 단일 기호를 사용하고, 그다음에는 10의 배수로 100까지 셈하지 않고, 60까지 단일 기호를 사용하여 셈하였다. 이런 체계는 오늘날에도 남아 있는가?

8. OX 문제 기원전 약 715년부터 기원전 약 645년까지 이집트를 통치한 나라는 수단누비아 왕국이었다.

9. 기원전 621년 드라콘Draco이라는 아테네의 입법자는 엄격한 법전을 마련했다. 그의 이름에서 파생한 형용사는 무엇인가?

10. OX 문제 기원전 600년경 이집트의 파라오인 네코Necho는 페니키아 탐험대에 홍해 남쪽, 아프리카 대륙 해안을 돌아보도록 요청했다.

6. 아람어_{Aramaic}

> 보충: 아람어는 기원전 500년경부터 서기 600년 무렵까지 고대 오리엔트 지방의 국제어로 사용되었다. 기원전 1000년 전후에 아라비아반도에서 출현한 아람인은 메소포타미아, 시리아 전역에 진출하였고, 그와 더불어 아람어의 사용 인구와 범위도 크게 확대되었다. 그 후 계속 아시리아, 신바빌로니아, 아케메네스조 페르시아 등의 대제국에서도 아람어가 국제적인 공용어로 사용되었다.

7. 그렇다. 우리는 지금도 1분을 60초 단위를 세고, 1시간을 60분 단위로 세며, 원을 360도_{60도 곱하기 6}로 나눈다.

8. O. 누비아_{Nubia}의 쿠시_{Kush} 왕국은 이집트를 정복·통치하다가 아시리아인들의 침공으로 남쪽으로 쫓겨났다.

> 보충: 아프리카에서 이집트 이외에 고대 문명의 존재가 확인된 곳은 나일강 중류 지역으로서 오늘날의 수단에 해당한다. 이집트 문명의 영향을 받던 쿠시 왕국은 기원전 750년경에 이집트를 정복하였는데, 이것이 '에티오피아 왕조'라고 불리는 '이집트 제25왕조'이다.

9. 드라코니안_{draconian}. 법·처벌 등이 '매우 엄격한', '가혹한'의 뜻

10. O. 이 사실은 한 그리스 역사가의 기록에 남아 있다. 그는 이 탐험대가 아프리카 대륙을 일주했다는 사실에 특히 감탄을 금치 못했다. 당시 그리스인들은 아프리카 대륙이 육로로 아시아와 연결돼 있다고 생각했기 때문이었다.

11. 기원전 597년 유다 왕국을 정복하고 그곳에 살던 유대인을 포로로 바빌론에 데려간 바빌로니아의 왕(옆 사진)은 누구인가?

12. 기원전 559년 키루스Cyrus 대제는 중동에 아케메네스Achaemenid 제국을 건설했다. 이 제국은 또 어떤 이름으로 알려져 있는가?

13. 기원전 6세기경에 활동했던 인도의 왕자로서 해탈의 경지에 오르고, 한 종교의 기본이 되는 가르침을 남긴 이는 누구인가?

14. 기원전 약 551년에 태어나 기원전 479년에 죽은 중국 철학자로서 수백 년 동안 중국의 정치, 가족 및 사회생활을 지배한 가르침을 남기는 한편, 한국과 일본을 비롯하여 동양 여러 국가의 정치 체제에 영향을 끼친 사람은 누구인가?

15. 기원전 522년경부터 기원전 486년까지 아래 지도에 보이는 것처럼 절정의 세력을 펼친 고대 제국은?

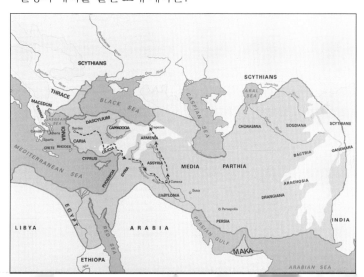

⓫. 네부카드네자르_{Nebuchadnezzar} 2세

  보충: 이 사건이 유명한 '바빌론 유수_{Babylon} 幽囚'이다. 기원전 587년 유다 왕
  국이 멸망하면서 시드기야 왕을 비롯한 유대인이 바빌로니아의 수도 바
  빌론에 포로로 잡혀간 사건을 말하며, 유대인들은 기원전 538년에 바
  빌로니아를 정복한 페르시아 제국의 키루스 2세에 의해 풀려날 때까지
  약 50년 동안 이곳에 억류되었다.

⓬. 제1 페르시아 제국

  보충: 아케메네스 제국은 아케메네스를 시조로 하는 페르시아 제국을 말한다.
  아케메네스 왕조는 페르시아에서 역사에 등장한 제국 중 가장 거대한
  제국으로, 당시 3개 대륙에 걸쳐 세력을 떨쳤다. 동쪽으로는 아프가니
  스탄, 파키스탄 일부에서부터 이란, 이라크 전체, 흑해 연안과 소아시아
  전체, 서쪽으로는 발칸반도의 트라키아, 현재의 팔레스타인 전역과 아
  라비아반도, 이집트와 리비아에 이르는 광대한 지역이 아케메네스 왕조
  의 영토였다. 사람들이 말하는 페르시아 제국은 거의 다 아케메네스 제
  국을 의미한다.

⓭. 싯다르타 고타마_{Siddhartha Gautama}.   석가모니 또는 부처라고도 한다.

  보충: 싯다르타 고타마는 석가가 출가하기 전, 태자 때의 이름이다.

⓮. 공자_{孔子}

⓯. 제1 페르시아 제국

  보충: 이 제국을 흔히 아케메네스_{Achaemenid} 제국이라 부른다.

16. 기원전 509년 로마 왕국은 내전을 겪은 뒤, 어떤 정부 형태를 선택하였나?

17. 기원전 500년 무렵, 고대 그리스는 여러 개의 독립적인 국가들로 분열되었다. 그런 나라들을 무엇이라고 부르는가? 'political정치적인'이라는 영어단어와 그것의 파생어들은 이 단어에서 유래했다.

18. 기원전 500년경 도시국가인 아테네는 혁신적인 정치 개념을 개발했다. 그것은 무엇인가?

19. 기원전 500년과 서기 500년 사이에, 대지 위에 **아래 사진** 속의 '선'들을 만들어 놓은 나라는 어느 나라인가?

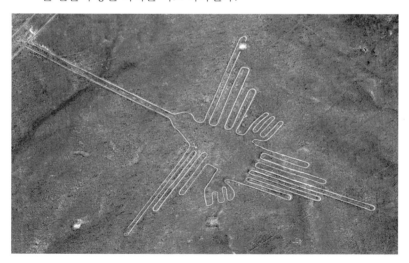

20. '도교道教'를 창시한 중국 철학자 노자老子가 기원전 5세기에 쓴 책의 제목은 무엇인가? 그의 철학은 우주 속에서 발생하는 자연스러운 변화를 받아들이라고 가르친다.

○정답○

⑯. 로마는 공화국이 되었다.

⑰. 폴리스$_{polis}$

보충: 고대 그리스의 도시국가를 '폴리스'라고 부른다.

⑱. 민주주의. 자유 투표를 통해 모든 시민이 공평하게 정치엔 참여하
는 제도이다. 하지만 당시 여성과 노예들에게는 참정권이 부여되지
않았다.

⑲. 페루

⑳. 《도덕경$_{道德經}$》

21. 기원전 500년경, 중국인들은 자기 나라를 가리키는 새로운 단어를 채택하여 사용하기 시작했는데, 이것은 자기 나라가 이 세계의 중심으로서 하늘 바로 아래에 있다는 뜻이다. 이 '중화中華'라는 단어를 다음 보기 중 무슨 뜻으로 해석할 수 있을까?

A 중심의 왕국   B 축복받은 왕국   C 신성한 왕국

22. 이런(오른쪽 사진) 도기陶器 소입상小立像은 아프리카 사하라 사막 이남 지역에서 출토된 최초의 조각품들로서, 오늘날 나이지리아를 중심으로 하여 기원전 500년경부터 서기 200년경까지 발전한 문명에서 출토된 것이다. 이 문명은 무슨 문명인가?

A 노크   B 스와힐리   C 베닌

23. 기원전 490년, 페르시아군과 아테네군을 주축으로 구성된 그리스 군대가 그리스의 평원에서 격돌한 이후 무슨 일이 벌어졌나?

24. 선사시대에 덴마크에서 살았던 이 사람(사진 오른쪽)은 누구인가?

○정답○

㉑. A 중심의 왕국

㉒. A 노크Nok 문화

보충: 노크는 도자기 유물이 출토된 나이지리아의 한 마을 이름이다. 베닌Be-nin 왕국은 15세기 중엽부터 17세기 중엽까지 나이지리아 삼림 지역에서 번성한 왕국이다. 스와힐리Swahili족은 반투족과 아랍인의 혼혈인 아프리카 종족으로, 주로 아프리카 동부 해안을 따라 살고 있다.

㉓. 그리스군의 전령인 페이디피데스Pheidippides가 전쟁터인 마라톤에서 아테네 시민들에게 그리스의 승전 소식을 알리기 위해 약 40km를 달려갔다. 그는 소식을 전한 직후 탈진하여 죽었다. 근대 스포츠인 마라톤은 그의 질주를 기념하는 스포츠 종목이다.

보충: 최근 학계에서는 페이디피데스가 그리스군의 승전을 알리려 달린 게 아니라 스파르타에 구원을 요청하려 달렸다는 새로운 주장이 제기되고 있다.

㉔. 톨룬트 인간Tollund Man. 토탄 늪에 의해 자연적으로 미라가 되어 보존된, 이른바 습지 인간bog bodies 중 하나이다.

25. 기원전 480년 테르모필레Thermopylae 전투에서 페르시아군에 맞서 최후의 항전을 벌인 스파르타군의 숫자는 몇 명인가?

26. 기존의 연대학자들과는 달리, 기원전 484년에 태어난 한 그리스 학자는 간접 사료들에 대한 검증을 시도했다. 그 결과, 제목은 간단히《역사The Histories》이지만, 역사상 최초로 비판적인 시각의 역사서를 집필했다. 그는 누구인가?

27. 기원전 460년에 태어난 그리스 학자로서 인간사에 신들이 간여하지 않는 최초의 역사서,《펠로폰네소스 전쟁사》를 쓴 사람은 누구인가?

28. 기원전 458년과 439년에 킨키나투스Cincinnatus는 로마의 '임시 독재자'로 임명되어 국가의 위기 상황을 해결하라는 임무를 부여받았다. 위기를 수습한 뒤, 그는 권력을 영구히 잡으려 시도하지 않고 평소의 직업으로 돌아갔다. 그의 직업은 무엇인가?
A 사육사   **B** 농부   **C** 토목기사

29. 기원전 431년부터 404년까지 진행된 펠로폰네소스 전쟁에서 맞붙은 두 나라(그리고 양국이 주도한 동맹의 이름)는?

30. 기원전 400년경 **아래 사진**과 같은 사암 절벽에 붙박이 건물처럼 건설된 이 도시는 어느 도시인가?

○정답○

㉕. 300명

> 보충: 테르모필레 전투는 스파르타의 장군 레오니다스Leonidas 1세가 인솔하는
> 군이 페르시아군과 싸우다 전멸한 전투

㉖. 헤로도토스Herodotus

㉗. 투키디데스Thucydides

> 보충: 투키디데스는 고대 그리스 아테네의 역사가이며, 기원전 5세기경 아테
> 네와 스파르타가 싸운 전쟁을 기록한 《펠로폰네소스 전쟁사》를 저술하
> 였다. 그는 이 책에서 '역사는 영원히 되풀이된다'는 말을 남겼다. 그는
> 이 책의 서문에서 밝혔듯이, 신의 개입을 인정하지 않고 오로지 인과 관
> 계에 따라 분석하고 엄격한 기준으로 사료를 수집하여 연구하는, 과학
> 적 역사관의 창시자로 인정받는다.

㉘. B 농부

> 보충: 킨키나투스는 고대 로마의 정치가로, 국가의 부름을 받고 한때 로마의
> 집정관이 되어 나라를 통치하였다. 미국의 신시내티라는 도시의 이름은
> 이 사람의 이름에서 유래했다.

㉙. 아테네(델로스 동맹)와 스파르타(펠로폰네소스 동맹)

㉚. 요르단의 페트라Petra

> 보충: 페트라는 요르단 서남부의 고대 도시로, 갖가지 색깔의 석회암에 새겨
> 진 건축 유적이 많다.

31. 기원전 429년 그리스에서 도시가 내려다보이는 바위 언덕 위에 일종의 거대한 복합 건물이 지어졌다. 이 바위 건물의 이름은 무엇이고, 이 건물은 어디에 있는가?

32. 기원전 390년 갈리아 부족들이 로마를 공격했을 때 로마는 어떤 동물이 놀라서 낸 소음 덕분에 무사할 수 있었는가?
A 거위들   **B** 암소들   **C** 개들

33. 알렉산더 대왕을 개인 교습한 고대 그리스의 철학자 겸 과학자는 누구인가?

34. 페르시아 아케메네스 제국의 마지막 황제로서 기원전 330년에 죽은 이는 누구인가?
A 덴질 1세   **B** 대런 2세   **C** 다리우스 3세

35. 알렉산더 대왕은 많은 영토를 정복했으며, 띠처럼 좌우로 뻗은 광대한 지역에 헬레니즘, 즉 고대 그리스 문화를 전파한 인물로 평가받고 있다. 그가 세운 제국은 어디에서 어디까지 뻗어 있었나?
A 몰타섬에서 아프가니스탄까지
B 크레타섬에서 알래스카까지
C 지브롤터에서 펀자브까지

○정답○

31. 아테네에 있는 아크로폴리스_{Acropolis}

32. A 거위들

> 보충: 갈리아인_{Gauls}은 철기시대와 로마 시대_{기원전 5세기에서 서기 5세기까지}에 서
> 유럽과 동유럽에 살던 켈트인들을 말한다. 기원전 390년 북쪽에서 갈
> 리아족이 밀고 내려오자, 로마 시민들은 유노 여신의 신전이 있는 카피
> 톨리누스 언덕으로 피신했다. 갈리아 병사들은 로마인들이 모두 잠든
> 한밤중에 절벽을 기어오르기 시작했고 로마 병사들은 갈리아 군대의 공
> 격을 전혀 눈치채지 못했다. 그때, 유노 여신 신전의 성스러운 거위들이
> 시끄럽게 울어대기 시작했다. 거위 울음소리에 깨어난 로마인들이 갈리
> 아 병사들에 맞서 싸우면서 도시를 지킬 수 있었다는 전설이 로마에 전
> 해 내려오고 있다.

33. 아리스토텔레스_{Aristotle}

34. C 다리우스_{Darius} 3세

> 보충: 다리우스 3세는 고대 페르시아 아케메네스 왕조의 마지막 왕으로 기원
> 전 330년 마케도니아의 알렉산더 대왕과 가우가멜라 전투에서 패한 뒤
> 도주했다가 사촌인 베소스_{Bessus} 일파에게 살해당했다.

35. C 지브롤터에서 펀자브까지

> 보충: 몰타는 지중해에 있는 섬이고, 크레타섬은 그리스에 있다. 지브롤터는
> 스페인 남단에 있는 항구 도시이며 펀자브는 인도 서북부에 있는 지역
> 이다.

36. 알렉산더가 이집트를 정복한 기원전 332년에 설립한 항구 도시는?

37. 기원전 323년에 죽은 알렉산더 대왕은 몇 살이었을까?

A 22살   B 32살   C 42살

38. 알렉산더 대왕이 죽은 직후, 그의 휘하에 있던 장군들과 친구들은 그가 세운 제국을 나누어 가졌다. 그들 중 이집트를 지배하고 새로운 그리스-이집트 왕조를 창건한 인물은 누구인가?

A 프톨레마이오스   B 셀레우코스   C 안티고네스

39. 찬드라굽타 마우리아Chandragupta Maurya는 기원전 322년부터 인도에서 무슨 제국을 건설했나? 이 제국은 인도 대륙 전체를 지배하는 최초의 제국으로 발전할 뿐 아니라, 북동과 북서 방향으로 영토를 확장한다.

A 찬드라 제국   B 굽타 제국   C 마우리아 제국

40. OX 문제   고대 그리스의 일부 도시국가들은 폭군(또는 독재자)을 죽였거나 죽이려 시도한 사람에게는 면책해주는 법을 시행했다. 그런 암살범을 '폭군살해자'라고 불렀다.

41. 혹독한 군국주의적 생활로 유명한 그리스의 도시국가는?

42. 기원전 300년경, 아래 사진처럼 지금의 미국 오하이오주 땅에 형성된 커다랗고 뱀처럼 구불구불한 둔덕을 무엇이라고 부르는가?

○정답○

㊱. 알렉산드리아_{Alexandria}

㊲. B 32살

㊳. A 프톨레마이오스_{Ptolemy}

　　보충: 셀레우코스_{Seleucids}는 기원전 312~64년에 소아시아의 대부분 및 시리아·페르시아·박트리아·바빌로니아를 지배한 왕국의 이름이다.

㊴. C 마우리아_{Maurya} 제국

㊵. O

㊶. 스파르타_{Sparta}

㊷. 그레이트 서펜트 마운드_{great serpent mound}

　　보충: 그레이트 서펜트 마운드는 아메리카 원주민의 선조인 아데나_{Adena}족이 만든 거대한 무덤으로, 뱀이 몸부림치는 형상으로 조성돼 있다.

43. 기원전 240년에 중국 천문학자들이 역사상 최초로 관찰·기록한 혜성은?

44. 기원전 218년 카르타고Carthage의 한니발Hannibal 장군은 로마를 침공할 당시 무슨 동물을 동원하였는가?

45. 로마와 카르타고가 격돌한 제2차 포에니 전쟁 때 로마군은 카르타고 군이 풍부한 금속 자원을 확보하지 못하게 하려고 루시타니아Lusitania 영토를 침공했다. 루시타니아는 현재 어느 나라에 속한 땅인가?

46. 포에니 전쟁의 최종 결과는?

47. 기원전 221년 중국의 어떤 나라가 주변국을 쓰러뜨리고 새로운 왕국을 창건한 후, 자신을 중국 최초의 황제, '시황제始皇帝'로 칭했다. 그가 세운 나라의 이름은 '차이나China'라는 영어식 국명의 모태가 되었고, 중국 연구를 'Sinoloy중국학'라고 표기하는 것도 그 나라의 이름을 아랍 어식으로 표기한 데 따른 것이다. 그가 세운 나라의 이름은 무엇인가?

48. 기원전 214년부터 중국에 있는 여러 산성山城이 증축되고 서로 연결 되기 시작하여 무엇이 만들어졌는가?

49. 기원전 212년경 로마 침략군에 의해 살해된 이 고대 그리스의 발명가(오른쪽)는 누구인 가? 그는 아마도 어떤 수학 문제를 푸는 데 골몰하느라 로마군 병사의 동행 요구를 묵살 했기 때문에 살해된 것으로 추정된다.

힌트: 그는 목욕탕과 관련된 유명한 일화를 남겼다.

○정답○

㊸. 핼리 혜성

㊹. 전투 코끼리

> 보충: 전투 코끼리는 고대 세계에서 군사용으로 사육된 수컷 코끼리를 가리킨다. 주로 인도, 동남아시아나 고대 지중해 연안 국가들이 이용하였다. 돌격하여 적을 밟거나 적의 전열을 무너뜨리는 데에 이용되었다. 인도 및 동남아시아에서는 인도코끼리, 카르타고 및 그리스에서는 현재는 멸종된 북아프리카 코끼리가 전투 코끼리로 사용되었다.

㊺. 포르투갈과 스페인

㊻. 로마는 카르타고Carthage시를 파괴하고, 살아남은 주민들은 아프리카에 새로운 속주를 만들어 강제 이주시켰다.

> 보충: 로마는 기원전 149년부터 기원전 146년까지 벌어진 제3차 포에니 전쟁에서 카르타고에 승리한 뒤, 지중해 패권을 완전히 장악하였다. 카르타고 도시는 완전히 폐허로 변하고 살아남은 주민들은 아프리카로 강제 이주된다.

㊼. 진秦

㊽. (초기 단계의) 만리장성

㊾. 아르키메데스Archimedes

50. 진시황, 즉 '중국 최초의 황제'는 실제로 기원전 210년에 죽었지만, 그 전에 자신의 사망에 대비하여 직접 거대한 무덤을 만들었다. 이 무덤은 매우 특징적이며 규모 또한 거대하다. 무엇인가?

51. 기원전 210년 진시황이 죽자 한동안 전국에서 반란과 패권 쟁탈전이 벌어졌다. 그 후 유방劉邦이 승리하여 중국 역사상 가장 위대한 왕조 중 하나를 창건하였다. 그가 세운 나라는?

52. 기원전 196년 이집트 멤피스의 성직자들은 사원 일을 기록한 이 석판을 만들었다. 이집트학 학자들이 상형문자를 해독하는 데 결정적인 도움을 준 이 돌의 이름은 무엇인가?

53. 이 돌에는 이집트 상형문자를 해독하는 데 도움을 준 어떤 고대 언어가 새겨져 있는가? 그 언어가 왜 이집트에서 통용되었는가?

54. 중국에서 한 무제漢 武帝, 기원전 140~87가 통치하기 이전에는 관직은 능력과 관계없이 세도가의 임명으로 배분되었다. 그러나 한 무제는 관리 선발 방식을 근본적으로 바꾸었다. 그의 혁신적인 방식은 그 후 1천 년 훨씬 넘게 지속하였다. 그것은 무엇인가?

○정답○

50. 병마용兵馬俑. 이것은 병사와 말들을 묘사한 7천 개가 넘는 실물 크기의 테라코타적갈색 점토를 유약을 바르지 않고 구운 것 입상들이다.

51. 한漢

52. 로제타석Rosetta Stone

　　보충: 멤피스는 이집트 카이로의 남쪽, 나일강 가에 있던 고대 이집트의 수도.

53. 그리스어. 마케도니아계 그리스 왕인 알렉산더 대왕이 기원전 323년 이집트를 정복했기 때문이다.

54. 과거 제도

　　보충: 한나라 때 유교가 지배 이념이 되면서 관리 채용에도 유교적 덕목이 중요해졌다. 무제는 각 지역에서 유교적 소양을 갖춘 이를 추천받았다. 이른 향거리선제라고 부른다. 이 과정에서 효렴孝廉, 곧 효서와 청렴을 중시했다. 그래서 효렴제라고도 불렀다.

55. 고대 지중해 지역에는 학문 연구의 중심지가 많이 있었다. 다음 보기 중 이른바 '대도서관The Great Library'은 어디에 있는가?

A 알렉산드리아   **B** 바빌론   **C** 코린트

56. 로마에서 3차례기원전 135~132년, 기원전 104~100년, 기원전 73~71년 연거 푸 일어난 전쟁Servile Wars은 무엇인가?

57. 기원전 91년에서 기원전 88년까지 일부 로마의 의존국들정치·경제·군사 적으로 더 큰 다른 나라에 의존하는 나라이 시민권 부여 문제와 영토의 불공 정한 배분 문제를 둘러싸고 로마에 반기를 들어 전쟁이 벌어졌다. 이 전쟁은 무엇인가?

A 이웃들의 전쟁   **B** 이탈리아 전쟁   **C** 동맹시 전쟁

58. 기원전 80년부터 로마 공화국은 'SPQR'이라는 약어를 쓰기 시작했 다. 이 말은 무엇을 의미하는가?

59. **OX 문제**   율리우스 카이사르Julius Caesar는 한때 해적들의 포로가 되었 고, 해적들은 몸값을 받아내기 위해 그를 억류했다. 그는 해적들이 자 신의 석방 대가로 너무 적은 몸값을 요구한 데 대해 모욕감을 느꼈기 때문에, 해적들에게 더 많은 돈을 요구하라고 재촉했다.

60. 율리우스 카이사르는 나중에 해적들에 대해 어떤 조치를 취했는가?

○정답○

55. A 알렉산드리아

보충: 코린트는 고대 그리스의 상업·예술의 중심지

56. 노예 전쟁(노예들의 반란)

보충: 노예 전쟁Servile Wars이란 로마 공화정 말기에 일어난 세 차례의 노예 반란을 일컫는다.

57. C 동맹시 전쟁The Social War

보충: 기원전 91년부터 88년까지, 로마 공화국과 이탈리아반도의 동맹시 연합이 벌인 전쟁이다.

58. 이 약어는 라틴어 어귀인 'Senatus Populesque Romanus'을 의미한다. 이 말은 '로마의 원로원과 시민들'이라는 뜻이다.

59. O. 이 사건은 기원전 75년에 일어났다.

60. 그는 사병을 육성하여 자신을 체포했던 해적들을 공격하여 포로로 잡은 다음, 모조리 십자가에 못 박아 처형했다.

61. 로마는 기원전 78년에서 기원전 6년까지 지중해를 안전한 여행지로 만들기 위한 조치를 취했다. 어떤 조치였나?

62. '갈리아Gallic 전쟁'에서 로마는 현재 어느 나라와 격돌했는가?

63. 기원전 73년 검투사들을 이끌고 로마에 반란을 일으킨 인물은 누구이며, 그와 그의 추종자들은 어떤 운명을 맞았는가?

64. 이란을 중심으로 발달한 제국으로서 기원전 53년 카레Carrhae 전투에서 로마군을 격파하여 로마 제국의 동진 팽창을 저지한 나라는?

65. 밑의 그림 속 민족이 사용하여 유명해진 이런 군사 전술을 무엇이라고 하는가?

66. 갈리아Gaul, 오늘날의 프랑스 지역의 대부분을 정복한 로마 장군은 누구인가?

❻❶. 로마는 해적을 소탕하기 위해 수차례의 군사작전을 펼쳤고, 결국 해적들을 이 지역에서 완전히 몰아냈다.

❻❷. 프랑스

보충: 갈리아 전쟁은 기원전 58년에 시작되어 기원전 51년에 끝난 로마 공화정과 갈리아 부족 간의 전쟁이다.

❻❸. 스파르타쿠스Spartacus. 그는 전투 중 사망했으며, 그를 추종했던 6천여 명의 노예군 병사들은 로마에서 카푸아에 이르는 아피아 가도Appan Way를 따라 십자가형에 처해졌다.

❻❹. 파르티아Parthian 제국

보충: 카레 전투는 기원전 53년 카레지금의 터키 하란에서 로마 장군 크라수스와 파르티아 제국의 장군 수레나스 사이에서 벌어진 전투를 말한다. 이 전투는 파르티아 제국의 대승으로 끝났다.

❻❺. 파르티안 샷Parthian shot

보충: 파르티안 샷은 기마 궁사들이 쓰는 활쏘기 기법의 하나로 기마 궁사가 달리는 말 위에서 몸을 뒤로 돌려 활을 쏘는 방법이다. 배사법背射法이라고도 한다.

❻❻. 율리우스 카이사르Julius Caesar

67. 원로원의 명령을 거역하고 휘하의 군대를 이끌고 로마를 향하던 중 루비콘강을 건너며 "주사위는 던져졌다_{Alea jacta est}"라고 말한 로마의 장군은 누구인가?

68. OX 문제 로마인들은 잉글랜드의 런던, 스코틀랜드의 글래스고_{Glasgow}, 독일의 베를린, 프랑스의 파리, 그리고 포르투갈의 리스본을 세웠다.

69. 로마의 예언자가 율리우스 카이사르에게 "3월의 중간 날짜를 조심하라"고 경고했고, 그는 실제로 그날 암살당했다. 로마력에서 중간 날짜는 한 달 중 어느 날을 말하는가?

70. 기원전 43년 2차 로마 삼두정치 체제를 형성한 인물들로 맞는 것은?
A 로물루스, 레무스, 브루투스
B 율리우스 카이사르, 크라수스, 폼페이우스
C 옥타비아누스, 마르쿠스 안토니우스, 마르쿠스 아이밀리아누스 레피두스

71. 이집트 프톨레마이오스_{Ptolemaic} 왕조의 마지막 왕은 누구인가?

72. OX 문제 서기 9년 토이토부르크_{Teutoburg} 숲에서 로마군을 격파하여 로마 제국의 세력을 라인강 뒤쪽으로 영원히 몰아낸 부족 연합군의 지도자는 '게르만인 헤르만_{Hermann the German}'이었다.

73. 서기 27년 아우구스투스_{Augustus}는 어떤 칭호를 얻었고, 로마의 정치 체제는 어떤 체제로 바뀌었는가?

○정답○

67. 율리우스 카이사르_{Julius Caesar}

68. X. 로마인들은 런던, 파리, 리스본을 세웠으나 글래스고와 베를린은 로마와 관계가 없다.

69. 13일 또는 15일. 달의 위상에 따라 달라진다. 그가 살해된 해인 기원 전 44년의 경우 중간 날짜는 15일이었다.

70. C 옥타비아누스_{Octavian}, 마르쿠스 안토니우스_{Marcus Antonius}, 마르쿠스 아이밀리아누스 레피두스_{Marcus Aemulius Lepidus}.
  보충: 율리우스 카이사르, 크라수스, 폼페이우스는 기원전 60년에 제1차 삼두 정치 체제를 구성했다.

71. 클레오파트라_{Cleopatra}

72. O. 그의 독일식 이름은 헤르만_{Hermann}이지만, 로마인들에게는 라틴 어식 이름인 아르미니우스_{Arminius}로 알려져 있다.
  보충: 토이토부르크 숲은 독일에 있는 낮고 울창한 숲으로, 기원후 9년 바루 스가 이끄는 로마 제국의 군단이 게르만 부족 연합군에게 대패한 토이 토부르크 숲 전투가 벌어진 곳으로 추정된다. 이때 로마 제국에 대항한 게르만족의 지도자가 게르만족의 지파인 체루스키 부족의 추장인 아르 미니우스이다. 아르민_{Armin} 또는 헤르만_{Hermann}으로 불리기도 한다.

73. 그는 황제로 등극하였고, 로마는 제국이 되었다.

74. 서기 33년경 팔레스타인 지방에서 누가 처형되었는가?

75. 이 처형이 이루어질 당시 로마의 황제는 누구였는가?

76. 자신이 키우던 말을 원로원 의원으로 임명한 로마 황제는 누구인가?

77. 이 황제의 이름은 무슨 의미를 나타내는가?

78. 서기 41년에 클라우디우스Claudius 1세에 의해 창설된 최정예 로마군 부대로서 각 구성원을 황제라고 칭송할 만큼 큰 권세를 누렸던 부대의 이름은 무엇인가?

79. 서기 43년 로마는 어느 나라를 침공하고 정복에 나섰는가?

80. 서기 60년에 오늘날의 영국에서 로마의 지배에 맞서 반란을 일으킨 이 여자의 이름은 무엇인가?

81. 로마인들이 영국에 세운 도시로서 이때 반란군에 의해 잿더미로 변한 두 도시는 어디 어디인가?

○정답○

74. 예수 그리스도Jesus Christ

75. 티베리우스Tiberius

76. 칼리굴라Caligula
보충: 칼리굴라는 제3대 로마 황제로서, 포학·낭비로 미움을 사 암살되었다.

77. 작은 장화
보충: 본래 이름은 가이우스Gaius이며, '칼리굴라'는 '꼬마 장화'라는 뜻인데, 그가 어렸을 때 아버지가 지휘하던 게르마니아 군단 병사들이 그를 귀여워하며 붙여주었다고 한다.

78. 프레토리안 가드Praetorian Guard
보충: 로마 제국의 황제를 호위하는 최측근 친위대로, 4세기에 콘스탄티누스 1세에 의해 폐지될 때까지 존속했다.

79. 영국

80. 부디카Boudica. 잉글랜드 동부에 거주하던 이케니Iceni족의 여왕이다.

81. 콜체스터와 런던

82. 지금의 북아프리카에 로마가 세운 속주의 이름은 무엇인가?

83. 중동의 한 도시는 로마의 지배에 항거하여 반란을 일으켰으나, 서기 70년 로마의 티투스ᴛɪᴛᴜˢ 장군이 도시를 점령하고 그곳의 주요 종교적 성지를 파괴한 다음, 그곳의 반항적인 주민들을 추방하기 시작했다. 그 도시는 어디인가?

84. 서기 79년 9월 어떤 **화산**이 폭발하였으며, 이 화산 폭발로 인해 산더미 같은 화산재와 **경석**輕石, 화산의 폭발적인 분화 때 생기며 구멍이 무수하고 겉보기 비중이 작은 흰색 암석 더미에 파묻힌 두 도시는 어디인가?

85. 이 중 한 도시의 폐허에서 오늘날 전 세계의 주택 대문과 문기둥에서 흔히 볼 수 있는 표시판이 발견되었다. 그것이 무엇인가?

86. 서기 약 80년, 중국 중산국 왕후 두관竇綰은 죽은 뒤 보석으로 만든 화려한 옷을 입은 채 매장되었다. 20세기에 그녀의 무덤이 발굴된 뒤, 그녀에게는 어떤 별명이 붙여졌는가?

87. OX 문제 로마 제국에서 인신 공양사람을 제물로 신에게 바치는 의식은 서기 97년에 금지될 때까지 합법적이었다.

○정답○

82. 아프리카_{Africa}

보충: 아프리_{Afri}는 카르타고와 인접한 북아프리카에 살던 여러 민족의 이름이었다. 로마 시대에 카르타고는 아프리카 속주의 도읍으로, 이 지역은 오늘날 리비아의 해안 지역도 포함되었다. 라틴어 접미사 '-ca'는 '나라' 혹은 '땅'을 의미한다.

83. 예루살렘_{Jerusalem}.　이때 티투스는 '솔로몬의 신전'을 파괴했다.

84. 베수비오_{Vesuvius}산.　이때 파괴된 두 도시는 폼페이_{Pompeii}와 헤르쿨라네움_{Herculaneum}

85. '개 조심_{Cave canem}'.　이 표시판은 폼페이에 있는 한 시인의 주택에서 발견되었다.

86. 비취 공주.　그녀의 수의_{金縷玉衣}는 2,160개의 옥을 황금 실을 엮어서 만들었기 때문이었다.

87. O

88. **OX 문제** 서기 97년 중국은 사절단 감영甘英을 로마에 파견하였으나, 그는 이란의 파르티아국 사람들에게서 로마까지 2년 더 걸릴 것이라는 이야기를 듣고서 페르시아만에서 여정을 중지하였다.

89. 서기 122년 건설되기 시작한 이 **성벽**의 이름은 무엇인가?

90. 서기 132년에서 135년까지 이어진 바르 코크바Bar Kokhba의 반란은 유대인들이 로마인들에게 저항한 마지막 반란 사건이다. 그 반란의 결과는?

A 유대인들이 승리하여 로마인들을 고대 유대 땅에서 몰아냈다.

B 교착 상태에 빠졌다.

C 승리한 로마인들이 유대인들을 고대 유대 땅에서 추방함으로써 이른바 '유대족 대방랑'을 더욱 확산시켰다.

91. 아래 사진 속의 도시를 다스린 제노비아Zenobia는 백성의 신망이 두터웠던 여왕으로 서기 269년 로마로부터 독립을 선언한 뒤, 로마 제국 동쪽 속주들의 영토를 차례로 장악하기 시작했다. 이 도시의 이름은?

A 팔미라 **B** 판도라 **C** 폼페이

○정답○

88. O. 파르티아인들은 아마도 중국과 로마 제국 사이의 무역에서 중간 상인으로 활약하는 자신들의 귀중한 역할을 계속 유지하기 위해 이 같은 거짓말을 한 것으로 추정된다.

보충: 서기 97년, 반초班超에 의해 파견되었던 중국 측의 사절 감영은 타림 분지에서 파르티아를 거쳐 페르시아만에 도달하였다. 감영은 메소포타미아 지방 너머로 진출하지는 못했는데, 이는 당시 해당 지역을 점유하고 있던 파르티아 측 인사들로부터 서방으로의 여정은 2년 이상이 걸리는 매우 험난한 길이라는 거짓 정보 때문이었다. 그럼에도 불구하고 그는 서방의 국가들에 대해 꽤 상세한 기록을 남겼으며, 중국의 서쪽 변방에 위치한 나라들에 대한 여러 기록을 가지고 귀국하였다.

89. 잉글랜드 북부에 있는 하드리아누스 방벽Hadrian's Wall

보충: 하드리아누스 방벽은 브리타니아고대 로마 시대에 오늘날 영국의 그레이트브리튼 섬을 이르던 말에 건설된 방어 요새선이다. 서기 122년 하드리아누스 황제 재위기에 건설이 시작되었다. 1987년 유네스코 세계유산으로 지정되었다.

90. C 승리한 로마인들이 유대인들을 고대 유대 땅에서 추방함으로써 이른바 '유대족 대방랑Jewish Diaspora'을 더욱 확산시켰다.

91. A 팔미라Palmyra

보충: 팔미라는 시리아 중부에 있는 고대 도시. 판도라는 그리스 신화에서 주피터가 프로메테우스를 벌하기 위해 지상에 보낸 인류 최초의 여자

92. OX 문제 로마 제국에 대한 제노비아의 반란은 진압되었고, 이 도시는 파괴되었다. 하지만 그녀는 로마 원로원의 의원과 결혼하였다.

93. 페르시아의 예언자로서 마니교를 창시하고 서기 274년에 죽은 마니 Mani는 이 세상에는 4개의 거대한 정치 세력이 있다는 글을 썼다. 중국, 로마, 페르시아 외에 또 하나의 초강대국은 어디인가?

94. 아래 사진 속의 석재 오벨리스크방첨탑이 세워져 있는 곳은 어디인가?
A 남부 이집트   B 중앙아메리카
C 에리트리아/에티오피아의 아크숨 왕국

95. 커다란 두 갈래 식탁용 포크는 언제 어디에서 자그마한 개인용 식사 도구로 변형되었나?
A 기원전 100년경 중국에서   B 서기 1세기에 인도에서
C 서기 4세기경 비잔틴 제국에서

96. 서기 376년경 훈족은 주변 지역으로 퍼져나가기 시작했다. 이 팽창이 일으킨 연쇄 반응은 무엇인가?

○정답○

92. O

93. 북부 에리트리아와 에티오피아에 위치한 아크숨$_{Axum}$ 왕국

94. C 에리트리아/에티오피아의 아크숨 왕국

95. C 서기 4세기경 비잔틴 제국에서. 하지만 고대 그리스에서도 이미 사용되었을 가능성이 있다.

96. 고트족, 반달족, 알란족 같은 종족 집단들이 남쪽과 서쪽으로 이동하여 로마 제국의 영토 안으로 침입할 수밖에 없게 했다.

보충: 알라니족 또는 알란족은 흑해 연안 북동쪽의 초원 지역에서 기원한 이란계 유목민족이다.

97. 훈족은 어디에 기원을 둔 민족인가?

    A 몽골   **B** 시베리아   **C** 중앙아시아

98. 아래 지도는 서기 395년의 무슨 정세를 나타내고 있는가?

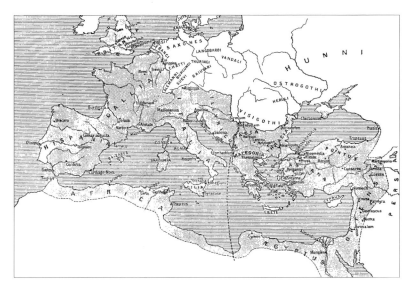

99. OX 문제   402년 서로마 제국의 수도는 로마에서 라벤나_{Ravenna}로 옮겨졌다.

100. 서기 410년 로마를 약탈한 서고트족의 지도자는 누구인가? 로마가 적군의 수중에 떨어진 것은 800년 만에 처음 일어난 사건이었다.

97. C 중앙아시아

98. 로마 제국이 동서로 영구 분할되는 현상을 나타낸다. 이미 행정적으로는 분리돼 있었지만, 이 시점 이후로는 양 진영을 동시에 통치하는 어떤 황제도 나오지 않는다.

99. O

보충: 라벤나는 이탈리아 동북부 도시로서 단테의 무덤이 있다.

100. 알라리쿠스Alaric 1세

3장

450년~999년

1. 인도의 굽타 왕조는 320년부터 550년까지 존속했다. 예술과 무역 네트워크가 크게 발달한 이 왕조의 시대를 인도에서는 무엇이라고 부르는가?
   A 황금시대   **B** 평화시대   **C** 공포시대

2. 인도의 굽타 왕조를 서서히 무너뜨린 유목민족은?

3. 1세기에서 5세기까지 그리스, 서로마 제국, 페르시아, 인도와 중국 등 많은 유라시아 문명은 유목민족들의 침략 때문에 생존을 위협받았다. 이 문명 중 유목민의 침략에 굴복하지 않은 유일한 나라는?

4. 문어文語 체계를 개발한 중앙아메리카의 문명은 어디인가? 이 문어는 유럽인들이 유입되기 전 이 대륙에 존재했던 유일한 문자 체계로서 당시의 일상생활과 사회상이 남김없이 나타나 있다.
   힌트: 이 나라 사람들은 또 정교한 달력 체계를 썼다.

○정답○

❶. A 황금시대

❷. 훈족Huns

❸. 중국

　보충: 유라시아Eurasia는 아시아와 유럽을 하나의 대륙으로 보는 개념으로 '구
　　　아歐亞 대륙'이라고도 한다. 여기에서 인도 대륙, 아라비아반도, 그리고
　　　시베리아의 베르호얀스크산맥 동쪽을 제외하는 경우도 있다.

❹. 마야 문명

5. 중부 유럽과 동부 유럽에서 세력을 떨쳤던 훈족의 지도자는 누구인가?

6. 이 훈족의 통치자는 451년 라인강을 건너 오를레앙Orleans으로 진출하여 골Gaul 지역을 정복하려 했다. 그가 패퇴한 전투는?

7. 훈족의 공격을 피해 이탈리아로 달아난 사람들이 처음 정착한 지역은?
A 플로렌스 **B** 베네치아 **C** 밀란

8. 453년 아틸라는 어느 나라에서 죽었는가? 이 나라의 영어식 이름은 '훈족'을 뜻하는 'Huns'에서 유래했다.

9. **OX 문제** 훈족의 여인들은 베일로 얼굴을 가리고 다녔다.

10. **OX 문제** 476년 서로마 제국의 마지막 황제인 로물루스 아우구스툴루스Romulus Augustulus는 침략군인 게르만족 오도바케르Odovacer 족장에 의해 폐위되었고, 이로써 '로마의 몰락'이 완료되었다.

11. 서로마 제국의 몰락 이후, 로마인들이 '미개인들(또는 이방인들)'이라고 조롱했던 민족들이 유럽 대부분을 침략했다. 485년에 포르투갈과 스페인을 침략하여 정복한 사람들은 무슨 민족인가?
A 훈족 **B** 서고트족 **C** 반달족

○정답○

5. 아틸라_{Attila}

보충: 훈족은 역사에 등장한 최초의 튀르크계 유목민이며, 기원과 형성 과정은 명확하지 않다.

6. 카탈라우눔_{Catalaunian} 전투

보충: 카탈라우눔 전투는 451년 플라비우스 아이티우스와 서고트족 왕 테오도리쿠스 1세가 이끄는 서로마 제국, 포이데라티의 연합군과 아틸라가 이끄는 훈족 군대 사이에 벌어진 전투이다. 어느 쪽도 결정적인 승리를 거두지 못한 이 전투는 서로마 제국 최후의 군사작전으로 기록돼 있다.

7. B 베네치아

8. 헝가리_{Hungary}

9. O

10. O. 이 사건으로 서로마 제국은 공식적으로 종말을 고했고, 이후 서로마 제국은 여러 개의 작은 나라로 분할되었다.

11. B 서고트족_{Visigoths}

보충: 서고트족은 4세기경 로마에 침입한 게르만족의 일파이며, 반달족_{Vandals}은 5세기에 서유럽에 침입하여, 로마를 약탈한 게르만의 한 종족이다. '고의무지에 의한 공공사유 재산의 파괴자'를 뜻하는 영어단어 'vandal'은 여기에서 유래했다.

12. OX 문제 서로마 제국이 몰락한 이후의 시대를 유럽인들은 '암흑시대the Dark Ages'라고 부르는데, 그것은 양초를 만드는 데 필요한 수지를 구하기가 힘들었기 때문이었다.

13. 이탈리아에 진출한 게르만족의 일파가 건립한 왕국의 이름은 무엇인가? 이 나라와 국민은 점차 로마화 되었다.

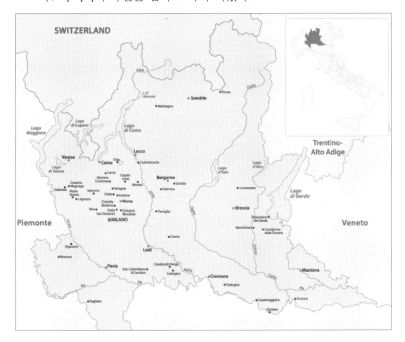

14. OX 문제 반달족은 북아프리카로 건너간 다음, 그곳에서 이탈리아를 침공했다.

15. 헝가리를 중심으로 활동했던 아바르Avar족은 5세기부터 8세기까지 어느 지역을 침공했는가?

○정답○

⑫. **X.** 이 시대를 '암흑시대'라고 부르는 것은 이 시대에 쓰인 책이나 글이 거의 없거나 전해 내려오지 않기 때문이다.

⑬. 롬바르드Lombard 왕국

보충: 롬바르드족은 스칸디나비아반도에 뿌리를 두고 있는 게르만족의 일파이다. 이들은 도나우강 연안에 살다가, 568년에 알보인 왕의 지휘 아래 당시 비잔티움 제국의 영토인 이탈리아를 침공하여 독자적인 왕국을 세웠다. 이 왕국은 774년에 프랑크족에게 정복될 때까지 이탈리아를 지배했다. 랑고바르드 왕국이라고도 한다.

⑭. O

보충: 반달족은 429년 지브롤터해협을 건너 북아프리카를 침공했다. 반달족은 북아프리카의 도시를 포위하고 14개월에 걸쳐 공성전을 벌였고 결국 함락시켰다. 북아프리카에 자리를 잡은 반달족은 435년 로마와 평화협정을 맺었으나 가이세리크 왕은 439년 동맹을 깨고 카르타고를 수도로 하는 반달 왕국을 세웠다. 이후 35년 동안 가이세리크 왕은 대규모 함대를 조직하여 지중해 연안의 로마 제국 영토를 차례로 침략·점령하였다.

⑮. 콘스탄티노플과 서유럽

보충: 아바르족은 아시아계로 추정되는 민족으로, 555년경 다키아Dacia에 정착한 뒤 파노니아Pannonia를 정복하고 중부 유럽 및 동유럽을 침략했다. 9세기경 쇠망했다.

16. 아바르족은 다른 민족, 즉 슬라브족과 롬바르드족을 어느 지역으로 쫓아냈는가?

17. 슬라브족은 어디에 정착하였는가?

18. 비잔틴 제국_{동로마 제국}은 200년 동안 라틴어를 계속 사용했다가 결국 어느 언어를 사용하게 되었는가?
A 페르시아어   **B** 터키어   **C** 그리스어

19. 495년경 중국 허난성_{河南省}에 중요한 절이 세워졌다. 이 절은 점차 선종_{禪宗}의 발전, 그리고 중국 전통 무술의 발전에 큰 역할을 하게 된다. 현대에 들어와 이 절을 무대로 한 수백 편의 무술 영화가 제작되었다. 이 절의 이름은 무엇인가?

20. 500년경 지금의 스코틀랜드에 정착한 민족으로서 스콧_{Scot}이라 불리기도 하는 게일_{Gaelic}족은 원래 어디에서 살고 있었는가?

21. 481년과 511년에 프랑크 왕국의 왕이 프랑크족을 통합하여 세력을 확장하고 프랑스 남부에서 서_西고트족을 격퇴했다. 그의 이름은 무엇이며 그가 속했던 왕조의 이름은 무엇인가?
힌트: 그의 멋있는 이름은 훗날, 영화 〈매트릭스〉 시리즈와 소설 《다빈치 코드》의 배경 스토리에서 사용되었다.

22. 아래 보기의 인물 중 프랑크 왕국의 왕이 아닌 사람은?
A 소_小 피핀   **B** 클로타리우스 1세   **C** 트리고 대왕

○정답○

⑯. 동로마 제국

⑰. 마케도니아

⑱. C 그리스어

⑲. 소림사少林寺

⑳. 아일랜드

㉑. 메로빙거 왕조의 클로비스Clovis

　　보충: 메로빙거 왕조의 전신인 메로베우스 왕조는 프랑크 출신의 서로마 제국 용병으로 검술이 매우 뛰어서 로마군 사령관이 된 메로베우스가 창시한 왕조로 알려져 있다. 예수 그리스도와 마리아 막달레나의 후손이라는 전설이 있다. 서西고트족은 4세기경 로마에 침입한 게르만족의 일파이다.

㉒. C 트리고Trigo 대왕

　　보충: 소小 피핀은 프랑크 왕국의 왕. 샤를마뉴Charlemagne 대제의 아버지이며 카롤링거 왕조를 창시했다. 클로타리우스Chlothar 1세는 6세기에 프랑크 왕국을 통치한 왕으로 클로비스 1세의 넷째 아들이다. 558년 프랑크 왕국을 재통일하였다.

23. 6세기의 튀르크족은 원래 어느 지역에서 생활하다 남서 방향으로 이동하였는가?

24. 아래 지도는 비잔틴 제국 세력이 가장 확장되었을 때의 현황을 나타내고 있다. 527년에서 565년까지 재위하면서 이런 세력 팽창을 진두지휘한 비잔틴 제국의 황제는 누구인가?

A 제이슨 3세   **B** 율리우스   **C** 유스티니아누스 1세

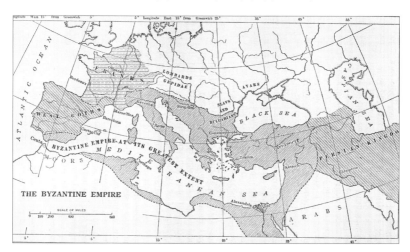

25. 페르시아 사산 왕국의 군대는 531년부터 시리아, 예루살렘, 아나톨리아, 이집트 등, 비잔틴 제국_{동로마 제국}의 영토를 침공하기 시작했다. 결국 이들은 콘스탄티노플까지 치고 들어왔는데, 이들을 격퇴한 비잔틴 제국의 황제는 누구인가?

A 헤라클레스   **B** 헤롯   **C** 헤라클리우스

26. 그 후 페르시아와 비잔틴 제국 모두, 어느 세력의 침공 때문에 영토를 잃었는가?

○정답○

㉓. 중앙아시아

㉔. C 유스티니아누스_{Justinian} 1세

보충: 중세 로마 제국의 영토를 넓힌 위대한 황제 가운데 한 사람으로 여겨지며, 〈로마법 대전〉을 편찬하였고 성 소피아 성당을 재건하였다. 교회에 대한 열정과 헌신으로 동방정교회로부터 성인의 칭호와 함께 '대제大帝'라는 칭호를 받았다.

㉕. C 헤라클리우스_{Heraclius}

보충: 헤라클리우스 황제는 남쪽에서 침공한 이슬람 세력에 시리아, 팔레스타인, 이집트, 메소포타미아 등을 잃었지만 무너져가는 동로마 제국의 군대와 행정을 개편하고 라틴어 대신 그리스어를 공용어로 채택하는 등 사회 개혁을 주도했다. 외부의 열강과 이민족의 침략으로 존폐의 갈림길에 처해 있던 동로마 제국이 그가 이끈 군사·행정조직 개혁으로 이후 800년이나 더 존속할 수 있는 기반이 만들어졌다. 헤라클레스_{Hercules}는 그리스 신화에 나오는 제우스의 아들이자 힘센 영웅이며, 헤롯_{Herod}은 잔학무도하기로 유명한 유대의 왕이다.

㉖. 아랍의 회교도들

27. OX 문제 스리위자야Srivijaya는 수마트라섬 동남부 지역에서 7세기부터 번성하기 시작한 강력한 해양 왕국이었다. 이 나라는 이슬람의 칼리프과거 이슬람 국가의 통치자를 가리키던 칭호가 다스리던 벵골 지역원래 인도 북동부의 한 주써였으나, 현재 일부는 방글라데시 영토로 됨, 중국과 중요한 통상 관계를 맺고 있었다.

28. 남부 유럽을 침공했던 야만 민족들은 6세기 말, 어느 종교로 개종하기 시작했는가?

29. 중국은 이민족의 침략 때문에 계속 분열돼 있다가, 589년에서야 새로운 왕조가 건립되었다. 새롭게 천하를 통일한 이 왕조는 무엇인가?

A 위魏 **B** 당唐 **C** 수隋

30. 이 나라에 의해 통일되기 전, 중국의 북부 지방은 분열되어 있었고, 이 기간에는 매우 유용했던 상거래 수단의 사용이 중지되었다. 무엇인가?

31. 600년경 중국은 초보적 형태의 대량생산 체제를 도입했다. 그것은 무엇인가?

A 전화 **B** 자전거 **C** 목판 인쇄(술)

32. 618년 중국 귀족 출신으로 반란군을 이끌던 이연李淵이 새로운 왕조를 창건하였고, 이 나라는 예술 발전으로 인해 유명해졌다. 후세 중국인들은 이 왕조 시대를 일컬어 중국의 '황금기'였다고 회고한다. 이 왕조는 무슨 왕조인가?

○정답○

㉗. O

> 보충: 말레이 지역에서 강력한 제해권을 가졌던 도시국가였다. 중국, 인도, 동남아시아 여러 나라, 신라, 현재 제주도인 탐라 그리고 인도와 활발한 교역 활동을 통해 경제적으로 번영했다. 8세기 중엽에는 말레이반도 일부도 지배했던 것으로 보이며 영토도 넓어져 동남아시아에서 거의 유일한 대국이 되었다. 10세기를 최전성기로 하여 그 뒤 쇠퇴를 거듭하다, 14세기경에 몰락했다.

㉘. 기독교

㉙. C 수隋

㉚. 화폐. 중국은 물물교환의 시대로 후퇴했다.

㉛. C 목판 인쇄(술)

㉜. 당唐

33. 아랍 상인인 무함마드Muhammad가 610년에 받은 것은?

34. 선지자인 무함마드가 632년에 죽은 뒤, 회교도들은 누가 그를 계승하여 이슬람 세계의 지도자가 되어야 할지를 놓고 의견이 갈라졌다. 이런 의견의 불일치는 결국 이슬람 세계가 여태껏 분열되는 결과를 낳았는데, 그것은 무엇과 무엇의 분열인가?

35. 무함마드가 죽은 뒤 100년 동안, 아랍의 회교도 군대는 동쪽에 위치한 제국을 정복하여 중국과 국경을 마주할 만큼 세력을 확장하였다. 이런 회교도의 세력 팽창에 특히 도움이 되었던 요소는 무엇인가?
A 실크로드를 기반으로 하여 로마인들이 건설한 교통 체계
B 그들이 정복한 지역에는 장비가 허약한 군대밖에 없었다.
C 이웃 국가인 페르시아와 비잔틴 제국이 서로 싸우는 바람에 세력이 약화되어 있었다.

36. OX 문제 660년경 중국 당나라 군대는 한반도의 북부, 인도의 여러 지역, 중앙아시아, 아프가니스탄 및 동부 페르시아까지 정복하였다. 이로써 중국의 세력은 만주족이 통치하던 1700년대 이전까지만 치면, 역사상 최대로 팽창하였다.

37. 661년 이슬람 역사상 최초의 내전이 끝난 뒤, 수립된 칼리프 왕조는?
A 우마이야 왕조　**B** 오스만 제국　**C** 수피안 왕조

○정답○

㉝. 신神의 계시啓示

보충: 이것을 집대성한 것이 이슬람교의 성전인 《쿠란》이고, 《쿠란》을 신봉하는 사람들을 무슬림Muslim이라 한다.

㉞. 수니Sunni파와 시아Shia파의 분열

보충: 무슬림들의 분열은 이슬람 창시자인 무함마드 사후 그의 후계자인 칼리프 선출을 둘러싸고 일어났다. 무함마드가 숨진 뒤 그 후계자인 칼리프는 무함마드의 후손이 돼야 한다고 주장한 쪽이 시아파이고, 무함마드의 핏줄과 상관없이 무슬림들의 공동체인 움마Ummah의 합의로 선출돼야 한다고 주장한 쪽이 수니파다.

㉟. C 이웃 국가인 페르시아와 비잔틴 제국이 서로 싸우는 바람에 세력이 약화되어 있었다.

㊱. O

㊲. 우마이야Umayyad 왕조

보충: 우마이야 왕조는 661년부터 750년까지 아랍 제국을 통치한 최초의 칼리파 세습 왕조이다. 이 나라는 중앙아시아, 북아프리카, 이베리아반도에 이르는 넓은 영토를 정복했다.

38. 7세기에 머그레브Maghreb를 침략한 아랍 군대에 강력하게 저항했던 전사戰士이자 여왕은 누구인가?

A 히폴리타 **B** 디흐야 **C** 부디카

39. 696년 이탈리아의 베네치아Venice시는 최초의 지도자 겸 최고 행정관을 임명했다. 이 자리에는 어떤 직함이 부여되었나?

40. 700년경부터 사진 속의 몽크스 마운드Monks mound 같은 토성들을 건설한 문화는 무슨 문화인가? 이것은 미국 일리노이주 콜린스빌 인근에 있는 카호키아 토성土城 터에 있다.

A 미시시피 문화 **B** 오하이오 문화 **C** 네바다 문화

41. 700년경부터 차드, 나이지리아, 리비아, 카메룬의 여러 지역 등을 중심으로 번성했던 왕국은 어느 왕국인가?

A 다넴 왕국 **B** 가넴 왕국 **C** 카넴 왕국

○정답○

38. B 디흐야Dihya

보충: 머그레브는 오늘날의 북아프리카 지역, 즉 모로코, 알제리, 튀니지를 아우르는 지역을 말하며, 때로 이슬람이 지배하는 이베리아반도와 시칠리아, 몰타를 포괄하여 지칭하기도 했다. 이 지역은 7세기에 아랍 제국에 점령당했으며, 15세기에는 모로코를 제외한 나머지 지역들이 오스만 제국의 지배를 받았다. 히폴리타Hippolyta는 그리스 신화에 등장하는 아마존족의 여왕이다.

39. 도제Venice Doge

보충: 베네치아 도제는 약 천 년간 존속한 베네치아 공화국에서 최고 통치자를 부르는 명칭이었다. 도제는 귀족이 선출하였는데, 일반적으로 베네치아 공화국 내에서 가장 명민하고 통찰력 있는 원로가 이 자리에 올랐다. 도제는 종신제여서 베네치아 공화국은 공화국이란 명칭이 무색하게 군주제 요소가 섞인 독특한 정치 체제를 유지한 셈이다.

40. A 미시시피 문화Mississippian

보충: 미시시피 문화는 마운드무덤 위에 주거 및 묘지 등을 건설하기 위해 쌓아 올린 인공언덕를 구축했던 미국 인디언의 문화이다. 약 800년부터 1500년까지 미국 중서부, 동부 및 남동부에 흩어져 있으며, 지역에 따라 다양한 형태를 띠고 있다.

41. C 카넴Kanem 왕국

보충: 카넴-보르누 제국은 기원전 600년부터 기원후 1899년까지 서아프리카 일대에 존재하던 이슬람 왕국이다.

42. 684년부터 705년까지 황후 출신의 황제로서 중국을 직접 통치했던 여자는 누구인가?

43. 711년 포르투갈, 스페인 영토의 대부분을 정복했던 민족은?

44. 이 정복자들은 이베리아반도에 건설한 자신들의 새로운 왕국에 어떤 이름을 붙였는가?

45. 732년 스페인에 새로 들어선 (이슬람) 왕국은 프랑스를 침공하였으나 투르Tours 전투에서 패배했다. 이때 프랑크족 군대를 이끌고 침략군을 격퇴한 사람은 누구인가?

A 샤를마뉴 대제

B 롤랑

C 샤를 마르텔

46. 프랑크 왕국은 어떤 왕위 계승 제도를 운영하였는가? 이 나라는 결국 이 제도 때문에 결국 국력이 쇠퇴하였다.

47. OX 문제 738년 아랍인들은 인도의 신드Sindh 지역을 거쳐 동진을 시도했으나 인도의 프라티하라Pratihara 왕국이 이들을 격퇴했다.

○정답○

㊷. 측천무후則天武后

보충: 측천무후는 당나라 고종 이치의 황후이자 무주武周의 황제당나라 제6대 황
제이다. 공포정치를 했다는 비난과 민생을 보살펴 나라를 훌륭히 다스린
황제라는 칭송을 같이 받고 있다. 중국을 통치한 200여 명의 황제 중 유
일한 여성 통치자였다.

㊸. 아랍의 회교도들과 북아프리카의 베르베르족

보충: 베르베르Berbers족은 나일 계곡 서쪽에 거주하던 북아프리카 토착 민족.

㊹. 알안달루스Al-Andalus. 이 말은 '반달족의 땅'이라는 뜻이다.

㊺. C 샤를 마르텔Charles Martel

보충: 샤를 마르텔은 8세기 초 프랑크 왕국을 이끈 왕으로서, 샤를마뉴Charlem-
agne 대제의 할아버지이다. 롤랑Roland은 샤를마뉴 대제의 충신

㊻. 왕의 형제·자매들이 왕국을 나누어 가졌다.

㊼. O

보충: 프라티하라 왕국은 북인도 최후의 힌두교 계열의 왕조로서, 흔히 구자
라-프라티하라Gurjara-Pratihara 왕국이라 불린다. 6세기경부터 인도 역사
에 등장하기 시작한 '구자라' 민족이 세운 '프라티하라 왕조'라는 뜻이
다. 7세기경에 말와, 라즈푸타나 지역을 중심으로 강력한 왕조 국가로
성장했고, 그 후 수 세기 동안 이슬람 세력의 인도 진출을 저지했다.

48. 751년에 벌어진 탈라스Talas 전투는 중앙아시아 지역에서 누가 가장 강력한 세력을 가졌는지를 판가름하는 결정전이었다. 이 전투에서 맞붙은 강력한 두 민족은?

A 페르시아인과 그리스인

B 인도인과 러시아인

C 아랍 아바스조朝의 회교도들과 중국인들

49. 이 전투의 결과는?

50. 중국은 755년부터 7년 동안 벌어진 반란 때문에 어느 지역에서 철수할 수밖에 없었나?

51. 이 반란은 누가 일으켰는가?

52. 이 반란, 그리고 사회질서의 붕괴에 이어진 기아로 인해 얼마나 많은 국민이 사망한 것으로 추정되는가?

A 1,300~3,600명

B 13,000~36,000명

C 1,300만~3,600만 명

53. 762년 아랍의 아바스 왕조는 오늘날의 이라크 영토 안에 수도를 세웠다. 그 도시의 이름은 무엇인가?

○정답○

48. C 아랍 아바스조朝의 회교도들과 중국인들

보충: 탈라스 전투는 751년에 중국의 당나라군이 지금의 카자흐스탄 영토인 탈라스강 유역에서 아바스 왕국의 군대를 상대로 중앙아시아의 패권을 놓고 자웅을 겨룬 전투였다.

49. 아바스조의 회교도들이 승리했고 그 후 400년 동안 이슬람 통치자들이 아시아와 서부 유럽을 잇는 전략적 요충지인 트란스옥시아나Transoxiana를 지배했다. 이로써 이슬람 문화가 튀르크족 사람들에게 쉽게 전파되었다. 이때 중국인 포로들에 의해 종이 만드는 기술이 아랍 세계로, 그 후 유럽에까지 소개된 것으로 추정된다.

보충: 트란스옥시아나는 시르다라강과 아무다라강의 사이에 위치한 지역으로 현재의 우즈베키스탄 대부분, 타지키스탄 대부분, 카자흐스탄 남서부를 포함하는 지역을 일컫는다.

50. 중앙아시아

보충: 중국 당나라는 755년부터 7, 8년간 안사安史의 난亂으로 인한 혼란을 겪으면서 조정의 지배력이 크게 떨어져 쇠퇴기로 접어들었다.

51. 안록산. 연燕이라는 나라를 칭하여 스스로 황제의 자리에 올랐으나 중국을 지배할 능력은 없었다.

52. C 1,300만~3,600만 명

53. 바그다드

54. 《아라비안나이트》 또는 《천일야
화千一夜話》가 편찬된 786년에
회교도 아랍 국가의 **칼리프**는 누
구였는가?
A 하룬 알라시드
B 신드바드 **C** 오마르 하이얌

55. 793년에 잉글랜드 린디스판
Lindisfarne에서는 무슨 일이 일어
났는가?

56. 아바르족의 침략을 마침내 격퇴한 사람은 누구인가?

57. OX 문제 791년 바그다드를 통치하던 칼리프는 샤를마뉴에게 낙타
한 마리와 시계를 선물하였다.

58. 800년 크리스마스 날, 로마시에서 샤를마뉴에게 무슨 일이 있었나?
(아래 그림 참조)

○정답○

54. **A** 하룬 알라시드Haroun al-Rashid

보충: 하룬 알라시드는 아바스 왕조의 제5대 칼리프이다. 《천일야화》의 주인
공으로 유명하다. 그의 치세는 아바스 왕조의 전성기로 여겨진다. 그는
학예를 장려했고, 많은 학자·시인을 궁중으로 모아들여 사라센 문화의
황금시대를 이룬 왕이라는 칭송을 받고 있다. 신드바드Sinbad는 《천일야
화》 가운데 하나인 〈신드바드의 이야기〉의 주인공이며, 오마르 하이
얌Omar Khayyam은 12세기 초에 활동한 페르시아의 수학자·천문학자·시
인이다.

55. 바이킹족이 잉글랜드를 최초로 '의도적으로' 침략했다.

보충: 린디스판은 잉글랜드 북동부 해안에 있는 섬이며, 홀리 아일랜드Holy Is-
land라고 불리기도 한다.

56. 프랑크 왕국의 왕인 샤를마뉴, 또는 샤를 대제

57. **X.** 샤를마뉴는 시계와 '아불-아바스'라는 코끼리를 선물로 받았다.

보충: 샤를마뉴는 서방 기독교 세계의 수호자로 인식되었음에도 불구하고 이
슬람 세력인 아바스 왕조와 활발히 교류하였다. 하룬 알라시드와 긴밀
한 동맹 관계를 맺었고, 하룬은 우호의 상징으로 샤를마뉴에게 코끼리
를 보냈다고 한다.

58. 교황 레오 3세의 추대로 (서)로마 제국의 황제에 즉위하였다.

59. 비잔틴 제국의 이리니Irene 여제는 샤를마뉴의 황제 즉위에 왜 분노하였는가?

60. 샤를마뉴가 건설한 프랑크 왕국은 무슨 이름으로 알려져 있는가?

61. 샤를마뉴는 유럽 여러 국가에서 수백 년 동안 지속해서 시행된 중요한 사회 제도를 발전시켰다. 그것은 무엇인가?

62. 827년 북아프리카의 회교도들은 비잔틴 제국으로부터 유럽의 어떤 섬을 탈취하였다. 그 섬의 이름은 무엇인가?

63. **OX 문제** 아일랜드의 더블린Dublin시는 841년 바이킹족이 건설하였다.

64. 8세기부터 12세기까지 아래 지도 속의 루트를 따라 전진한 민족은?

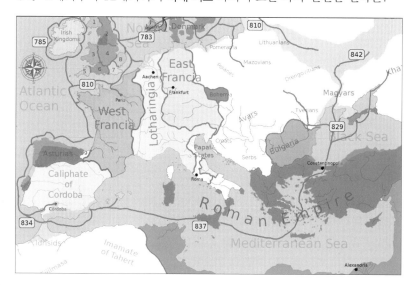

○정답○

59. 이것은 교황과 샤를마뉴 대제가 자신을 정통성 있는 로마 황제로 인정하고 있지 않음을 의미하기 때문이다.

보충: 이리니는 797년부터 802년까지 비잔티움 제국을 다스린 여자 황제였다. 레온 4세의 황후였고 어린 아들 콘스탄티누스 6세의 섭정이었다가 아들의 눈알을 뽑고 퇴위시킨 후 단독으로 제위에 올랐다.

60. 카롤링거Carolinger 왕조. 이것은 칼Charles의 라틴어인 Carlus에서 유래한 이름이다. '칼'은 본인과 조부인 칼 마르텔의 이름이다. 일부 역사학자들은 그가 세운 왕국을 신성 로마 제국의 시작으로 간주한다.

61. 봉건제도

보충: 봉건제도는 중세 유럽에서 형성된 정치·사회 체제로서 중앙 정부가 수도와 일부 요충지를 직접 통치하고 나머지 지역에는 제후나 영주를 임명하여 다스리게 하는 제도이다.

62. 시칠리아Sicily

63. O

보충: 현재 아일랜드 공화국의 수도. 9세기에 노르웨이 출신의 바이킹들이 상륙해 더블린 왕국을 세웠다. 브리튼 제도의 노르드계 국가 중 가장 먼저 건국되었으며 또 가장 오래 존속하였다. 시간이 지나면서 더블린의 노르드인 지배자들은 점차 게일화되어 원주민인 게일인들과 동화되었다.

64. 바이킹족 침략군과 상인들

65. 바이킹족은 법정을 무엇이라고 불렀는가?

   A 무트　**B** 코트　**C** 팅

66. 중세에 중국과 서양을 이어 형성돼 있던 육상 통상로를 무엇이라고
   부르는가?

67. 아랍인들로부터 빼앗긴 영토를 되찾고, 이베리아반도 내에 베르베르
   인이 건설한 도시국가들을 되찾아 오려는 스페인과 포르투갈 기독교
   세력의 군사작전을 무엇이라고 부르는가?

68. 스페인 내 이슬람 국가들에 대항하여 싸웠던 카스티야Castilla의 군사
   지도자 로드리고 디아스 데 비바르Rodrigo Díaz de Vivar는 일반적으로 무
   슨 이름으로 불리었는가?

69. 400년경에 수립되어 1200년까지 존속한 나라로서, 현재 모리타니 남
   동부와 서부 말리에 있던 제국의 이름은 무엇인가?

   A 기니 제국

   B 가나 제국

   C 지브롤터 제국

70. 이 제국은 사하라 종단 무역을 통해 부를 축적했다. 이 나라의 상인들
   이 주로 취급했던 품목은?

○정답○

65. C 팅Thing

66. 실크로드Silk Road

보충: 실크로드비단길는 근대 이전에 동중국과 서로마 제국를 잇는 육상, 또는 해상을 통한 교역로를 가리키는 말이다. 중국의 비단이 로마 제국으로 흘러가는 통로에서 의미가 확대되어 다양한 교역품들, 나아가 문화가 유통되는 통로를 의미한다.

67. 레콘키스타Reconquista

보충: '레콘키스타'는 718년부터 1492년까지, 약 7세기 반에 걸쳐서 이베리아반도 북부의 로마 가톨릭 왕국들이 이베리아반도 남부의 이슬람 국가를 축출하고 이베리아반도를 회복하는 일련의 과정을 말한다. 레콘키스타는 에스파냐어와 포르투갈어로 '재정복'을 뜻한다. 이는 우마이야 왕조의 이베리아 정복으로 잃어버린 가톨릭 국가의 영토를 회복했다는 의미가 있다.

68. 엘시드El Cid

보충: 스페인 국민 영웅인 로드리고는 카스티야의 귀족이자 장군 및 외교관이다. 엘 시드는 스페인어 관사인 엘El과 아랍 방언인 시드를 합친 말이다. 시드 또는 세이드sayyid는 '경Lord'이라는 뜻.

69. B 가나 제국

70. 금과 소금

71. 일본 야마토大和의 통치자가 수도인 나라710년와 교토794년를 건설할 때 모델로 삼았던 도시는?

A 비잔틴 **B** 로마 **C** 당시 중국의 수도였던 장안長安

72. **OX 문제** 799년경, 태평양 여러 섬에는 아메리카 대륙의 해양 민족들이 건너와 정착하고 있었다.

73. 800년경 중앙아메리카의 마야 문명은 쇠퇴하였는데, 이 세력의 공백을 메운 민족은 누구인가?

A 톨텍족 **B** 잉카족 **C** 아즈텍족

74. 샤를마뉴가 죽은 지 3년 후인 843년, 그가 다스렸던 광대한 프랑크 왕국의 영토는 작은 왕국 3개로 분할되었다. 이 세 나라는 각각 현재 어느 나라의 모체가 되었는가?

75. 9세기부터 13세기까지 번성했던 크메르Khmer 제국은 어느 지역에 있었나?

76. 크메르 제국의 수도는 어디였는가?

A 앙코르 **B** 비블로스 **C** 코린트

77. 802년 크메르 제국은 어느 나라에서 독립하여 새로운 왕국으로 출범하였는가?

78. 크메르 제국은 무역과 농업을 통해 부를 축적했고, 통상적인 세력 팽창 수단인 '이것'에 의존하지 않고도 발전을 거듭할 수 있었다. '이것'은 무엇인가?

○정답○

㉛. C 당시 중국의 수도였던 장안長安

보충: 야마토 정권 또는 야마토국은 현 일본의 전신 격인 고대국가로, 서기 701년에 국명을 바꾸기 이전까지는 야마토가 일본의 공식 국명이었다.

㉜. X. 이 섬들에는 동남아시아에서 온 뱃사람들이 정착해 살았다.

㉝. A 톨텍족

보충: 톨텍족은 10세기경 지금의 멕시코 지역에서 번영했던 원주민들이다.

㉞. 프랑스, 독일, 이탈리아

㉟. 캄보디아

㊱. A 앙코르Ankor

보충: 앙코르는 캄보디아 서북부에 위치한 고대 문명 유적지이고, 비블로스By-blos는 현재 레바논의 수도 베이루트 부근에 있는 고대 페니키아의 항구 도시이다. 코린트Corinth는 고대 그리스의 상업·예술 중심지

㊲. 자바The Javanese

㊳. 전쟁

79. 850년 무렵, 중국 카이펑에 외국 상인들이 거주하는 작은 공동체가 형성되었다. 그들은 어느 나라 사람들이었는가?

A 이탈리아인들   **B** 유대인들   **C** 신라인들

80. 스코틀랜드 왕실 가계에서 시조는 누구인가?

힌트: 스코틀랜드 사람이면서 픽트Picts, 로마 제국 시기부터 10세기까지 스코틀랜드 북부와 동부에 거주하던 종족인을 물리치고, 이른바 알바Alba 왕국에 속하는 영토 대부분을 통합하였고, 858년에 죽었다.

A 키나드 막 알핀
B 윌리엄 월리스
C 로리 맥루이드

81. OX 문제   '러시아Russia'라는 이름은 860년경부터 발트해 연안 지역에 정착해 살던 바이킹족을 가리키는 아랍 말, '루스Rus'에서 유래했다.

82. 바이킹족은 867년에 영국 내 어느 지역에 왕국을 수립하였나?

A 에든버러   **B** 요크   **C** 링컨

83. 현존하는 가장 오래된 활자본인 〈금강반야바라밀경〉은 중국에서 발간되었으며, 868년이라는 연도가 찍혀 있다. 이 책은 무슨 책인가?

A 아이들을 위한 이야기책
B 황제들의 명단을 실은 책
C 불교 경전

○정답○

㉛. **B** 유대인들

보충: 카이펑開封은 중국 허난성 북부에 있는 도시

㊿. **A** 키나드 막 알핀Kenneth Mac Alpin

보충: 키나드 막 알핀은 스코틀랜드 건국 신화에 따르면 최초의 스코트인 왕이다. 윌리엄 월리스William Wallace는 13세기 말에 활약한 스코틀랜드의 기사이자 독립 영웅으로 스코틀랜드 독립전쟁에서 활약하였다. 영화 〈브레이브 하트〉의 실존 모델이다.

㉛. **O**

㉜. **B** 요크York, 요르빅Jorvik 왕국

보충: 요크는 영국 잉글랜드 노스요크셔에 있는 도시이다. 로마인들이 물러난 이후 앵글로색슨족이 지배하다가 9세기 말, 당시 유럽 각국으로 진출하던 덴마크 출신 바이킹들이 점령했다. 요르빅은 '요크'의 바이킹식 이름이다.

㉝. **C** 불교 경전

보충: 〈금강반야바라밀경Diamond Sūtra〉은 불교의 경전으로, 줄여서 금강경 또는 금강반야경이라고도 부른다. 금강은 다이아몬드를 뜻하며 견고하고 날카롭다는 의미를 나타낸다. 반야는 지혜를 뜻하고, 바라밀은 바라밀다의 줄임말로 '저쪽 언덕으로 건너가는 것', 즉 열반을 뜻하는 말이다. 그러므로 금강반야바라밀다경은 금강석과 같이 견고한 지혜를 얻어 무명을 타파하고 열반에 이르라는 부처님의 말씀이다.

84. '대왕'이라는 칭호를 받은 유일한 앵글로-색슨계 잉글랜드 국왕은 누구인가?

85. 9세기에서 13세기까지 이어진 '이슬람 황금시대'에, 중요한 학문의 중심지가 바그다드에 건립되었다. 그것의 이름은 무엇인가?

86. 9세기부터 13세기까지 인도 남부 지방의 촐라Chola 왕국은 스리랑카, 말레이시아와 인도네시아의 여러 지역을 포함하여, 동남아시아를 널리 지배하였다. 이 왕국이 이렇게 팽창할 수 있었던 방법은 무엇인가?
A 이 나라는 코끼리를 사용하였다.
B 이 나라는 인도를 지배한 나라로서는 최초로 해군을 운영하였다.
C 이 나라는 식량 보급을 차단하여 적들을 아사시키는 전술을 썼다.

87. 아래 지도에선 검은색으로 음영 처리된 부분을 약 650년부터 965년까지 지배했던 민족은? 이들은 비잔틴 제국과 북부의 유목민족들, 사산 왕조의 페르시아 제국과 우마이야 왕조의 충돌을 맞는 완충 지대 역할을 했으나 결국 키예프 공국에서 내려온 루스Rus계 바이킹들에게 정복당했다.

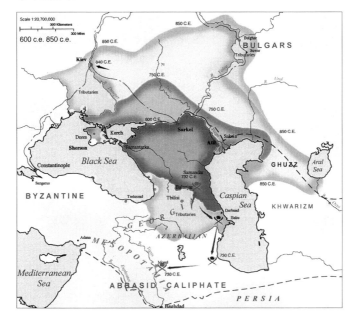

84. 앨프레드_{Alfred} 대왕

보충: 9세기 영국 남부에 있던 앵글로-색슨인 왕국인 웨섹스의 국왕으로 앵글로색슨족을 통합하여 잉글랜드라는 정체성을 확립했고, 라틴어 문헌들을 고대 영어_{앵글로색슨어}로 번역해서 영어의 기초를 세웠으며, 잉글랜드 북부를 완전히 정복하고, 남잉글랜드를 넘보던 바이킹들의 침략을 저지하여 앵글로색슨족의 정체성을 지키는 업적을 세웠다.

85. 지혜의 집_{House of wisdom}

보충: '지혜의 집'은 아바스 왕조 시대인 9세기경, 이라크 바그다드에 설립된 번역 전문기관을 가리킨다. 이슬람의 황금 문화기에 지혜의 보고로서, 또 번역 운동의 중심기관으로 자리 잡았다. 이곳에서 많은 고대 그리스 학자들의 중요한 저작물들이 번역되었다.

86. B 이 나라는 인도를 지배한 나라로서는 최초로 해군을 운영하였다.

87. 반유목 생활을 하던 하자르_{Khazars}족

보충: 하자르족은 6~9세기에 남부 러시아의 초원 지대에서 활동한 알타이계 유목민이다. 우마이야 왕조는 661년부터 750년까지 아랍 제국을 다스린 첫 번째 이슬람 칼리파 왕조이다.

88. 910년경 중국은 구리가 부족해 동전을 충분히 주조할 수 없었다. 그 결과, 그들은 세계 최초로 무엇을 사용하게 되었는가?

89. 다음 보기 중 어느 기마 민족이 9세기 말에 헝가리로 진입하였는가?

A 해자르인

B 마자르인

C 헝자르인

90. 10세기에 시아파 파티마Fatimid 왕조는 북아프리카 지역을 광범위하게 지배했다. '파티마'라는 이름은 어디에서 유래했나?

A 매우 잘 먹고 뚱뚱한fat 외모에서

B 이 왕조의 창시자인 파타Fatah에서

C 파티마Fatimah, 즉 무함마드의 딸의 후손이라는 의미에서

91. 929년 아브드 알라흐만Abd al-Rahman 3세는 스스로 서양의 이슬람 국왕이라 선언하였다. 그가 스페인에 세운 수도는 당시 세계에서 가장 중요한 도심지, 즉 기독교도들과 유대인들이 자신들이 믿는 종교에 따라 신앙생활을 영위하고, 고위 공직을 갈망하는 학문과 무역의 중심지가 되었다. 이 도시는 어디인가?

92. 955년에 벌어진 레히펠트Lechfeld 전투에서 신성 로마 제국의 황제인 오토 1세오토 대제라는 이름으로 더 유명하다는 마자르족을 침입을 격퇴했다. 유럽인들은 왜 이 사건에 중요한 의미를 부여할까?

○정답○

88. 지폐

89. B 마자르인Magyars

보충: 헝가리는 아시아 기마 유목민인 마자르족이 세운 국가다. 마자르족은 우랄산맥 부근의 초원 지대에서 목축 생활을 하다 5세기경 동쪽으로부터 또 다른 기마 민족의 압박을 받게 되자 서쪽으로 이동했다. 9세기경에는 우랄산맥에서 볼가강을 따라 이동하다 흑해 북안을 지나 카르파티아산맥과 도나우강 사이에 위치한 드넓은 헝가리 대평원으로 이동했고, 896년 아르파드 대제 시대에 와서 현재 헝가리 땅인 카르파티아 분지에 자리 잡게 되었다.

90. C 파티마Fatimah, 즉 무함마드의 딸의 후손이라는 의미에서

91. 코르도바Cordoba

보충: 코르도바는 스페인 남부의 도시로서, 무어인 지배 시대에는 수도였다.

92. 그는 게르만 부족들을 통합하였고, 마자르족의 유럽 침공을 종식했다. 이 사건은 유럽이 중세의 '암흑시대'에서 벗어나는 첫걸음으로 여겨진다.

보충: 레히펠트 전투는 955년 8월 10일 아우크스부르크의 남쪽의 레히Lech강 중류에 있는 레히펠트에서 독일 왕국의 오토 1세가 마자르족헝가리인을 맞아 싸워 대승을 거둔 전투. 9세기 말부터 약 60년간 유럽 각지를 유린하던 마자르족은 이 전투에서 참패를 당한 후 서유럽 침략을 완전히 중단하고 판노니아 지역에 정주하여 헝가리 왕국을 세운다.

93. 오토 대제는 이 승전 외에 또 무엇으로 유명한가?

94. 덴마크를 958년에서 986년까지 통치하면서, 게르만족 침입을 막고 기독교를 도입한 강력한 왕은 누구인가?
A 하랄드 블루투스
B 하랄드 레드통
C 하랄드 옐로비어드

95. 960년경, 한 슬라브족 국가가 동유럽에서 여러 부족을 통합하면서 탄생했다. 이 나라는 어디인가?

96. 969년 파티마 왕조는 이집트의 어느 도시를 새로운 수도로 정했나?

97. 잉글랜드의 에설레드Ethelred는 왜 '준비되지 않은 왕the Unready'라는 별명으로 더 많이 알려져 있는가?

○정답○

93. 학문 연구를 고양하여 이른바 '오토 르네상스'의 시대를 열었다.

　보충: 오토 1세와 그 후계자들이 이룩한 정치적 안정 속에서 문예 부흥이 이루어졌다. 오토 1세가 세우거나 재건한 수도원 학교를 중심으로 라틴어에 기반을 둔 기독교 문화가 흥성했고, 전례서典禮書 편찬이 활발하게 이루어졌으며, 비잔틴 제국과의 교류에 영향받은 새로운 건축과 예술사도가 싹텄다. 이러한 전반적인 기풍을 가리켜 '오토 왕조의 르네상스Ottonian Renaissance'라 일컫는다.

94. A 하랄드 블루투스Harald Bluetooth

　보충: 하랄드 블라톤 고름손일명 '하랄드 블루투스'은 덴마크와 노르웨이의 국왕이다. 덴마크의 국왕 하랄 1세에 해당한다. 958년경부터 덴마크 왕이 되었고 970년경부터 노르웨이 왕이 되어 다스리다가 986년에 죽었다. 덴마크와 노르웨이를 하나의 단일 국가로 통일시켰다. 별명이 '푸른 이빨 왕블루투스'이었으며, 정보 통신 기술의 하나인 블루투스Bluetooth는 여기서 유래된 이름이다.

95. 폴란드

96. 카이로

97. 이 말은 그가 중요한 일들을 처리할 준비가 돼 있지 않았다는 뜻이 아니다. 이 말은 'bad counsel'을 뜻하는 고대 영어의 'unraed'라는 단어에서 파생했다. 즉 그는 '준비되지 않은' 왕이 아니라 '좋은 조언을 듣지 못한' 왕이었다는 뜻이다.

98. 982년 그린란드에 최초의 정착촌을 건설한 사람은 누구인가?

A 붉은 에이리크

B 스베인 포크베어드

C 에릭 에릭슨

99. OX 문제 9세기부터 14세기까지, 비잔틴 제국은 황제를 호위하는 엘리트 경호대인 바랑기아ᵥₐᵣₐₙgᵢₐₙ 근위대는 영국 출신 죄수들로 구성되었다.

100. 983년 동부 유럽의 슬라브족은 이른바 '슬라브족 대 반란 사건'에서 다른 민족과 합세하여 신성 로마 제국의 동진東進을 저지하였다. 이들과 협력한 다른 민족은 누구인가?

○정답○

98. **A** 붉은 에이리크Erik the Red

보충: '붉은 에이리크'는 노르웨이에서 태어난 바이킹이다. 960년경 살인사건에 연루된 아버지를 따라, 온 가족이 아이슬란드에 정착하였다. 982년에는 본인이 살인사건 때문에 추방당할 위기에 처하자 군비외른Gunn-björn이라는 탐험가가 아이슬란드 서쪽에서 발견했다는 땅을 찾아 나섰고, 마침내 그 땅을 찾은 뒤, 그 땅을 "푸른 땅"이라는 뜻의 '그린란드'라고 불렀다. 에릭 에릭슨Erik Erikson은 미국인 발달심리학자이자 정신분석학자이다.

99. **X.** 바랑기아 근위대는 바이킹족 지원병으로 구성되었다.

보충: 바랑기아인은 9, 10세기에 스칸디나비아에서 동쪽 및 남쪽으로 이주하여 지금의 러시아, 우크라이나 일대에 정착한 바이킹족의 일파를 가리킨다. 주로 카스피해에서 콘스탄티노폴리스에 이르는 지역에 걸쳐 살면서 무역이나 노략질을 하거나 용병으로 활약했다. 특히 비잔틴 제국에서 용맹스러운 용병, 또는 황제의 근위대원으로 활약했다.

100. 데인족Danes

보충: '슬라브족 대 반란 사건'은 오늘날 독일 북동부 지역, 특히 엘베강 동쪽에 살던 폴란드계 슬라브족이 자신들에게 기독교 믿음을 강요하고 이 지역을 신성 로마 제국의 독일 영토로 예속시키려는 시도에 저항하여 봉기한 사건이다.

4장

1000년~1399년

1. 1000년경 오늘날 캐나다 뉴펀들랜드Newfoundland섬의 '랑스오메도즈'에 정착촌을 건설한 민족은?

2. 북아메리카 대륙을 탐험한 바이킹족은 이곳에 무슨 이름을 붙였는가?

3. 인도 남부 지방에서 출현하여 동남아시아 전역에 크게 세력을 확장한 이 제국(아래 지도)의 이름은 무엇인가?

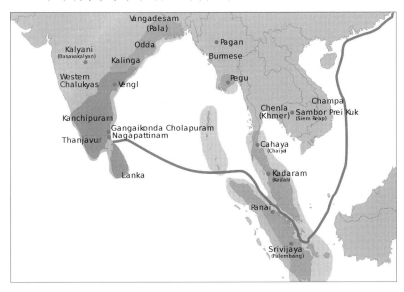

○정답○

❶. 북유럽의 바이킹족. '붉은 에이리크'의 아들인 레이프 에이릭손Leif Eiríksson이 주도한 것으로 추정된다.

보충: '랑스오메도즈L'Anse aux Meadows'는 캐나다 동부 뉴펀들랜드섬 최북단에 있는 고대 유적지이다. 에이릭손은 아이슬란드 출신의 탐험가로 바이킹 시대인 1000년경 북아메리카를 최초로 발견한 유럽인이다. 그의 아버지인 '붉은 에이리크'는 그린란드에 최초로 노르드인 식민지를 개척했다.

❷. 빈랜드Vinland

보충: 빈랜드는 북미 대륙의 동부 지역, 오늘날 캐나다의 뉴펀들랜드섬을 가리킨다.

❸. 촐라Chola 왕조

보충: 촐라 왕조는 카우베리의 비옥한 계곡에서 시작되어, 13세기까지 남부 인도를 지배하였다.

4. 1000년경 이탈리아의 많은 도시들은 어떻게 되었나?

A 도시국가로 발전하였다. B 합쳐져 강력한 왕국을 이루었다.

C 몰락하여 허약한 촌락이 되었다.

5. 1037년 튀르크-페르시아계 셀주크 제국을 건립한 사람은 누구인가?

A 셀주크 베그 B 토그릴 베그 C 차그리 베그

6. 1050년 스코틀랜드 왕은 로마로 성지 순례를 떠났다. 강인하고 공평했던 그는 수백 년 후 위대한 희곡에서 악마로 묘사되었다. 그의 이름은 무엇인가?

7. 교리와 교단의 주도권을 놓고 수백 년 동안 반복과 투쟁을 벌인 끝에 콘스탄티노플과 로마에 각각 본거지를 둔 두 기독교 교회는 1054년에 상호 파문을 선언하며 분리되었다. 이 사건을 무엇이라고 부르는가?

8. 여러 유럽 국가가 덴마크와 스웨덴에서 내려온 북유럽의 침략자들에게 낸 '데인겔트Danegeld'란 무엇인가?

9. 아래 그림은 무슨 전투를 묘사한 그림인가? 이 전투의 결과, 한 국가가 정복되었다.

❹. A 도시국가로 발전하였다.

❺. B 토그릴 베그Tughril Beg. 셀주크의 손자이며, 조상의 이름을 따 제국의 이름을 정했다.

　보충: 셀주크 베그Seljuk Beg는 셀주크 제국을 창건한 반半전설적인 조상이고, 토그릴 베그는 셀주크 제국의 첫 번째 왕이다. 그는 대유라시아 초원의 튀르크만 전사들을 모아 부족 연맹체를 만들고, 그 집단에 자신의 조상인 '셀주크'의 이름을 부여했다. 차그리 베그Chagri Beg는 초창기 셀주크 제국의 공동 통치자 중 한 사람.

❻. 맥베스Macbeth

❼. '동서 교회의 분열The Great Schism'

　보충: 11세기에 로마 가톨릭교회와 동방 정교회가 분리된 사건을 가리킨다.

❽. 사실상 폭력집단에 낸 '보호금'이었다. 침략자들은 공격하지 않는다는 조건으로 돈을 받았다. 이 말은 또 군사 자금을 조달하기 위한 세금을 가리키기도 한다.

　보충: '데인'은 오늘날의 덴마크인을 가리키는 말이며, '겔트'는 세금이라는 뜻.

❾. 노르망디에서 온 윌리엄이 잉글랜드를 정복하기 위해 일으킨 전투인 '헤이스팅스Hastings 전투'

　보충: 이 전투는 정복왕 윌리엄노르망디 공작이 1066년 해럴드 2세가 이끄는 잉글랜드군을 격파한 전투이다.

10. 1071년 아나톨리아_{Anatolia} 동부에서 벌어진 만지케르트_{Manzikert} 전투에서 비잔틴 군대와 일전을 치른 셀주크 제국의 지도자는 누구였는가?

11. 만지케르트 전투의 결과로서 맞는 것은?
A 비잔틴 제국이 중앙아시아에 대한 지배를 더욱 공고히 했다.
B 전투가 장기간 교착 상태에 빠지면서, 중앙아시아에 권력의 공백이 생겼다.
C 셀주크 제국이 승리했고 점진적으로 소아시아를 비잔틴 제국으로부터 빼앗았다.

12. 중세에는 소왕국들이 연합하여 큰 국가를 이루는 경우가 많이 있었다. 이와는 달리, 중요 근대 국가 중에 선거로 선출된 실권 없는 왕의 통치 하에 작고 강력하고 독립적인 영토들이 느슨하게 결합하여 형성한 나라가 있었다. 어느 나라인가?

13. 1086년 잉글랜드의 왕은 지주와 그들이 보유한 재산에 대한 조사를 실시했고, 이 자료는 후에 귀중한 역사 기록이 되었다. 그 조사를 무엇이라고 부르고, 왜 실시하였는가?

14. OX 문제 잉글랜드에서 이루어진 이 토지 조사는 당시 잉글랜드 귀족들의 생활상을 기록으로 남기기 위해 수행되었다.

15. 1091년에 바이킹들, 즉 노르만족은 지중해에 있는 한 섬을 정복한 다음, 인근 본토의 상당 부분까지 서서히 복속하여 강력한 국가를 건설하였다. 그 섬은 어느 섬인가?
A 몰타섬　**B** 사르디니아섬　**C** 시칠리아섬

○정답○

⑩. 알프 아르슬란_{Alp Arslan}

보충: 그는 셀주크의 증손자이자 셀주크 제국의 두 번째 술탄이다. 이슬람으로 개종한 이후부터 무함마드 빈 다우드 차그리라는 이름을 쓴 것으로 추정된다. 아나톨리아는 옛날의 소아시아, 현재의 터키를 가리킨다.

⑪. C 셀주크 제국은 이 전투에서 승리한 뒤, 점진적으로 비잔틴 제국으로부터 소아시아를 빼앗아 왔으며, 이때부터 이 지역은 그리스 문명 대신 튀르크-무슬림 문화의 영향을 받기 시작했다.

⑫. 독일

⑬. 둠즈데이 북_{Domesday Book, '최후 심판일의 책'}

보충: 이 책은 서프랑크의 노르망디 공 윌리엄이 1086년이 잉글랜드와의 전쟁에서 승리하여 잉글랜드의 왕이 된 후 조세 징수를 목적으로 만든 두 권짜리 토지대장이다. 지주 이름, 경작 면적, 토지의 가격, 가축 수, 노예와 자유민의 수를 조사·기록하였다. 기독교에서 말하는 '최후 심판의 날'에 하나님 앞에서 어떤 비밀도 숨김없이 다 밝혀지는 것처럼 당시 토지 조사가 너무 철저하여 백성들이 그렇게 불렀다고 한다.

⑭. X. 이 토지 조사의 주요 목적은 왕이 조세를 수월하게 징수하기 위해서였다.

⑮. C 시칠리아섬

16. 1092년 전성기를 맞이한 이 지도 속의 제국(검은색으로 표시)은?

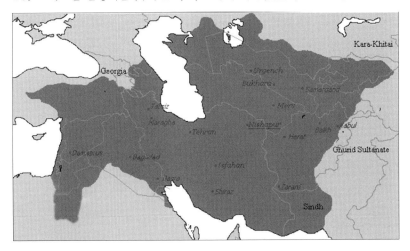

17. 중세에 유럽에서는 석조 건축물들이 발달하였다. 중세가 남긴 역사적 유물 중 대표적인 석조 건축물의 두 가지 형태의 무엇인가?

18. 셀주크 튀르크 제국은 소아시아에 건설한 식민지에 왜 '룸 술탄국Sultanate of Rum'이라는 이름을 붙였는가?

19. 교황 우르바노Urban 2세는 1095년에 어느 제국을 지원하기 위해 유럽의 기독교 사회에 십자군 파병을 요청했는가?

20. 1097년에서 1099년까지 동원된 1차 십자군은 예루살렘을 정복하는 데 성공했는가?

21. 팔레스타인 지역을 방어하던 무슬림들은 모든 십자군 병사들을 그들의 출신국과 관계없이 무엇이라고 불렀는가?

○정답○

⑯. 셀주크 제국

⑰. 성城, 대성당

⑱. '룸Rum'은 로마Rome에서 나온 파생어이고, 셀주크 사람들은 자신들이 로마 제국의 강력한 국력을 계승하고 있다는 인상을 주기 위해 이 단어를 사용했다.

⑲. 셀주크 튀르크 제국에 영토를 빼앗기고 있던 비잔틴 제국동로마 제국

⑳. 그렇다.   십자군은 예루살렘 왕국 외에 트리폴리Tripoli, 안티오키아An-tioch, 에데사Edessa에 3개의 십자군 국가를 세웠다.

㉑. 프랑스인을 뜻하는 프랑크군

보충: 대부분의 십자군 병사들이 독일과 프랑스에서 왔고, 게르만의 한 종족인 프랑크족이었기 때문에 십자군을 프랑크군이라고 불렀다.

22. 11세기에서 15세기까지 현재의 짐바브웨에 있던 그레이트 짐바브웨
Great Zimbabwe시를 건설하고 점령했던 사람들은 누구인가?

A 현지에 살던 아프리카 민족

B 아랍의 상인들

C 포르투갈의 탐험가들

23. 아래 사진처럼 비스듬히 누워 있는 석상들로 유명한 중앙아메리카의
고대 문명은 무엇인가? 이 석상들은 고대 마야 문명이 융성했던 치첸
이차Chichen Itza에서 11세기와 12세기에 많이 건조되었다.

A 아스테카 문명   **B** 잉카 문명   **C** 톨텍 문명

24. 멕시코 치첸이차에서 발견된 비스듬히 누워 있는 석상들은 모두 배에
접시가 얹어져 있다. 고고학자들이 생각하는 이 접시들의 용도는?

A 공물로 바친 음식을 담아두기 위해

B 빗물을 모으기 위해

C 제물로 바쳐진 동물의 심장을 담아두기 위해

㉒. **A** 현지에 살던 아프리카 민족

보충: 그레이트 짐바브웨Great Zimbabwe는 철기시대 후기에 짐바브웨 왕국의 수
도였던 폐허 도시이다. 이 고대 도시는 1871년에 이 지역을 탐사하던
유럽인들에 의해 처음 발견되었는데, 로디지아 정권을 계승한 짐바브웨
는 이 유적지에서 이름을 따 국명을 정했으며, 그레이트 짐바브웨를 국
정 기념물로 지정했다.

㉓. **C** 톨텍 문명

보충: 톨텍Toltec 문명은 5세기 말에서 11~12세기까지 중남미에 존속했던 문
명. 치첸이차는 멕시코 유카탄주 중부에 있는 고대 마야 도시이다.

㉔. **C** 제물로 바쳐진 동물의 심장을 담아두기 위해

25. 11세기 말에 니자리Nizari라는 무슬림의 한 분파가 형성되어 페르시아와 시리아의 산악 요새를 장악하였다. 이 집단의 지도자인 하산이 사바흐Hassan-i Sabbah는 '산중 노인'이라는 별명으로 유명했으며, 자기 이름을 붙인 악명 높은 행동대를 거느렸다. 이 행동대는 무엇인가?

26. 태평양 이스터Easter섬에 거석상이 건조된 시기는 대략 언제쯤인가?
A 1000년   B 1100년
C 1300년

27. 성전기사단the Knights Templar과 구호기사단the Knights Hospitaller 중 공식적으로 먼저 출범한 기사수도회는 무엇인가?

28. 이 두 기사수도회 집단을 만든 목적은 무엇인가?

29. 1126년 당시, 서유럽에서 가장 컸던 나라는 어디인가?

30. 프랑스 파리에 있는 생드니Saint-Denis 대성당은 새로운 건축 양식으로 1130년부터 1144년까지 지어졌다. 그것은 어떤 건축 양식인가?

31. 1132년경, 중국은 북중국 평원지대의 유목민 집단인 몽골 침략자들에 맞서 획기적인 신무기를 개발했다. 이 신무기는 무엇인가?

○정답○

㉕. 이 행동대가 최초의 '아사신Assassins, 암살 교단'으로 추정된다.

보충: '아사신'은 시아파 이슬람의 일파인 니자리파가 엄격한 규율과 훈련을 통해 종파의 적대자와 정적을 암살하기 위해 육성한 행동대이다. '아사신'이라는 이름은 이 교단의 창시자인 '하산' 사바흐의 하산에서 유래했다는 설이 있으며, '암살'을 뜻하는 영어단어 '어쌔시네이션assassination'의 어원이 되었다.

㉖. B 1100년

㉗. 구호기사단은 1113년 예루살렘의 병원에서 근무하던 수도사들을 중심으로 조직된 단체이다. 성전기사단은 1119년에 조직되었다.

㉘. 성지에 가는 순례자들을 돌보고 보호해주는 것

㉙. 프랑스

㉚. 고딕 양식

㉛. 화약을 이용한 로켓

32. 1139년 부르고뉴Burgundy 가의 아폰수 엔리케Afonso Henriques 왕자는 오리크Ourique 전투에서 스페인의 이슬람교도들을 패퇴시킨 후, 어느 나라의 왕이 되었는가?

33. 중세에 **아래 지도** 속의 루트를 따라 이동한 사람들은 누구인가?

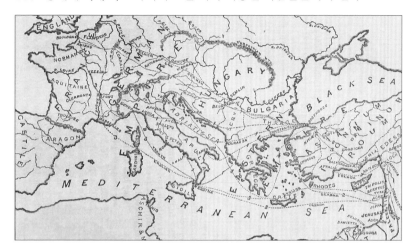

34. 1147년에서 1149년까지 진행된 2차 십자군 원정은 실패로 끝났으나 일단의 십자군이 원정길에 한 나라를 도와 이 나라의 중요한 도시에서 아랍인들을 축출했다. 그 나라는 어느 나라인가?

A 터키   **B** 포르투갈   **C** 시리아

35. 1154년 그림 속의 독일 왕(오른쪽) 프리드리히 바르바로사Friedrich Barbarossa는 이탈리아에서 노르만족을 격퇴하는 군사작전을 펼쳐 독일의 세력을 확장하려 했다. 그에게 '바르바로사'라는 별명이 붙은 이유는?

○정답○

32. 포르투갈

33. 이슬람계 튀르크 제국으로부터 기독교 성지인 예루살렘을 되찾기 위한 원정에 오른 유럽의 십자군들

34. B 포르투갈.   이때 포르투갈은 아랍인의 수중에 있던 리스본을 되찾았다.

35. 그의 머리와 수염이 붉은색이었고, 바르바로사는 '붉은 수염'을 뜻하는 이탈리아 말이다.

36. 1174년 이탈리아 북부에 있는 한 대성당에 종탑이 세워졌다. 오늘날 이 탑은 무엇이라고 불리는가?

37. 1187년 예루살렘을 회복한 뒤, 이 지역의 기독교도 주민들에 대한 학살을 저지한 이 튀르크 제국의 지도자(오른쪽)는 누구인가? 그는 '사자 심왕獅子心王' 리처드와 편지 및 선물을 주고받았고, 독자적으로 아이유브Ayyubid 왕조를 창건하였다.

38. 1189년에서 1192까지 계속된 3차 십자군 원정은 예루살렘을 되찾아 오는 데 실패했지만 기독교도 순례자들에게 유리한 양보를 얻어냈다. 이 십자군을 이끈 주요 지도자는 누구인가?

A 잉글랜드의 사자심왕 리처드와 프랑스의 필리프 2세

B 프리드리히 바르바로사 독일 왕과 프랑스의 필리프 2세

C 잉글랜드의 사자심왕 리처드와 독일의 프리드리히 바르바로사

39. 잉글랜드의 사자심왕 리처드는 리처드 1세? 2세? 3세?

40. OX 문제 사자심왕 리처드는 왕으로 즉위한 뒤, 잉글랜드에 딱 1년 간 체류하였다.

○정답○

36. 피사의 사탑The Leaning Tower of Pisa

37. 살라딘Saladin

　보충: 살라딘은 12세기에 활동한 티크리트현재 이라크 북부 출신의 무슬림 장군
　　　 이자 이집트, 시리아의 술탄왕으로 3차 십자군 원정에 맞서서 이슬람을
　　　 이끌었다. 전성기에 그는 이집트, 시리아, 예멘, 이라크, 메카 등을 지배
　　　 하는 아이유브 왕조를 세웠다. 십자군과 맞서 전쟁을 치를 당시에 탐욕
　　　 스럽고 무자비했던 십자군의 군주들에 비해 온건하고 약속을 잘 지키는
　　　 자비로운 군주로 덕망이 높았다.

38. **A** 잉글랜드의 사자심왕 리처드와 프랑스의 필리프 2세

　보충: 1191년 잉글랜드 사자심왕 리처드와 프랑스의 필리프 2세가 이끈 3차
　　　 십자군은 오랜 공방에도 불구하고 예루살렘의 탈환에는 실패했으나, 철
　　　 수하기 전에 예루살렘을 이슬람교도의 통치하에 두되, 비무장한 기독교
　　　 순례자들의 예루살렘 방문을 허용한다는 조건으로 최종 휴전 협정을 맺
　　　 었다.

39. 리처드 1세

40. **X.** 그가 잉글랜드에 거주한 기간은 약 6개월뿐이다.

　보충: 그는 대부분의 재위 기간을 전쟁터에서 보냈으며, 본국인 잉글랜드에
　　　 체재했던 기간은 불과 6개월이었다. 전쟁에서 용맹을 떨친 그는 사자심
　　　 왕이라는 별명을 얻었으며, 이후 중세 기사 이야기의 전형적인 영웅으
　　　 로 묘사되었다.

41. 1191년 교황은 세 번째 대규모 십자군 기사단의 창설을 승인했다. 이 기사단은 나중에 동부 유럽에서 슬라브족을 상대로 한 전쟁에 참여하였다. 이 기사단의 이름은?

42. 12세기에 구엘프Guelphs 가문과 기벨린Ghibellines 가문 사이에 장기간에 걸친 치열한 투쟁이 터졌다. 이 투쟁이 발생한 곳은 어디인가?
A 동부 유럽   **B** 인도   **C** 서부 유럽과 남부 유럽

43. 잉글랜드의 사자심왕 리처드는 당시 새로 개발된 군사 무기를 적극적으로 받아들였다. 그러다 1199년, 자신이 휘하 군대에 적극적으로 도입시켰던 그 신무기에 의해 살해되었다. 그 무기는 무엇인가?
A 대포   **B** 석궁   **C** 투석기

44. 1202년 이탈리아 피사 출신의 레오나르도 피보나치Leonardo Fibonacci는 유럽의 수학계, 나아가 전 세계인의 일상생활을 변화시킨 일을 했다. 그가 도입한 것은 무엇인가?
A 0의 개념
B 로마 숫자를 아라비아 숫자로 대체
C 주판

45. 1203년 4차 십자군이 튀르크 제국 수중에 있던 예루살렘을 정복하기 위해 유럽에서 출발했다. 하지만 이 십자군은 방향을 바꿔 한 기독교 도시를 약탈하는 데 몰두했다. 그 도시는 어디인가?

46. 이 약탈로 큰 이익을 본 이탈리아의 해양 도시국가는 어디인가?

○정답○

㊶. 튜턴 기사단Teutonic Knights

㊷. C 서부 유럽과 남부 유럽

　　보충: 중세 이탈리아에서는 교황을 지지하는 구엘프파와 독일신성 로마 제국 황
　　　　제를 지지하는 기벨린파 사이의 불화 때문에 도시들끼리 치열한 투쟁이
　　　　벌어졌다. 구엘프라는 말은 12~13세기 초 황제의 자리를 놓고 경쟁을
　　　　벌인 독일의 '벨프' 가문에서 나왔으며, 기벨린은 벨프가의 반대세력인
　　　　호엔슈타우펜가가 살던 성城 이름 바이블링겐Waiblingen에서 나왔다. 이
　　　　이름들은 호엔슈타우펜 가문 출신 황제인 프리드리히 2세를 지지하거
　　　　나 반대하는 이탈리아인들에게까지 붙여졌다.

㊸. B 석궁

　　보충: 중세 유럽에서 사용한, 쇠나 나무로 된 발사 장치가 달린 큰 활

㊹. B 로마 숫자를 아라비아 숫자로 대체

　　보충: 피보나치는 인도·아라비아의 수학을 유럽에 소개한 이탈리아의 수학자
　　　　이다. I, V, C 같은 로마 숫자로는 덧셈이나 뺄셈은 비교적 쉽게 할 수
　　　　있었으나 곱셈이나 나눗셈을 하기에는 극도로 복잡했다. 1, 2, 3 같은
　　　　아라비아 숫자는 모든 사칙연산을 쉽게 만들어 주었다.

㊺. 콘스탄티노플

㊻. 베네치아공화국.　비잔틴 제국에서 약탈한 전리품 중 8분의 3을 챙
　　　겼다.

47. 1204년에 죽은, 아키텐의 엘레오노르Eleanor는 두 유럽 국가의 국왕과 결혼하였다. 그 두 사람은 누구인가?

48. 1206년 몽골 내에 흩어져 살던 무리를 비롯해 타타르족 같은 많은 유목민 부족들은 칭기즈칸의 지휘 아래 통합하였다. 칭기즈칸은 '위대한 통치자'를 뜻하는 지위 이름이다. 그의 본명은 무엇인가?

49. 1209년 교황은 유럽에서 이교도들을 정벌할 십자군의 동원을 요청했다. 이 정벌은 어디서 이루어졌는가?

50. 잉글랜드의 존 왕은 1215년 무슨 조치(오른쪽 그림)를 취했는가? 백성들에게 인기가 없었던 존 왕은 세금을 올린 뒤 귀족층의 반란에 직면하였다. 그는 내란을 피하고자 귀족의 요구에 응하여 이 조치를 취했다.

51. 이 문서가 중요한 이유는 무엇인가?

52. 이 문서로 가장 큰 혜택을 받은 층은?
A 농노   **B** 왕   **C** 귀족

53. 1212년에 튀르크 제국이 점령하고 있던 예루살렘을 탈환하기 위해 유럽의 어린이들로 구성된 십자군이 탄생했다. 이 어린이들은 어떻게 되었나?

○정답○

㊼. 프랑스의 루이 7세, 잉글랜드의 헨리 2세

보충: 아키텐의 엘레오노르Eleanor of Aquitaine는 프랑스 루이 7세의 왕비였으나, 이혼하고 영국 왕 헨리 2세의 왕비가 되었다.

㊽. 테무진Temujin

㊾. 프랑스 남부 옥시타니아Occitania에서 교세를 떨치던 알비Albigenses파 이교도들을 정벌하기 위한 십자군이 조직되었다.

㊿. 그림에 묘사된 장면은 그가 마그나 카르타Magna Carta, 즉 대헌장Great Charter에 서명하는 모습이다.

(51). 대헌장은 왕족을 포함, 모든 사람이 법에 복종해야 하며, 모든 사람에게 공정한 재판을 받을 권리가 있음을 규정한 최초의 문서이다.

(52). C 귀족

(53). 대부분 죽거나 노예가 되었다.

54. 인도에서 1221년부터 계속 몽골족의 공격을 격퇴하여, 몽골의 인도 침략을 봉쇄한 왕조 이름은?

55. OX 문제 프랑스 국왕인 루이 9세재위 1226~70는 유럽에서 가장 강력한 왕이었으며, 나중에 시성諡聖, 기독교에서 어떤 사람을 성인으로 선언하는 행위되었다.

56. OX 문제 프랑스 국왕인 루이 9세의 후손들이 프랑스 대혁명이 발생하는 1789년까지 프랑스를 통치했다.

57. 1241년 독일의 상업도시인 뤼베크Lübeck와 함부르크Hamburg는 자신들의 무역 사업을 지키기 위해 상호 방위조약을 체결하였다. 이것은 나중에 북유럽에서 탄생하는 강력한 무역 동맹의 기초가 된다. 그 무역 동맹은 무엇인가?

58. 이 상업 동맹 기구는 전성기에 최고 몇 개의 도시 또는 길드조합가 회원단체로 참여하였는가?
A 5개 **B** 50개 **C** 160개

59. 칭기즈칸이 이끄는 몽골족은 서쪽으로 질주하여 키예프 공국, 폴란드, 루마니아, 실레지아의 군대를 차례로 격파하였다. 왜 1242년 몽골군은 유럽 침공을 멈추고 철군하였는가?
A 몽골족은 전투에서 프랑스군에 패했다.
B 몽골족은 새로운 칸을 선출하기 위해 철군했다.
C 전염병이 돌아 몽골족이 떼죽음을 당하였다.

○정답○

54. 델리 술탄국_{Delhi Sultanate}

보충: 델리 술탄국은 1206년부터 1526년까지 델리를 중심으로 인도를 지배
하던 술탄 왕조이다.

55. O

보충 : 루이 9세는 강력하면서도 정의로운 왕으로 전 유럽에 걸쳐 추앙받
았다.

56. O

57. 한자 동맹_{Hanse/Hanseatic League}

58. C 160개

59. B 몽골족은 새로운 칸을 선출하기 위해 철군했다. 그 뒤로부터는 다
른 지역에 관심을 집중하였다.

60. 몽골군은 유럽에서 철군했지만 유럽인들은 이때 경험한 충격과 공포를 잊지 못했다. 몽골은 전투에서 화약을 사용한 듯하며, 이들로 인해 러시아에서 권력의 공백 상태가 생겼다. 이들에 이어 권력을 잡은 공국은 어디인가?

A 아르항겔스크   **B** 모스크바 대공국   **C** 페트로프스키

61. 성전기사단Knights Templar, 템플 기사단은 여러 가지 이유로 매우 부유한 단체가 되었다. 그들은 순례자들에게 어떤 금융 서비스를 제공하여 부를 축적하였는가?

62. OX 문제 뉴질랜드는 폴리네시아인들이 도착한 1250년대 이전에는 인간의 영구적 정착지로 이용된 적이 없다.

63. 1250년경부터 1850년경까지 북반구에서는 큰 기후 변화가 있었다. 이 기간에 온도는?

A 더 더워졌다.   **B** 더 습해졌다.   **C** 더 추워졌다.

64. 1253년 동부 아나톨리아 전투에서 승리한 쪽은 셀주크족? 몽골족?

65. 몽골의 침공이 있고 난 뒤, 소아시아 지역은 어떻게 되었는가?

A 룸 셀주크 술탄국의 영토가 확장되었다.

B 룸 셀주크 술탄국이 몽골 제국 일부로 편입되었다.

C 룸 셀주크 술탄국이 여러 개의 작은 독립적 토후국으로 분열되었다.

66. 1250년 칭기즈칸의 손자가 몽골의 모든 부족을 통솔하는 지도자가 되었다. 그의 이름은 무엇인가?

○정답○

60. B 모스크바 대공국

61. 그들은 일종의 금융 수표 제도를 시행하였는데, 이 제도를 통해 순례자들은 기사단의 한 '지부'에 돈을 예치하고 신용장을 받으면 나중에 예루살렘에 도착했을 때 그것을 현금화할 수 있었다.

62. O

63. C 더 추워졌다. 이 기간을 소빙기라고 한다.

　보충: '소빙기'는 빙하기는 아니지만 비교적 추운 기후가 지속하였던 13세기 초부터 17세기 후반까지의 기간을 의미한다. '소빙하기' 또는 '소빙하시대'라고 표현하기도 한다.

64. 몽골족

65. C 룸 셀주크 술탄국이 여러 개의 작은 독립적 토후국으로 분열되었다.

66. 쿠빌라이 칸Kublai Khan

67. 이 몽골의 왕은 어느 지역에 본거지를 수립하였는가?

68. 1279년 이 몽골의 왕은 한 광대한 나라에 대한 정복을 완성하여, 그곳에 최초의 외래 민족 제국을 세운다. 그 나라는 어느 나라인가?

69. 몽골족이 중국에 세운 왕조의 이름은 무엇인가?

70. OX 문제 아래 지도는 1274년경, 최전성기를 맞은 몽골 제국의 영토를 표시한 것이다(흰색으로 표시). 이 제국은 점령한 지역을 따지면, 역사상 가장 큰 영토를 보유한 제국이다.

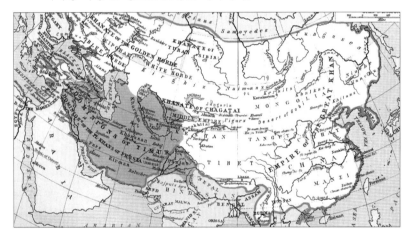

71. 1271년 이탈리아 상인 집단과 함께 실크로드를 따라, 유럽에서 중국으로 여행한 사람은 누구인가?

72. 1271년 교황 그레고리오 10세는 당시 강력한 권세를 자랑하던 한 왕이 보낸, 예상치 못한 '우정의 편지'를 받았다. 편지를 보낸 사람은 누구였는가?

○정답○

67. 중국 북부

68. 중국

　　보충: 그는 1279년 남송을 정벌하여 중국을 정복하고 금나라와 거란족의 잔
　　　　당을 토벌하였으며 고려를 제후국으로 편입했다. 1281년에 국호를 원
　　　　元으로 바꾸고 초대 황제에 즉위했다.

69. 원元. '으뜸, 근원' 등을 뜻한다.

70. O. 이 제국의 영토는 중국해에서 중부 유럽까지 끊어지지 않은 채
　　뻗어 있었다.

71. 마르코 폴로Marco Polo

72. 중국 원나라의 쿠빌라이 칸 황제

　　보충: 칭기즈칸의 손자인 '쿠빌라이 칸'은 마르코 폴로Marco Polo의 아버지와 숙
　　　　부인 니콜로 폴로와 마페오 폴로를 통해 로마의 교황에게 기독교 가르
　　　　침과 일곱 가지 학문에 뛰어난 지식인 100명을 몽골로 보내어 기독교
　　　　문명을 가르쳐 달라는 내용의 편지를 보냈다.

73. 1278년 오스트리아를 통치했던 가문은?

74. 1293년경 튀르크족의 지도자인 오스만 1세는 셀주크 왕국으로부터 독립을 선언하고 소아시아에 독자적인 이슬람 국가를 건설하기 시작했다. 그의 후손들을 무엇이라고 부르는가?

75. 1295년 스코틀랜드는 어느 나라와 이른바 '올드Auld 동맹'을 체결했는가?
A 잉글랜드   **B** 웨일즈   **C** 프랑스

76. 전설에 의하면 1306년 로버트 브루스Robert Bruce 스코틀랜드 왕은 잉글랜드 침략군을 피해 도주했다. 그는 절망과 비탄에 빠졌다가 갑자기 용기를 내 잉글랜드에 항전하기 시작했다. 그가 마음을 바꾼 계기는 무엇인가?

77. 프랑스의 왕 필리프 4세는 빚이 많았고, 부유했던 한 특정 단체를 증오하였다. 그 단체의 부를 빼앗아 오기 위해 1307년 그는 교황을 설득하여 그 단체의 구성원들을 신성 모독 혐의로 체포했다. 이때 무슨 단체 소속의 사람들이 체포되고 탄압을 받았는가?

78. OX 문제 흑사병은 서유럽에서 봉건제도가 붕괴하는 원인이 되었다.

79. OX 문제 세인트존 앰뷸런스 부대의 전신은 중세의 구호기사단 Knights Hospitaller이다.

○정답○

73. 합스부르크 왕가

74. 오스만 왕조

75. C 프랑스

보충: 스코틀랜드 왕국은 잉글랜드의 침략을 막기 위해 프랑스 왕국과 이 동맹을 맺었다.

76. 거미집을 짓는 거미 한 마리가 성공할 때까지 집짓기 시도를 멈추지 않는 모습을 보고

77. 템플 기사단(또는 성전기사단)

보충: 성전기사단에 빚을 지고 있던 프랑스 국왕 필리프 4세는 성전기사단 소속의 수도사들이 비의적秘儀的 의식을 행한다는 소문이 나돌자 그것을 핑계로 성전기사단을 탄압하고 그 재산을 몰수하였다. 필리프 4세의 압박을 받은 교황 클레멘트 5세가 1312년 조직을 해산시키면서 성전기사단은 공식적으로 사라진다.

78. O. 너무 많은 사람이 죽어서, 살아남은 지주들은 밭을 경작하는 데 필요한 일꾼들을 확보할 수 없었다. 그래서 토지의 용도가 바뀌었다.

79. O

보충: 이 부대는 공공 행사에서 발생하는 사고에 대해 응급 처치 및 앰뷸런스 이송 서비스를 제공하는 비영리단체로 1887년 영국에서 창설되었다.

80. 이 무섭게 생긴 사람들을 무엇이라고 부르는가? (아래 그림 참조) 사람들은 중세 말부터, 이들이 기근에서 역병까지 온갖 재앙을 인간 사회에 몰고 온다고 믿었다.

81. 1325년에서 1354년까지 또 한 사람의 여행자가 실크로드를 따라 중국에 갔다 온 뒤 자서전을 썼다. 이번 여행자는 모로코 사람이었다. 그는 누구인가?

A 오마르 하이얌   B 이븐 바투타   C 알리 바바

82. 이 사진 속의 인형들을 의식 때 사용한 아메리카 원주민의 종교는?

A 수족 유령의 춤꾼들

B 푸에블로족 카치나 신앙

C 나바호족 윈드토커스

83. 1327년 프랑스 왕의 가신 중 누가 프랑스 내에 가장 큰 영토를 보유하고 있었나?

A 잉글랜드 왕

B 부르고뉴 공작   C 아미엥 백작

○정답○

80. 마녀

81. B 이븐 바투타Ibn Battuta

보충: 바투타는 중세 아랍의 탐험가이다. 대부분 아랍 국가와 중국, 수마트라까지 장장 12만km의 긴 여행을 갔다 와 여행기인 《리흘라Rihla》를 썼다. 그의 여행기는 문화 인류학적으로 높은 평가를 받고 있다. 하이얌Khayyam은 11세기에 활약했던 페르시아의 수학자·철학자이다.

82. B 푸에블로Pueblo족의 카치나 신앙

보충: 푸에블로 인디언들은 자연신과 인간 사이에 중개 역할을 하는 카치나Kachina가 있다고 믿고, 카치나를 인형처럼 만들어서 집에 성물聖物로 간직했다.

83. A 잉글랜드 왕 (에드워드 3세)

84. 프랑스 샤를 4세가 아들 없이 사망하자, 그의 조카인 이 신하는 자신이 프랑스 왕위 계승권자라고 생각했다. 그래서 샤를의 사촌 필리프 5세가 왕위를 물려받고 나서 이 신하의 개인적 재산에 대한 소유권을 주장하자, 이 신하는 어떻게 대응했는가?

85. OX 문제　백년전쟁은 1337년에 발발했고, 이 전쟁으로 잉글랜드와 프랑스는 100년이 넘는 기간 동안 끊임없이 싸웠다.

86. 백년전쟁 기간을 통틀어 몇 명의 잉글랜드 국왕이 잉글랜드를 통치하였나?

A 3명　**B** 5명　**C** 7명

87. 백년전쟁 기간을 통틀어 몇 명의 프랑스 국왕이 프랑스를 통치하였나?

A 3명　**B** 5명　**C** 7명

88. 백년전쟁 때 잉글랜드군에 포위된 오를레앙Orleans을 누가 구했나?

89. 이 지도는 1347년부터 그 이후에, 무엇이 연속적으로 전개되는 단계를 보여주고 있는가?

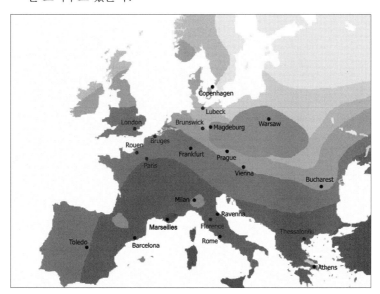

○정답○

84. 잉글랜드 왕 에드워드 3세는 정당한 왕위 계승권자의 자격으로 전쟁을 선포했고, 이로써 백년전쟁이 시작되었다.

85. X. 이 전쟁은 한 차례의 길고 연속적인 전쟁이 아니라, 많은 개별적 분쟁이 간헐적으로 지속하는 식으로 진행되었다.

86. B 5명

87. B 5명

88. 잔 다르크Joan of Arc
보충: 오를레앙은 프랑스 중북부의 도시이다.

89. 흑사병이라는 전염병의 확산

90. '1356년의 금인金印 칙서'란 무엇인가?

　A 폴란드 사람들이 숭배하는 우상

　B 독일 왕의 선출 자격을 가진 사람을 명시한 문서

　C 스페인 투우대회에서 살아남은 소

91. 중국에서는 몇 차례의 내란을 겪은 다음, 1368년에 새로운 왕조가 들어섰다. 이 왕조는 오른쪽 사진 같은 도자기 그릇으로 유명해졌다. 이 왕조의 이름은 무엇인가?

92. **OX 문제**　1386년 잉글랜드와 포르투갈은 지금까지 효력을 유지하고 있는 역사상 가장 오래된 국가 간 동맹조약인 '윈저Windsor 조약'을 체결했다.

93. 중세 유럽에서 전염병인 나병에 걸린 사람들은 다른 사람들이 자신들 옆에 가까이 오지 못하도록 주의를 시키면서 살아야 했다. 그들은 어떤 방법으로 다른 사람들에게 주의하라고 하였을까?

94. 유럽 총인구 중 흑사병으로 죽은 사람들은 몇 %나 될까?

　A 약 10%　B 약 40%　C 약 50%

○정답○

90. B 독일 왕의 선출 자격을 가진 사람을 명시한 문서

보충: 금인 칙서는 1356년 신성 로마 제국 황제인 샤를 5세가 내린 칙서를 말한다.

91. 명明.

보충: 명나라는 주원장朱元璋이 몽골족의 원나라를 몰아내고 세운 한족 왕조이다.

92. O. 이 조약 맺은 뒤 현재까지 잉글랜드나중에는 영국와 포르투갈은 한 번도 서로 전쟁을 벌인 적이 없다.

93. 벨을 갖고 다니면서 울렸다.

94. C 약 50%

보충: 일부 학자들은 최고 60%의 인구가 죽었을 것으로 추정한다.

95. 1377년 남부 유럽에서 전염병이 돌았다. 베네치아는 이 전염병이 도시 안에 퍼지지 못하도록 베네치아 항구에 들어온 배에서 아무도 40일 동안 하선하지 못하게 하였다. 이 포고령 때문에 생긴 용어가 있는데, 그것이 무엇인가?

96. 1389년 유럽에서 발발한 코소보Kosovo 전투는 어느 나라와 어느 나라가 싸운 전투인가?

97. 이 전투의 결과는?

98. 14세기 말 유럽의 어느 나라에서 르네상스가 시작되었는가?

99. '르네상스Renaissance'의 뜻은 무엇이며 유럽이 이 시기를 왜 르네상스라고 부르는가?

100. 중세 말경, 이탈리아 내 도시국가들은 공화국에서 왕국에 이르기까지 체재가 다양했다. 이 중 가장 중요한 5개 나라를 꼽는다면?

○정답○

95. 검역$_{quarantine}$.   이 말은 '40'을 뜻하는 이탈리아어 'quaranta'에서 유래했다.

96. 무라드$_{Murad}$ 1세 치하의 오스만 제국과 라자르$_{Lazar}$ 치하의 세르비아

97. 두 왕이 모두 죽었고, 두 나라 군대도 똑같이 전멸되었다. 하지만 오스만 제국은 발칸 지역에 침투하여 비잔틴 제국을 포위할 수 있었다.

98. 이탈리아

99. 르네상스는 '부활, 재탄생'이라는 뜻이며, 이 말은 이 시기에 고대 그리스·로마의 지식과 예술 사조가 부활했다는 뜻을 나타내기 위해 사용되었다.

100. 교황령$_{領}$, 베네치아 공화국, 피렌체 공화국, 밀라노 공국, 나폴리 왕국
보충: 교황령은 1870년까지 교황이 지배했던 중부 이탈리아 지역을 가리킨다.

5장

1400년~1599년

1. 1400년, 잉글랜드의 웨일스Wales 지배에 대항해 마지막 반란을 일으키고 결국 이 지역의 통치권을 장악한 웨일스 공公은 누구인가? 그는 권력을 오래 유지하지 못했고, 잉글랜드는 곧 웨일스 지배권을 회복했다.

2. 1400년대부터 이탈리아 피렌체 지역에서 세력을 떨치기 시작한 부유한 금융 가문의 이름은?

3. 1403년 중국은 수도를 난징南京에서 북부 지역의 도시로 옮겼다. 북부 지방에 들어선 이 새로운 수도의 이름은?

4. 1403년에서 1421년까지 중국 명나라의 정화鄭和 제독은 동남아시아, 인도, 중동 지역을 탐험하는 대규모 해상 원정을 수행했다. 그의 원정대는 가장 멀리 어디까지 도달했는가?

5. 15세기 포르투갈 왕자로서 아프리카 서안에 관한 탐사 활동을 후원한 엔히크Henrique, 영어명은 Henry의 별명은?

6. **OX 문제** 리투아니아는 1413년에 비로소 기독교 국가가 되었다.

○정답○

1. 오언 글렌다워Owen Glendower

보충: 웨일스 공Welsh prince이라는 명칭은 웨일스가 잉글랜드에 정식으로 병합되기 전까지 웨일스의 지배자, 또는 웨일스 전체를 대표하는 군주를 가리키는 작위로 사용되었다.

2. 메디치 가문de Medicis

3. 베이징 또는 북경北京

4. 아프리카

보충: 정화鄭和는 중국 명나라의 해군 제독이자 환관, 전략가, 탐험가로 영락제永樂帝의 명령에 따라 남해에 일곱 차례의 대원정을 떠난 것으로 유명하다. 정화의 함대는 동남아시아, 인도를 거쳐 아라비아반도, 아프리카까지 도달하였다.

5. 항해 왕자 엔히크Henry, the Navigator

6. O. 리투아니아는 1389년부터 기독교를 받아들이기 시작했으나, 이 나라를 구성하는 두 지배적인 부족 중 사모기티안Samogitians족(또 다른 부족은 동부 지역에 살았던 아우크스타이티아이Aukstaitiai족이다)이 1413년 마지막으로 기독교를 받아들임으로써, 리투아니아 전국이 기독교 국가가 되었다. 하지만 초기에는 귀족층 사이에서만 기독교가 퍼졌다고 한다.

7. 백년전쟁 중 다음 삽화가 묘사하는 전투는? 이 전투에서 큰 활을 사용하는 잉글랜드·웨일스 연합군의 장궁수長弓手들이 프랑스의 보병과 기병대를 크게 격파했다.

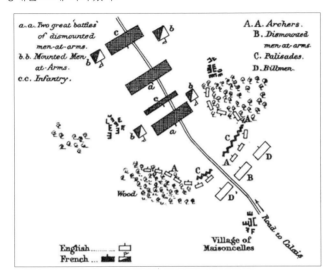

8. 1415년 포르투갈이 점령한 북아프리카의 주요 무역 거점은 어디인가? 이후 포르투갈에서 제국의 시대가 열렸다.

A 세우타　**B** 탕헤르　**C** 마라케슈

9. 15세기 말에 나온 중요한 발명품으로, 여러 사상思想이 유럽 전역에 급속히 전파되는 데 기여한 이것은?

10. 세계 최초로 이것을 발명한 사람으로 인정받은 유럽인은?

11. OX 문제 15세기 중엽, 프랑스는 통일된 국가였다.

12. 오스만 튀르크 제국이 1453년 함락시킨 중요한 기독교 도시는?

○정답○

❼. 아쟁쿠르_{Agincourt} 전투

보충: 아쟁쿠르 전투는 백년전쟁 중인 1415년 10월 25일, 프랑스군이 영국 군에게 대패한 전투이다.

❽. 세우타_{Ceuta}

보충: 세우타는 아프리카 모로코의 북부, 지브롤터해협 연안에 위치한 스페인 의 자치 도시이다.

❾. 활판 인쇄술

❿. 요하네스 구텐베르크_{Johannes Gutenberg}

보충: 금속 활판 인쇄술은 독일의 금金 세공업자인 요하네스 구텐베르크가 1438~39년 사이에 발명했다. 우리나라 고려에서 그보다 앞선 1377년 에 〈직지심체요절〉이 금속활자로 인쇄되었으나, 유럽처럼 책의 대중적 공급과 지식 독점 해체, 독서인구 팽창으로 이어지지는 못했다. 반면, 구텐베르크의 금속활자 발명은 인쇄문화의 대폭발을 일으켜, 이른바 '근대' 형성에 핵심적 기여를 하며 서구 역사의 물길을 바꾼 것으로 평가 된다.

⓫. X. 프랑스는 1589년에 통일되었다.

⓬. 콘스탄티노플

13. 이 사건으로 멸망한 제국의 이름은?

14. 이탈리아의 베네치아는 1453년 오스만 제국과 전쟁을 벌이는 이 도시를 지원하기 위해 대규모 함대를 파견하기로 약속했다. 그 결과는?
A 지원 약속을 지켰다.   **B** 함대가 도착하지 못했다.
C 함대가 도착했으나 너무 늦었다.

15. OX 문제   오스만 제국은 혁신적 발명품인 화약을 사용했기 때문에 이 도시를 쉽게 장악할 수 있었다.

16. 오스만 제국이 중동 지역으로 팽창함으로써 세계 무역에 어떤 영향을 끼쳤나?

17. 1450년경좀 더 이른 시기라는 학설도 있다 북미 대륙의 5대호 이남 지역의 평화를 도모하기 위하여 이곳에서 활동하던 5개 원주민족 사이에 이로쿼이Iroquois 연맹 또는 5부족 연합 동맹이 결성되었다. 이 연맹의 전설적인 두 창설자는 데가나위다Deganawidah, 일명 '위대한 중재자'와 **아래 사진 속의 인물**이다. 연맹을 창설한 두 번째 중재자이며 한 서사시의 주인공이기도 한 이 사람은?

○정답○

⑬. 비잔틴 제국 또는 동로마 제국

보충: 동로마 제국은 콘스탄티노스 11세가 사망하고, 메흐메드_{Mehmed} 2세가 이끈 오스만 튀르크 제국에 콘스탄티노플이 넘어간 1453년에 멸망하였다.

⑭. C 함대가 도착했으나 너무 늦었다.

⑮. O

⑯. 오스만 제국은 결국 동양과 서양을 잇는 육상 무역로_{실크로드}와 홍해를 통과하는 전통적인 해상 루트를 모두 장악하게 되었다. 그 결과, 향신료를 비롯하여 극동 지방에서 나오는 각종 진귀하고 값비싼 상품들의 유럽 공급이 차단되었다. 동양으로 향하는 새로운 해상 교역로를 확보할 필요성이 이른바 '유럽 대항해 시대'를 여는 계기가 되었다.

⑰. 하이어워사_{Hiawatha}

보충: 1855년 미국 시인 헨리 워즈워스 롱펠로는 핀란드 작품인 〈칼레발라 Kalevala〉의 음보에 맞춘 〈하이어워사의 노래_{Song of Hiawatha}〉라는 장시_{長詩}를 발표, 이 영웅적인 아메리칸 인디언의 생애를 노래했다. 이로쿼이족은 오늘날의 뉴욕주에 살았던 아메리칸 인디언 부족이다.

18. OX 문제 유럽에서 백년전쟁이 끝난 1453년 이후, 이 전쟁에서 너무 많은 프랑스 귀족들이 죽었기 때문에 프랑스 왕실은 전역에 중앙집권 체제를 시행할 수 있었다.

19. 1455년에 발간된 유럽 최초의 금속활자 인쇄본은?

20. 동유럽 국가인 왈라키아 Wallachia의 왕자로 태어나 1448년부터 1477년에 죽을 때까지 세 차례에 걸쳐 이 나라를 통치했고 이 과정에서 잔혹한 성질, 특히 적군에 대한 잔인한 처형 방식 때문에 악명을 떨친 장군은? (사진 참조)

21. 이 사람을 모델로 삼아 창작된 허구의 인물은 누구인가?

22. 1455년에서 1485년까지 잉글랜드와 웨일스 지역에서 영국의 두 귀족 가문 간에 '장미 전쟁'이 벌어졌다. 이 두 가문은 자신들의 상징으로 각각 어떤 색의 장미를 택했을까?

23. 장미 전쟁에서 최후의 승자로 떠오른 왕과 왕조의 이름은?

○정답○

⑱. O

⑲. 성경

⑳. 가시 공작 블라드Vlad the Impaler

　보충: 블라드 체페슈Vlad Tepes로도 불린다. 체페슈는 "꿰뚫는 자"라는 뜻으로, 그가 죄인이나 포로를 꼬챙이에 꿰어 죽이는 공포정치를 하여 사람들이 붙인 별명이다. 왈라키아 공국은 유럽 남동부에 위치한 옛 공국으로, 1861년 몰다비아Moldavia 공국과 통합하여 현재의 루마니아가 된 나라이다.

㉑. 흡혈귀 드라큘라 백작

　보충: 드라큘라는 루마니아어로 "용의 아들"이라는 뜻이다.

㉒. 랭커스터Lancaster 왕가는 붉은 장미를, 요크York 왕가는 흰 장미를 표시로 삼았다.

㉓. 튜더Tudor 왕조의 초대 왕인 헨리 7세

24. 1477년 로렌Lorraine 공국과 스위스 연합국에 패한 뒤 프랑스에 합병된 강력한 중세 유럽의 공국(오른쪽 지도에서 흰색으로 구분된 지역) 또는 이 나라가 지배했던 지역의 이름은?

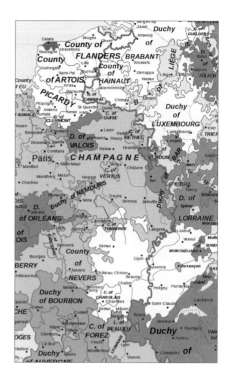

25. 러시아 북동 지역에 위치한 모스크바Muscovy 대공국은 1480년 어느 민족으로부터 독립을 선언했나?
A 코사크족   **B** 핀족
C 타타르족

26. 이탈리아 내 한 왕국 내의 분쟁이 인근 왕국들은 물론, 대부분의 유럽 열강들이 참전하는 이른바 '이탈리아 대전쟁'으로 비화하였고, 이 전쟁은 1494년부터 1559년까지 이어졌다. 이 대혼란 시기에 레오나르도 다빈치는 이탈리아를 탈출하여 프랑스로 이주했는데, 이때 그가 함께 가지고 간 유명한 그림은?

27. 15세기와 16세기, 아랍 학문의 최고 중심지로 아프리카의 한 도시가 떠올랐다. 이 도시는?

28. 이 시대에 발트해 연안 지역이 유럽에서 매우 중요했던 이유는?

○정답○

24. 부르고뉴Burgundy 공국

25. C 타타르족

26. 〈모나리자〉.   이 그림은 그 후 현재까지 프랑스가 소유하고 있다.

　　보충: 대이탈리아 전쟁은 1494년에서 1559년까지 8차례에 걸쳐 이탈리아의
　　　　패권을 놓고 프랑스와 합스부르크, 스페인 등이 벌인 전쟁으로, 이 나라
　　　　들 외에 베네치아 공화국, 교황령 등 이탈리아 내 여러 도시국가와 잉글
　　　　랜드, 스코틀랜드 등도 참전한 국제전이었다. 프랑스의 동맹으로 멀리
　　　　있었던 오스만 제국까지 참전, 실제로 당시 지중해권-유럽 세계의 관점
　　　　에서는 세계 대전이라 부를 만한 대규모 장기전이었다.

27. 오늘날 말리에 있는 팀북투Timbuktu시통북투라고 부르기도 한다

28. 배를 건조하는 데 필요한 목재와 기타 물품들을 이 지역에서 조달했
　　기 때문

29. 아프리카 대륙에서 최대 제국으로 발전한 아래 지도 속의 왕국(음영으로 표시)은? 이 제국을 수립한 왕은 손니 알리Sunni Ali, 1464~92이다.

A 마다가스카르　B 가나　C 송가이

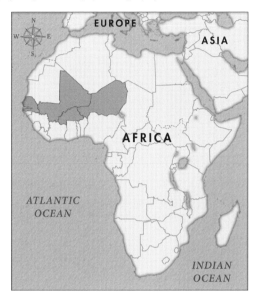

30. 크리스토퍼 콜럼버스가 선단을 이끌고 유럽을 출발, 대서양을 횡단하여 '신대륙'에 상륙한 해는?

31. 크리스토퍼 콜럼버스의 탐험을 후원하고 그의 아메리카 대륙 발견을 가능케 했던 유럽의 왕은?

32. 회교도 세력이 스페인에 세운 마지막 왕국으로, 1492년에 몰락한 나라는?

33. 1492년 스페인에서는 중요한 사건들이 많이 일어났다. 1492년 3월에 선포된 알함브라 칙령Alhambra Decree의 내용은?

○정답○

㉙. C 송가이Songhai 제국

　보충: 송가이 제국은 15~16세기에 걸쳐 서아프리카에서 부흥한 제국 중 하나이다. 수도는 가오Gao.

㉚. 1492년

㉛. 스페인의 부부 왕인 페르난도와 이사벨

　보충: 당시 스페인은 카스티야와 아라곤으로 구분, 카스티야의 여왕 이사벨 1세와 아라곤의 왕 페르난도 2세는 카스티야를 공동 통치하고, 페르난도는 아라곤을 단독 통치하는 형태의 왕국이었다. 정치, 지리, 종교적 통일을 이룩하고 국가의 비상을 꾀하던 이사벨과 페르난도 부부는 해외 진출에 박차를 가하기 위해 콜럼버스의 탐험을 후원했다.

㉜. 그라나다Granada

㉝. 스페인에서 활동하는 유대인들의 추방

　보충: 페르난도 왕과 이사벨라 여왕은 그라나다를 공략한 지 얼마 되지 않아 스페인에서 연령에 상관없이 모든 유대인을 추방하라는 알함브라 칙령을 포고한다. 이로써 수십만의 유대인들은 전 재산을 몰수당한 채 절반은 포르투갈로, 절반은 전 유럽으로 흩어지게 되었다. 히틀러의 나치 독일이 자행한 홀로코스트유대인 대학살 이전까지 유대인 유랑사의 최대 비극으로 꼽힌다.

34. 1492년 출항한 콜럼버스 선단을 구성했던 3척의 배의 이름은?

35. 콜럼버스는 스페인에서 출항할 때, 무엇을 찾고자 했나?

36. 아메리카 대륙에서 콜럼버스가 처음 발을 내디딘 지역은?

37. 콜럼버스는 북미 대륙 땅을 밟은 적이 있는가?

38. 유럽인들이 아메리카 대륙에 살던 원주민들을 '인디언'이라고 불렀던 이유는?

39. 1494년 토르데시야스Tordesillas 조약에서 합의된 **아래 지도 속의 경계선** 이 뜻하는 것은?

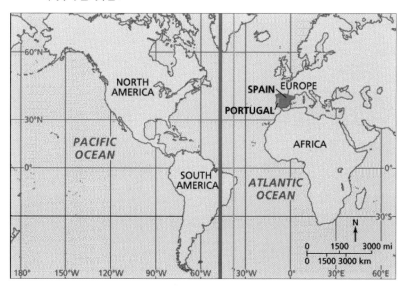

○정답○

34. 니나Nina, 핀타Pinta, 산타마리아Santa Maria호

35. 그는 향신료 교역을 위해 아시아로 향하는 해상 무역로를 개척하고자 했다.

36. 바하마에 있는 산살바도르San Salvador섬

37. 없다. 후에 3차례 더 이어진 항해에서 콜럼버스는 중앙아메리카(니카라과, 파나마, 코스타리카 등)에 상륙했고, 마지막으로 온두라스를 발견한 뒤 귀국하였다.

38. 크리스토퍼 콜럼버스의 항해 목적은 아시아로 향하는 교역로를 찾는 것이었고, 그는 자신이 상륙한 카리브해의 섬들을 아시아의 섬이라고 확신했다. 그래서 그는 그곳 원주민들을 인도인을 뜻하는 스페인 말인 "인디오"라고 불렀다.

39. 스페인과 포르투갈은 카보베르데Cape Verde군도에서 서쪽으로 370 레구아1,907Km 떨어진 지역에 남북으로 선을 긋고 신대륙에 대한 소유권을 양분하였다. 즉 선의 서쪽은 에스파냐에 속하고 선의 동쪽은 포르투갈에 속한다고 합의, 이 조약에서 나머지 유럽 국가들은 배제되었다.

40. 1497년 포르투갈은 스페인을 모방하여 어떤 조치를 취하였나?

41. 1497년 존 캐벗John Cabot은 빈랜드Vinland를 발견한 뒤 이곳을 어느 유럽 국가의 소유라고 주장했나?

42. 1536년 자크 카르티에Jacques Cartier, 프랑스의 항해가·탐험가, 1491~1557가 '누벨프랑스'의 소유라고 주장했던 땅은?

43. 1498년, 뱃길로 인도에 도착한 최초의 유럽인은?

44. 바스쿠 다가마의 인도 항로 발견은 세계 역사에서 매우 중요한 사건으로 여겨지는데, 그 이유는?

45. 바스쿠 다가마는 배로 어느 대륙의 해안을 돌아 인도에 도달하였나?

46. 이 탐험대는 인도의 어느 지역에 상륙하였나?
  A 봄베이 **B** 캘리컷 **C** 델리

㊵. 유대인들을 추방했다.

보충: 스페인에서 추방당한 유대인들은 대거 포르투갈로 도피했으나, 1497년 포르투갈 국왕 마누엘 1세가 스페인 페르난도 왕의 딸을 왕비로 맞이하면서 포르투갈에서도 유대인에 대한 냉혹한 배척이 시작됐다. 스페인과 포르투갈에서 중추적인 역할(국가 회계 및 재정)을 담당했던 유대인들이 16만 명 이상 추방되자 양국 사회는 활기를 잃고 점차 쇠락의 길을 걷게 되었다.

㊶. 잉글랜드

보충: 존 캐벗은 15세기에 활동한 이탈리아의 항해가·탐험가이며 빈랜드는 오늘날 캐나다 노바스코샤주 동북부에 있는 케이프브리튼섬의 옛 이름.

㊷. 캐나다 세인트로렌스강 연안 지역

보충: 누벨프랑스는 프랑스가 북아메리카 지역에 보유했던 식민지를 말하며, 영어식으로 '뉴프랑스'라고 부르기도 한다.

㊸. 포르투갈 탐험가인 바스쿠 다가마Vasco da Gama

㊹. 바다를 통한 전 세계 교역, 결과적으로는 동양에 대한 제국주의 침략의 시작을 알린 사건이기 때문이다.

㊺. 아프리카 대륙

㊻. B 캘리컷Calicut

보충: 봄베이는 뭄바이의 옛 이름, 캘리컷은 인도 서남부에 있는 항구 도시.

47. 아프리카 대륙 서안 지역은 스와힐리Swahili 문명이 융성했고 상업이 번성하기도 했다. 바스쿠 다가마가 1498년에 도착, 이 지역에 대한 유럽의 개입과 이른바 짐바브웨 금 거래가 시작된 곳은 어디인가? 이곳은 인도양 무역의 거점이기도 했다.

A 에티오피아 앞바다

B 소말리아 앞바다

C 탄자니아 앞바다

48. 독일은 1499년부터 1553년까지 유대인들을 추방했다. 추방된 아시케나지중부·동부 유럽 유대인 후손들이 주로 정착한 곳은?

49. 1500년 포르투갈의 탐험가 페드루 카브랄Pedro Cabral은 남아메리카 대륙의 해안에 상륙, 이 지역이 포르투갈의 영토임을 선언했다. 그 지역은 현재 어느 나라인가?

50. 15세기와 16세기에 독살, 근친상간, 간통, 절도, 부패를 비롯한 숱한 범죄 행각으로 비난을 받았던 이탈리아의 가문은?

51. 세파르디Sephardic인스페인·포르투갈 출신의 유대인들이 주로 정착한 곳은?

52. 1501년부터 페르시아를 통치, 이슬람 교리와 군사 면에서 오스만 제국에 맞섰던 왕조는?

53. 1501년 당시 스페인의 식민지였던 쿠바와 히스파니올라Hispaniola, 옛 이름 Haiti로 끌려간 사람들은?

❹. C 탄자니아 앞바다

❹. 폴란드-리투아니아 연방

보충: 이 나라는 폴란드 왕국과 리투아니아 대공국의 국가 합병으로 1569년
　　　 성립된 복합 군주제 국가로 폴란드 제1공화국이라고 부르기도 한다.

❹. 브라질

❺. 보르자 가문the Borgias

❺. 북아프리카와 오스만 제국옛 터키

❺. 사파비Safavid 왕조

보충: 대부분의 이슬람 왕조들과는 달리 사파비 왕조는 파티마 왕조와 함께
　　　 대표적인 시아파 이슬람 왕조로서 수니파인 오스만 제국의 팽창을 저지
　　　 하였다.

❺. 아메리카 대륙들로 끌려간 초창기 아프리카 출신 노예들

보충: 히스파니올라섬은 서인도 제도의 섬 중에서 두 번째로 큰 섬이다. 쿠바
　　　 섬 동쪽에 있으며, 아이티Haiti와 도미니카Dominica가 이 섬 안에 있다.

54. 1511년 포르투갈 탐험가 아폰수 드 알부케르크Alfonso de Albuquerque가 정복한 말레이반도의 국가는?

55. 이 정복의 결과로 포르투갈은 어떤 품목의 국제 무역을 장악하게 되었나?

56. 16세기 초, 나나크Nanak가 인도에서 창시한 종교는?

57. 1513년 스페인 탐험가인 후안 폰세 데 레온Juan Ponce de León은 '청춘의 샘'을 찾아 푸에르토리코를 출발했다. 그는 북쪽을 향해 오랜 항해를 한 끝에 작은 섬들이 길게 늘어선 열도를 발견했다. 그가 이 지역을 발견한 때가 마침 스페인에서는 '꽃 피는 시기', 즉 부활절 시기였다. 이 시기와 연관 지어 그가 이 지역에 붙인 이름은?

58. 옛 아스테카 왕국의 수도로서 나중에 멕시코시티가 들어선 지역은?
A 테노치티틀란
B 테오티와칸
C 틀알칼라

59. 1514년 육로가 아닌 뱃길로 유럽인들이 최초로 중국 땅을 밟았다. 이들은 어느 나라 사람들이었나?

60. 이 유럽인들이 중국 내에 무역 기지를 건설하고자 거점 도시로서 개발한 곳은 어디인가?

54. 말라카_{Malacca}

　　보충: 14세기에 수마트라섬에서 온 파라메스바라_{Paramesvara}가 이곳을 중심으로 이슬람 왕국을 건설하였다. 지리적 조건이 동서 무역의 중계지로 적합하여 한때 번창하였다.

55. 향신료 교역

56. 시크교_{Sikhism}

57. 라 플로리다_{la Florida, '꽃의 땅'을 뜻하는 스페인어}

　　보충: '청춘의 샘'은 청춘을 되찾게 해준다는 유럽 전설에 나오는 신비의 샘으로 불로천_{不老泉}이라고도 한다.

58. A 테노치티틀란_{Tenochtitlan}

59. 포르투갈인들

60. 남해안 도시인 마카오_{Macau}

61. 중세시대에 서유럽의 유대인들은 흔히 특정 지역에만 거주하도록 강요받았다. 1516년 베네치아에 살던 유대인들에게도 강제로 특정 지역에서만 살도록 했는데, 그 후 이렇게 격리된 모든 주거 지역은 이 지역의 이름으로 불리게 되었고, 나중에는 슬럼가를 뜻하는 대명사로 쓰였다. 베네치아에 있는 이 지역의 이름은?

62. 1250년부터 1517년까지 이집트와 시리아를 지배했다가 오스만 제국에 의해 멸망된 왕국의 이름은?

63. 1517년 독일의 종교개혁가 마르틴 루터_{Martin Luther}는 로마 가톨릭교회에 반대하는 항의문을 어디에 붙였나? 이것을 계기로 종교개혁이 시작되었다.

64. 페르디난드 마젤란_{Ferdinand Magellan}은 무슨 업적으로 가장 유명한가?

65. 북아메리카에 최초로 식민지 건설을 시도한 3개의 유럽 국가는?

66. 1581년 스페인은 북아메리카의 푸에블로 인디언 거주 지역에 대한 영유권을 주장했다. 그들이 이 지역에 붙인 이름은?
A 뉴스페인   **B** 뉴마드리드   **C** 뉴멕시코

67. 1584년 영국은 북아메리카의 한 지역에 대해 영유권을 주장하면서 이곳을 버지니아_{Virginia}라고 이름 지었다. 그들이 이런 이름을 택한 이유는?

○정답○

61. 게토Ghetto

62. 맘루크 술탄국Mamluk Sultanate

63. 비텐베르크Wittenburg 대학의 교회 정문

64. 그는 1519년 스페인을 출발, 세계 최초로 세계를 배로 일주하는 탐험 여행을 시도했다. 하지만 그는 1521년 필리핀에서 피살되어 야심 찬 자신의 여행을 완료하지 못했다.
　보충: 마젤란은 포르투갈 태생의 스페인 항해자로서 인류 최초로 지구일주 항해에 앞장섰고, 마젤란 해협을 발견했다.

65. 스페인, 프랑스, 영국

66. C 뉴멕시코

67. 영국인들은 '버진 퀸Virgin Queen', 즉 '처녀 여왕'이라는 별칭으로 알려진, 당시의 국왕 엘리자베스 1세 여왕을 찬미하는 의미에서 이 이름을 붙였다.

68. 버지니아의 로어노크Roanoke에 북미 대륙 최초의 영국인 정착지를 건설하려다가 실패한 영국 왕실의 대신이자, 작가이며 탐험가는?

69. 1526년 티무르Timur의 후손이자 칭기즈칸의 후손인 바부르Babur가 건설한 이 제국(지도에서 흰색으로 표시한 부분)은? 이 나라는 아프가니스탄에서 북부 인도를 침공했다.

70. 오스만 제국의 왕술탄 술레이만Suleiman 대제는 베오그라드Belgrade, 헝가리 영토의 대부분, 로도스Rhodes섬 등을 정복한 뒤 1521년에 유럽의 어느 도시를 포위하였다가 공격을 멈추고 퇴각하였는가?

71. 이 지도(오른쪽)는 1534년의 어떤 상황을 나타내고 있나?

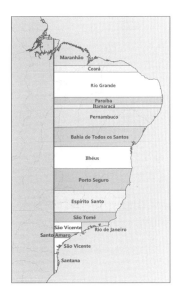

72. 잉글랜드의 왕 헨리 8세는 차남으로 태어나 왕위에 오를 가망이 없었다. 그의 형에게는 고대 유명한 왕의 이름을 본뜬 이름이 주어졌는데, 그 후 그 이름은 '조기 사망'이라는 이 튜더Tudor 왕조의 전통적인 비극 때문에 영국 왕실에서 아무에게도 붙여진 적이 없다. 헨리 형의 이름은?

○정답○

68. 월터 롤리 경Sir Walter Raleigh

69. 무굴 제국Mughal Empire

70. 빈Vienna

　　보충: 오스만 튀르크 제국의 최전성기를 이루었던 술레이만 대제가 이끄는 오
　　　　스만 제국은 1529년과 1532년, 두 번에 걸쳐 신성 로마 제국의 수도 빈
　　　　을 공격, 수세에 몰린 합스부르크 왕조와 평화협정을 맺었다.

71. 포르투갈이 식민지 지배를 위해 브라질 영토를 나눈 모습. 해안에서
　　내륙 쪽으로 선을 그어 분할하였다.

72. 아서Arthur

73. 1534년 잉글랜드의 국왕 헨리 8세는 로마 가톨릭과 결별하고 스스로 영국 국교회성공회의 수장임을 선언한다. 그가 이런 조치를 취한 가장 큰 이유는?

74. 1536년부터 40년까지 진행된 영국의 종교개혁을 지칭하는 또 하나의 이름은?

75. 영국의 종교개혁 기간에는 어떤 일이 벌어졌나?

76. 헨리 8세와 결혼했던 6명의 아내들 이름은?

77. 1500년대에 니제르 델타Niger Delta 서쪽 지역에서 부상한 거대 국가로 아래와 같은 청동 유물로 유명한 곳은?

78. 멕시코에 있는 아스테카 제국의 마지막 황제로 1520년 스페인 정복자들 손에 피살된 사람은?

○정답○

㉓. 헨리가 첫 번째 부인과 이혼하는 것을 로마 교황이 허락하지 않았기 때문이다.

㉔. 수도원 해산

보충: 헨리 8세는 여전히 왕에게 충성하지 않는 가톨릭교의 잔재를 뿌리 뽑고 잦은 전쟁으로 인해 고갈된 왕실 재정 문제를 해결하기 위해 당시 많은 부를 축적했던 수도원을 해산, 모든 수도원 소유의 재산을 압류하였다.

㉕. 헨리 8세는 잉글랜드 전역의 모든 종교 단체들을 폐쇄하고, 그들이 소유하고 있던 모든 재산을 매각하거나 압류했다.

㉖. 아라곤의 캐서린, 앤 불린, 제인 시모어, 클레브스의 앤, 캐서린 하워드, 캐서린 파$_{Katherine Parr}$

㉗. 베냉$_{Benin}$

보충 : 베냉은 15세기부터 유럽인들과 왕래하기 시작했다. 16세기부터 17세기까지 프랑스, 영국, 포르투갈이 이곳에 노예 기지를 건설하였다. 1960년에 다호메이 공화국으로 독립을 하였다. 1975년에 쿠데타로 베냉 인민공화국이 되었고 1990년에 베냉 공화국으로 국호를 바꾸었다.

㉘. 몬테수마$_{Montezuma}$ 또는 몬테수마 2세

79. 페루에 있는 잉카 제국의 마지막 황제로 1533년 스페인 정복자들에 의해 살해된 사람은?

80. 스페인이 멕시코와 페루를 정복하는 과정에서 스페인 승리에 결정적 으로 기여한 것은?
A 아스테카 제국과 잉카 제국 내 사회 분열
B 군사 우위   **C** 우수한 재정 자원

81. 마야인들이 나무껍질로 만들어 사용했던 수천 권의 귀중한 고문서가 스페인 정복자들에 의해 파괴되었다. 이 고문서 중 현재까지 남아 있 는 것은 몇 권인가?
A 1권   **B** 4권   **C** 8권

82. 1560년경 남북 아메리카 대륙에서 스페인으로 가장 많이 수출된 품 목은?

83. 남북 아메리카 원주민들이 유럽 식민지가 되기 전부터 경작해 왔던 환금 작물돈이 되는 작물 중 가장 상품성이 큰 두 가지는?

84. 16세기 말, 브라질과 카리브 지역에 도입된 중요한 작물은?

85. 1567년 자신의 두 번째 남편을 살해한 사람과 결혼, 숱한 스캔들을 일으킨 스코틀랜드 왕의 이름은? 퇴위 압박에 시달린 그녀는 잉글랜 드로 도주했으나 가톨릭 반역자들을 규합시키는 배후라는 이유로 투 옥된 뒤 처형되었다.

○정답○

㉙. 아타우알파Atahualpa

㉚. A 아스테카 제국과 잉카 제국 내 사회 분열

㉛. B 4권

㉜. 은銀

㉝. 담배와 목화

㉞. 사탕수수

㉟. 스코틀랜드 여왕 메리Mary, Queen of Scots

보충: 스튜어트 왕가 출신으로 본명은 메리 스튜어트이며, 훗날 잉글랜드와 스코틀랜드의 공동 왕이 되는 제임스 1세의 어머니이다. 생후 9개월에 스코틀랜드 왕좌에 오르고 그 후 프랑수아 2세와 결혼하여 프랑스의 왕비가 된 뒤 다시 스코틀랜드로 돌아와 왕위에 올랐다. 잉글랜드 엘리자베스 1세 여왕의 5촌이다. 두 번째 남편을 죽인 혐의를 받던 보스웰 백작과 결혼한 뒤 1567년 반란군에 쫓겨 잉글랜드로 피신했지만, 엘리자베스 1세는 메리가 다른 유력자와 결혼해 왕위를 노리지 못하도록 18년간 감금한 끝에 반역죄로 몰아 처형했다. 그녀의 아들 제임스 스튜어트제임스 1세는 엘리자베스 1세의 뒤를 이어 잉글랜드와 스코틀랜드의 왕이 되었다.

86. 아래 그림에 묘사된 전투로, 1571년 스페인, 교황청, 베네치아 공화국 연합 함대가 오스만 제국을 제압했던 해전은?

87. 전투가 끝난 뒤 오스만 제국의 대재상Grand Vizier은 베네치아 사절단에게 "우리는 이미 당신들의 팔 하나를 잘랐소. 당신들은 우리 함대를 격파했지만, 그것은 단지 우리의 수염을 깎은 것에 불과하오. 팔은 뽑히면 다시는 자라지 않으나, 면도칼에 잘린 수염은 더욱 풍성하게 자라는 법이라오."라고 말했다. 이 말의 뜻은?

88. OX 문제 이 해전은 서구 역사상 오직 노를 젓는 전함들만으로 치러진 마지막 해상 전투였다.

89. OX 문제 16세기와 17세기에 폴란드-리투아니아 연방은 유럽에서 가장 인구 밀도가 높으면서 가장 영토가 큰 나라 중 하나였다.

○정답○

86. 레판토Lepanto 해전

보충: 1571년 10월 7일 베네치아 공화국, 교황령, 스페인 왕국과 제노바 공
화국, 사보이 공국, 몰타 기사단 등이 연합한 신성 동맹의 갤리선 함대
가 오스만 제국과 벌인 해상 전투. 이 승전 이후, 신성 동맹은 일시적으
로 지중해 패권을 장악, 로마를 오스만 제국의 침략으로부터 보호하고
유럽을 향한 오스만의 팽창을 저지하였다.

87. 오스만 제국은 이 전투가 일어나기 얼마 전에 키프로스Cyprus를 정복
하였다. 아울러 연합 함대는 곧 본국으로 원대 복귀할 것이므로, 오스
만 제국은 신속하게 해상 전력을 재구축하여 지중해 지역의 패권을
유지할 수 있을 것이라는 의미이다.

88. O

89. O

보충: 폴란드-리투아니아 연방Poland-Lithuania은 폴란드 왕국과 리투아니아 대
공국의 국가 병합으로 1569년 성립된 복합 군주제 국가로 16, 17세기
유럽에서 가장 광대하고 인구도 가장 많았던 국가 중 하나였다. 폴란드
제1공화국이라 부르기도 한다.

90. 윌리엄 셰익스피어의 첫 번째 연극이 초연되었을 때 잉글랜드의 왕은?

91. 1575년부터 1600년까지 세계 최대 설탕 생산국으로 군림했던 나라는?

92. 이런 경제적 이점을 계기로 크게 증가한 것은?
A 충치
B 포르투갈인의 이주
C 빵 가게

93. 교황 그레고리 13세가 1582년에 제정한 이것은? 이것은 현재 전 세계에서 가장 널리 시행되고 있는 제도이다.

94. 스페인이 1588년 잉글랜드를 침공하기 위해 파견한 함대의 이름은?

95. 1588년 스페인 해군의 공격에 직면했을 때 프랜시스 드레이크 경Sir Francis Drake은 영국 함대의 부사령관부제독이었다. 스페인 함대가 잉글랜드에 접근하였을 때 그는 전설로 남을 만큼 특이한 행동을 했다고 전해지고 있다. 어떤 행동이었나?

○정답○

90. 엘리자베스 1세

91. 브라질

92. B 포르투갈인의 이주

93. 그레고리력Gregorian calendar

보충: 이것은 교황 그레고리 13세가 율리우스력을 개정한 역법으로 현재 세계적으로 통용되는 양력陽曆이다.

94. 무적함대Spanish Armada 혹은 the Invincible Armada

보충: 1588년 당시, 해양 강국인 스페인이 스페인령 네덜란드 공화국에 대한 영국의 지원을 억제하고, 신세계에 있는 스페인 영토와 대서양 보물 선단에 대한 영국의 공격을 차단하기 위해 영국에 파병한 함대의 별칭. 흔히 이 해전에서 영국 함대가 무적함대를 일방적으로 격파한 것으로 알려졌지만, 실제로는 스페인이 영국 함대와의 교전으로 잃은 배는 3척에 불과, 나머지 배는 태풍으로 인해 침몰하였다.

95. 당시 플리모스 호Plymouth Hoe에 머물던 그는 보울스Bowls 게임잔디 위에서 하는 볼링 비슷한 게임을 하고 있었는데, 하던 게임을 마저 끝내고 나서 출전하는 여유를 보였다고 한다.

보충: 드레이크 경은 잉글랜드 함대의 실질적인 지휘를 맡아, 화약과 기름을 싣고 불을 붙인 배를 적의 함대로 보내는 해적식 전법을 통해 당시 '무적함대'라 불리던 에스파냐 함대를 궤멸시켰다.

96. 스페인 침략 함대가 괴멸된 원인은?

97. 네덜란드 국기는 빨강, 흰색, 파란색으로 이루어진 삼색기이다. 그런데 네덜란드 사람들은 국가 대항전 스포츠 경기에서 오렌지색 깃발을 흔들고 오렌지색 옷을 입는다. 그 이유는?

98. OX 문제 스페인은 1581년부터 1640년 브라간사_{Braganza} 공작이 반란을 일으킬 때까지 포르투갈을 통치하였다.

99. OX 문제 1594년 헨리 4세의 재위기부터 1774년 루이 14세의 통치가 끝날 때까지 프랑스의 국왕들은 공식적으로 메트레상티트르_{maîtresse-en-titre}라는 정부_{情婦}를 두었다.

100. 영국과 저지대 국가들_{Low Countries, 유럽 북해 연안의 벨기에, 네덜란드, 룩셈부르크 등을 일컫는다}의 농업에 혁명적 변화를 일으켜, 상업영농_{商業營農} 시대를 열어준 농법은 무엇인가?

○정답○

96. 잉글랜드의 소규모 화공선火攻船, 폭발물 등을 가득 실은 상태에서 불을 붙인 채 적 함대의 복판에 보내는 배**과 폭풍**

97. 스페인 합스부르크 통치에 맞서 봉기하여 1581년에 네덜란드의 독립을 이룩한 주요 지도자는 오렌지 공 윌리엄William of Orange이다. 현재 네덜란드를 이끄는 왕조 역시 여전히 오라녜-나사우Orange-Nassau 가문이다.

98. O

99. O

100. 윤작輪作

6장

1600년~1799년

1. 중남미 대륙에 유럽인들이 도달한 이후 1600년경까지 이 지역 원주민들은 거의 몰살되었다. 심지어 유럽인들과 접촉하지 않은 원주민들까지도 거의 몰살되었는데 그 이유는?

2. 17세기에 북부 유럽 회사들이 무역 거점을 집중적으로 설립한 지역은?

3. 1602년 설립, 1619년에는 유럽에서 가장 큰 무역 회사로 성장하여 17세기 내내 전 세계의 값비싼 향신료 무역을 독점한 회사는?

4. '쇼군'이라는 일본식 칭호는 무엇을 나타내는가?
   A 군사 독재자   B 선량한 통치자   C 황제

5. 일본에서 1603년에서 1867년까지 지속한 막부정치幕府政治 시대를 연 최초의 쇼군은?

6. 도쿠가와 막부 시대를 어떤 시대라고 일컫는가?
   A 공포의 시대   B 완벽한 왕국의 시대   C 대大 평화의 시대

○정답○

❶. 백인들이 중남미 대륙을 식민지화하고 수천 명의 주민을 살해하였지만, 이에 앞서 홍역, 천연두 같은 유럽의 질병들이 이 지역에 급속히 퍼졌기 때문이었다.

❷. 동아시아 지역(한국·중국·일본 등 동아시아와 동남아시아 지역에 있는 국가들)

❸. 네덜란드 동인도 회사The Dutch East India Company

보충: 네덜란드 동인도 회사는 인도, 동남아시아 지역으로 진출하기 위해 1602년에 세운 칙허勅許 회사왕실의 허가를 받아 설립한 기업이다. 세계 최초의 다국적 기업이며, 처음으로 주식을 발행한 주식회사이기도 하다.

❹. A 군사 독재자

❺. 도쿠가와 이에야스

❻. C 대大 평화의 시대

7. 17세기 초, 오스만 제국은 두 개의 전선에서 외부 세력과 싸우고 있었다. 이 두 적은 누구인가?

8. 1607년 영국인들은 북아메리카 대륙에 최초의 영구 정착지를 건설하였다. 이 정착지의 이름은 무엇이고, 이런 이름이 붙은 이유는?

9. 1613년 러시아에서 미하일Michael이 차르tsar로 선출되었다. 그는 어떤 왕조를 열었나?

10. OX 문제 1618년 스페인은 가스파르 양가Gaspar Yanga에게 베라크루스Veracruz, 멕시코 동부의 주에 있는 양가Yanga라는 지역에 탈출한 노예들의 정착촌 건설을 허용했다. 이것은 남북 아메리카를 통틀어 노예제가 최초로 폐지된 사례다.

11. 1618년에서 1648년까지 유럽을 황폐화시킨 전쟁의 이름은?

12. 30년 전쟁은 아래 그림의 묘사처럼 정치인들을 창문 밖으로 내던지는 사건으로 이어진 프라하Prague 내의 정치적 분쟁 때문에 촉발되었다. 이 사건의 이름은?

○정답○

7. 페르시아의 사파비 왕조와 유럽의 합스부르크 제국

　보충: 합스부르크 제국은 오스트리아 대공 카를 5세가 페르디난트 1세에게 스페인을 제외한 나머지 영지들을 넘겨준 후부터 오스트리아계 합스부르크가 지배하는 영지를 모두 이르는 말로, 지금의 오스트리아와 헝가리, 체코와 슬로베니아, 크로아티아 등이 포함되어 있었다.

8. 제임스타운Jamestown. 당시 영국 국왕인 제임스 1세의 이름을 땄다.

9. 로마노프 왕조The Romanovs

10. O

　보충: 가스파르 양가Gaspar Yanga는 가봉 출신 노예로 스페인 주인에 반기를 들고 베라크루스의 산으로 도주한 뒤, 거기에서 한 무리의 탈출한 노예들과 함께 최초로 노예 없는 마을을 설립했다.

11. 30년 전쟁

12. 프라하의 창문 밖 던지기 사건The Defenestration of Prague. 1618년 왕이 파견한 대표자 4명이 프라하 궁전의 창문 밖으로 내던져지는, 이른바 프라하의 창문 밖 던지기 사건이 발생, 이것이 기나긴 30년 전쟁을 촉발시켰다. 이 사건은 실질적으로는 두 번째 창문 밖 던지기 사건이라고 봐야 한다. 1419년 7명의 시의원이 체코의 종교개혁가 얀 후스Jan Hus의 추종자들에 의해 시청 창문 밖으로 내던져지는 사건이 있었기 때문이다.

13. 이 전쟁은 당시 라이벌이었던 두 왕국 간의 패권 다툼으로 비화하였다. 이 두 왕국은?

14. 이 전쟁을 계기로 매우 보편화한 전쟁 양상은?

15. 아래 그림에 묘사된 것과 같이, 1620년 영국에서 북아메리카 대륙으로 건너와 지금의 매사추세츠에 해당하는 뉴플리머스New Plymouth에 정착한 식민지 개척자들은 누구인가?

16. 이 식민지 정착민들은 1년 후, 아메리카 원주민들과 함께 무엇을 즐겼나?

17. 1626년 네덜란드인들은 아메리카 원주민들로부터 어느 섬을 조차租借하였나?

힌트: 그들은 이 섬에 뉴암스테르담New Amsterdam이라는 식민 도시를 건설했다.

○정답○

⓭. 프랑스와 합스부르크 왕국

⓮. 용병들의 활동. 이들은 무차별적으로 약탈을 일삼았고, 돈을 많이 주는 쪽으로 움직였다.

⓯. 필그림 파더스Pilgrim Fathers

　보충: 필그림 파더스 또는 필그림스Pilgrims는 1620년 '메이플라워호'를 타고 도미渡美하여 정착한 영국 출신의 청교도 교도들을 가리킨다.

⓰. 최초의 추수감사절 잔치

⓱. 맨해튼Manhattan섬

　보충: 1624년부터 네덜란드 이주민들이 맨해튼섬 지역에 무역항을 건설하였고, 1626년에는 뉴암스테르담이라는 지명을 붙였다. 2년 뒤, 영국인들이 강제 점령해 도시와 그 주변 지역을 통치했고, 찰스 2세가 동생 요크 공제임스 2세에게 땅을 주면서 뉴욕이라고 불리기 시작하였다.

18. 1637년 일본 땅에서 대부분의 유럽 사람들이 추방되었다. 이때 일본과 계속 무역을 할 수 있도록 허락받은 유일한 유럽 국가는?

19. OX 문제 도쿠가와 막부 시대에 일본은 자국민들의 해외여행을 허락하지 않았고, 대형 선박의 건조를 금지하였다.

20. 루이 13세 치하의 프랑스에서 수석국무대신宰相으로 활약한 이 그림 속의 추기경은?

21. OX 문제 스웨덴은 1631년 국왕 구스타프 아돌프Gustav Adolphus가 30년 전쟁 기간 벌어진 브라이텐펠트Breitenfeld 전투에서 신성 로마 제국의 군대를 격파한 것을 계기로 유럽에서 강대국으로 부상하였다.

22. 1632년 인도 무굴 제국의 샤 자한Shah Jahan 황제는 아내인 뭄타즈 마할Mumtaz Mahal을 추모하여 무엇을 건설했나?

23. 1633년 이단 혐의로 화형당할 두려움 때문에 자신이 발견한 획기적인 과학 이론을 철회한 이탈리아 과학자는?

○정답○

⑱. 네덜란드

⑲. O

보충: 에도 막부는 도자마다이묘_{1600년에 발발한 세키가하라 전투 이후에 도쿠가와 가} 문을 섬긴 영주/번주들의 준동을 막기 위해 대형 선박의 건조 및 운항을 철저히 금지하였다.

⑳. 리슐리외_{Richelieu} 추기경

보충: 이 사람은 알렉산드르 뒤마의 소설 《삼총사》에는 왕권을 등에 업고 권력을 휘두르는 비열한 악당으로 묘사되어 있으나, 실제로는 지속해서 귀족과 제후의 세력을 눌러 왕권 강화를 이루었고, 프랑스 신교도인 위그노_{Huguenot}파를 쳐서 프랑스 통일 기반을 다졌으며, 군비 강화에 힘써 영국의 세력을 견제하는 등 많은 업적을 이루었다.

㉑. O

보충: 브라이텐펠트 전투는 1631년 9월 17일 신교 측의 스웨덴 왕 구스타프 아돌프가 라이프치히 근교의 브라이텐펠트 평원에서 백작 요한 체르클라에스가 지휘하는 신성 로마 제국의 군대_{가톨릭} 진영를 격파하여 30년 전쟁 중 처음으로 프로테스탄트 진영에 승리를 안겨준 전투였다.

㉒. 타지마할_{Taj Mahal}

㉓. 갈릴레오_{Galileo}

24. 러시아인들은 모피 무역 때문에 시베리아 지역으로 점점 더 깊숙이 진출하여 네르친스크Nerchinsk 같은 요새들을 건설하였다. 이들이 1639년에 드디어 도달한 곳은?

25. 이것을 계기로 러시아는 북부 아시아를 장악, 어떤 무역의 길을 열게 되었나?

26. 1643년에 중국 황실에서 종사한 환관 수는 약 10만 명에 달했다. 이들 중 베이징 자금성에서 활동한 사람은 몇 명일까?
A 10,000명
B 50,000명
C 70,000명

27. 1644년 역사상 두 번째로 이민족이 중국을 장악하여, '맑고 순수하다'는 의미의 '청淸나라'를 세웠다. 이 침략자들은 누구이며, 어디에서 왔나?

28. 이 이민족 침략자들이 베이징을 점령하였을 때 명나라 마지막 황제는 어떻게 처신하였나?

29. 프랑스가 유럽 정치계와 문화계를 지배했던 시대, 특히 루이 14세 재위기인 1648년부터 1715년까지를 통칭 무엇이라고 부르나?

○정답○

㉔. 태평양

㉕. 중국과의 비단 무역

㉖. C 70,000명

㉗. 이들은 중국 북부의 만주 지방에서 온 만주족이다.

㉘. 그는 자살했다.

㉙. 위대한 세기Le Grand Siècle, 영어로 The Great Century

보충: 루이 14세는 즉위 초기 재정 전문가인 콜베르Colbert를 등용하여 국가
재정을 확대했고, 유럽 각지의 숙련공들을 데려와 프랑스 노동자들이
기술을 익히도록 했다. 이처럼 강력한 통제와 보호 속에서 프랑스의 산
업은 발전했고, 해외 무역도 증가해 프랑스는 부자 나라가 됐고 유럽에
서 가장 강력한 군대를 유지할 수 있었다. 그는 '태양왕'이라는 별명을
얻었으며, 왕권신수설을 신봉하여 "짐이 곧 국가다"라는 말을 남겼다.
키에 대한 콤플렉스 때문에 하이힐을 최초로 신었고 귀족들이 그것을
따라 하여 유행처럼 번졌다.

30. 신성 로마 제국의 영토였다가 오스트리아 합스부르크 제국에 편입, 나중에는 체코슬로바키아 일부가 된 이 왕국(지도에서 **흰 배경색으로 표시된 부분**)의 이름은?

31. 1649년 '잉글랜드 내전'에서 패배한 뒤 참수형을 당한 왕은?

32. 찰스 1세가 처형된 뒤 잉글랜드는 짧은 공화정 시대로 접어들었다. 이때 호국경이라는 직함으로 나라를 이끈 이는?

33. 네덜란드인들은 1652년 아프리카 어느 지역에 정착촌을 세웠나?

34. 무굴 제국은 아우랑제브Aurangzeb 재위 시 영토를 크게 확장하여 인도 아대륙 전체를 지배하는 나라가 되었다. 그는 권력을 잡기 위해 무슨 죄를 저질렀나?

A 형제 살해   **B** 모친 살해   **C** 존속살인죄

○정답○

30. 보헤미아_{Bohemia} 왕국

31. 찰스_{Charles} 1세

　　보충: 잉글랜든 내전은 1642년부터 1651년에 있었던 왕당파와 의회파의 3
　　차례에 걸친 내전을 말한다. 공화정이 수립되었을 때 청교도식 법규를
　　기반으로 하여 통치하였기에 청교도 혁명이라고도 불린다. 의회파의 승
　　리로 찰스 1세는 처형당했고, 찰스 2세는 추방당했다. 그리고 의회파는
　　1653년에 올리버 크롬웰을 호국경으로 삼아 영국 연방을 세웠다. 잉글
　　랜드 내전은 영국 정치에서 의회가 군주에 대항하는 첫 번째 사례가 되
　　었고, 이후 1688년에 일어난 명예혁명에도 영향을 주었다.

32. 올리버 크롬웰_{Oliver Cromwell}

33. 남아프리카의 희망봉_{The Cape}

34. A 형제 살해

　　보충: 아우랑제브는 무굴 제국의 6대 황제이다. 학식이 풍부하여 아라비아어·
　　페르시아어 등에 능통하였으며, 이슬람 신학에 깊은 지식을 가지고 있
　　었다. 그는 일찍부터 군사와 통치에 자질을 보였는데, 이 재능이 권력욕
　　과 결부되어 맏형인 다라 시코와 대적하게 되었다. 1658년 5월 사무가
　　르 전투에서 다라를 결정적으로 격파한 뒤, 아버지를 유폐하고 황제로
　　즉위했다.

35. 1665년 잉글랜드는 북아메리카에 있는 네덜란드 식민지를 점령했다. 그 후 이 식민지는 어떤 이름으로 불리나?

36. 1666년 런던London은 '대화재 사건'를 겪으면서 완전히 불에 타 폐허가 되었다. 하지만 이 재앙이 이로운 결과를 낳기도 했는데 그것은 무엇인가?

37. '태양왕Sun King'이라는 별명으로 더 잘 알려진 이 17세기 프랑스 왕의 이름은? (그림 참조)

A 루이 13세　**B** 루이 14세　**C** 루이 15세

○정답○

㉟. 뉴욕New York

보충: 네덜란드 이주민들이 맨해튼섬 지역에 무역항을 건설하고 뉴암스테르담이라는 지명을 붙였다. 2년 뒤, 영국인들이 강제 점령해 도시와 그 주변 지역을 통치하며 뉴욕이라고 불리기 시작하였다.

㊱. 대화재로 1665년부터 창궐한 대흑사병The Great Plague이 박멸되었다.

보충: 5일 동안 런던 5분의 4를 전소시킨 '런던 대화재'로 교회 87채와 1만 3천 채의 가옥이 불에 탔고, 7만 명이 집을 잃은 것으로 기록되어 있다. 의외로 사망자는 6명밖에 기록되지 않았는데, 이는 불이 너무 뜨거워서 시체가 전부 녹아내려 구분할 수 없었다는 설과 극빈층이 시민으로 등록되지 않았기 때문이라는 설이 있다. 아이러니하게도 쥐들도 타죽는 바람에 그 전해인 1665년부터 창궐했던 대흑사병이 종식되었다. 이 사건 이후로 런던 중심지는 완전히 새로운 계획도시로 재건되었고, 유럽 최초로 화재를 담당하는 소방 조직과 소방차(마차), 화재보험이 만들어졌다.

㊲. B 루이 14세

38. 1682년 이 프랑스 왕은 궁전을 어디로 옮기면서, 귀족들에게 그곳에서 살도록 강요하였나?

39. 1688년에 잉글랜드에서 일어난 명예혁명Glorious Revolution의 결과는 무엇인가?

A 왕정복고   **B** 크리켓 규칙의 결정

C 네덜란드계 하노버 왕족인 윌리엄 1세와 그의 아내인 메리의 즉위

40. 중국 북쪽 국경에서 군사 충돌이 벌어진 뒤, 1689년 중국과 러시아는 네르친스크Nerchinsk 조약이라는 평화협정을 맺었다. 이 조약에 따라 국경 표시판은 러시아어, 중국어, 몽골어와 또 다른 한 언어로 표기하도록 의무화되었다. 또 다른 언어는?

A 라틴어   **B** 포르투갈어   **C** 우르두어파키스탄의 공용어

41. **OX 문제**   프랑스 '태양왕'의 동생으로 오를레앙 공작으로도 불리는 필리프는 공개적인 동성애자였으나, '유럽의 대부'라는 별명이 붙어 있다. 그것은 그가 많은 자손을 낳았고, 그 자손들이 현재 유럽의 로마 가톨릭계 왕족스페인, 벨기에, 룩셈부르크, 모나코, 리히텐슈타인, 안도라, 바티칸 시티, 레소토 등의 가계를 이루고 있기 때문이다.

42. 오스만 튀르크 제국은 1683년에 다시 빈Vienna을 포위하였다. 이들에 맞서 승리한 군대는?

43. 이 전쟁에서 오스만 제국을 패퇴시킨 결과로 거대한 영토의 주인이 바뀌었다. 그곳은 어디인가?

38. 베르사유 궁전Palace of Versailles

39. C 네덜란드계 하노버 왕족인 윌리엄 1세와 그의 아내인 메리의 즉위

보충: 영국 의회와 네덜란드의 오렌지 공 윌리엄이 연합하여 제임스 2세를 퇴위시킨 뒤, 윌리엄과 아내인 메리가 공동 왕으로 즉위하였다. '피 한 방울 흘리지 않고 명예롭게 혁명이 이루어졌다'라고 해서 '명예혁명'이라는 이름이 붙었다.

40. A 라틴어

보충: 네르친스크 조약에는 청나라 지배 민족인 만주족 관료와 러시아 관리가 참여하였고 한족 관리는 배제되었다. 이때 북경에 있던 예수회 선교사 2명이 통역으로 참가했는데, 이들은 러시아 협상단과 당시 유럽 공용어인 라틴어로 의사소통을 할 수 있기 때문에 조약문서는 러시아어, 만주어, 그리고 라틴어로 작성되었다.

41. O. 그는 두 번의 결혼을 통해 다수의 자녀를 낳았다.

42. 얀 3세 소비에스키Jan III Sobieski 폴란드-리투아니아 대공국 왕이 지휘하는 오스트리아·독일·폴란드 연합군

43. 오스만 제국은 합스부르크 제국에 헝가리 영토의 대부분을 할양했다.

44. 17세기 말, 중국 청나라는 혁명을 촉발할 수 있는 사고 및 생활의 변화가 유입되는 것을 막고자, 일상생활 모든 측면에서 현재 상황을 유지하는 폐쇄 정책을 시행하였다. 이 정책으로 빚어진 부정적인 결과는?

A 중국의 과학과 사회가 침체의 늪에 빠졌고, 역사상 처음으로 중국은 산업 및 기술 발전 면에서 유럽과 일본에 뒤처지게 된다.

B 중국은 고대의 관습을 다시 사용하기 시작했다.

C 중국의 과학자들이 일본으로 이주했다.

45. 아메리카 대륙을 통틀어 최초의 골드러시는 1693년 이 나라에서 금이 발견되었을 때 시작되었다. 이 나라는 어디인가?

A 브라질   **B** 캐나다   **C** 멕시코

46. 17세기에 세계관을 혁명적으로 바꿨고, 그 후 수백 년에 걸친 과학 발전에 초석을 놓은 영국 과학자는?

힌트: 전해지는 이야기에 따르면 그는 사과에 머리를 얻어맞았다.

47. OX 문제   1697~98년에 러시아의 표트르Peter 대제는 서유럽을 여행하는 동안 신분을 숨긴 채 조선소에서 목공으로 일했다고 한다.

48. 17세기와 18세기에 스페인이 지배하던 남미와 동양 국가에서는 인종과 혼혈 후손들을 구분하는 공식적인 '인종 분류 체계'가 통용되었고, 이에 따라 세금과 사회적 지위가 정해졌다. 이른바 '뉴스페인New Spain'에서 통용되었던 이 4개의 인종은?

49. OX 문제   뉴스페인 지역에서는 두 인종 집단만이 고위 공직에 오를 수 있었다.

㊹. A 중국의 과학과 사회가 침체의 늪에 빠졌고, 역사상 처음으로 중국은 산업 및 기술 발전 면에서 유럽과 일본에 뒤처지게 된다.

㊺. A 브라질

㊻. 아이작 뉴턴Isaac Newton

㊼. O

보충: 러시아를 강국으로 이끌었다는 평가는 받는 표트르 대제는 많은 업적과 기행을 남겼는데, 서유럽 순방길에서는 당시 해양 강국이었던 네덜란드의 한 조선소에 비밀리에 인부로 취업하여 배의 비밀과 조선술을 익혔다고 한다.

㊽. 스페인 사람Spaniard, 스페인에서 태어난 사람들; 크리올Creole, 식민지 정착민들의 후예; 메스티소Mestizo, 스페인 사람과 원주민의 혼혈; 인디오Indian, 원주민

보충: 뉴스페인은 아메리카 대륙에 있는 옛 스페인령領 영토를 총칭하는 말이다. 한때는 남미브라질 제외·중미·멕시코·서인도 제도·미국 플로리다주 및 미시시피강 서쪽의 거의 모든 지역을 포함되었다.

㊾. X. 오로지 스페인 사람Spaniard만이 고위 공직에 오를 수 있었다.

50. 1700년 스페인의 카를로스Charles 2세가 후사 없이 죽는 바람에 종식된 왕조의 이름은?

51. 그와 혈연관계에 있는 사람으로 그의 왕위를 이어받은 친척의 국적은?

A 프랑스 **B** 오스트리아 **C** 포르투갈

52. 이 사건은 '스페인 왕위 계승 전쟁'을 촉발하는 원인이 되었다. 이때 스페인의 세력과 영향력이 더 커지는 것을 막기 위해 전쟁에 참여한 3개국은?

53. 스페인 왕위 계승 전쟁의 최종 결과는 무엇인가?

54. OX 문제 스페인 왕위 계승 전쟁 외에, 18세기 유럽에서는 예정된 왕위 계승을 강대국들이 반대하면서 두 개의 전쟁, 즉 오스트리아 계승 전쟁과 폴란드 계승 전쟁이 벌어졌다.

55. 1704년에 영국이 스페인으로부터 빼앗은 땅은?

힌트: 이곳에는 야생원숭이가 많이 살고 있다.

56. 1720년 중국은 인접한 산악 국가를 속국으로 병합하였다. 이 나라는 어디인가?

○정답○

50. 스페인 합스부르크가家

51. A 프랑스

보충: 카를로스 2세는 1700년 10월 앙주 공작 필리프_{프랑스 루이 14세의 손자}를 차기 왕위 계승자로 지명하였다. 한 달 후 그가 죽자 필리프가 유언에 따라 스페인에 행차하여 왕관을 물려받았으나 이에 오스트리아가 반발, 전 유럽이 개입된 '스페인 왕위 계승 전쟁'이 시작된다.

52. 영국, 네덜란드, 오스트리아

53. 거대한 스페인 제국이 분할됨으로써 유럽의 세력 균형이 이루어졌다.

54. O

보충: 오스트리아 계승 전쟁은 오스트리아 제국 안 영지領地의 왕위 계승을 둘러싸고 오스트리아·영국·네덜란드와 프러시아·프랑스·스페인이 1740년에서 1748년까지 다투었던 싸움이고, 폴란드 계승 전쟁은 폴란드의 국왕 아우구스트 2세가 죽은 뒤 러시아·오스트리아의 지지를 받는 작센_{Sachsen}의 선제후選帝侯 아우구스트 3세와 에스파냐·프랑스가 지원하는 폴란드 귀족 스타니슬라프_{Stanislaw} 사이에 왕위 계승을 둘러싼 전쟁이다.

55. 지브롤터_{Gibraltar}

56. 티베트

57. 러시아의 표트르 대제는 1709년 폴타바Poltava, 현재 우크라이나 동부에 있는 도시에서 강력한 스웨덴 군대를 격파했고, 1721년에는 에스토니아Esto-nia와 라트비아Latvia를 합병했으며, 상트페테르부르크St. Petersburg, 제정 러 시아의 수도를 건설하였다. 이런 공적으로 그가 새로 얻은 칭호는?

58. 러시아의 표트르 대제는 서구의 패션 스타일을 적극적으로 도입하는 등, 러시아를 근대화하는 데 열정을 쏟았다. 낡은 관습을 없애기 위해 그는 다음 중 무엇에 세금을 부과하였나?

A 샅바더운 나라에서 남자들이 아랫도리에 하나만 걸치는 헝겊

B 턱수염   **C** 양머리 투구

59. 17세기 말, 중국 상인들은 어떤 상품을 유럽 무역업자들에게 팔아 막 대한 이윤을 올리기 시작하였나?

60. 17세기 영국에서 '15'와 '45'가 각각 의미하는 것은?

61. 1754년에 태어나 루이 16세에서 프랑스 대혁명, 나폴레옹 시대를 거 쳐 루이 18세와 루이-필립 재위 시까지 활약한 프랑스의 영주이자 주 교, 외교관이었던 사람의 이름은?

A 로베스피에르   **B** 탈레랑   **C** 마라

62. 1755년, 강력한 지진에 이어 발생한 해일에 의해 크게 파괴된 유럽의 도시는?

63. 1757년에 중국은 외국인들을 불신한 나머지 대외 교역을 남부지방의 한 항구 도시에만 허용하였다. 이 도시는?

○정답○

㊼. 황제Emperor

㊽. B 턱수염

㊾. 차茶

㊿. 폐위된 가톨릭교도 왕인 제임스 2세와 그의 자손들을 복위시키기 위해 스코틀랜드 자코바이트제임스 2세와 그 자손의 지지자들이 일으킨 두 건의 반란 사건

보충: 자코바이트Jacobite의 난이라고 불리는 이 반란은 발생 연도를 따서 각각 '15년의 자코바이트 반란1715년'과 '45년의 자코바이트 반란1745년'으로 부른다.

㊱. B 탈레랑Talleyrand

㊲. 리스본Lisbon

㊳. 광저우廣州

64. 이 지도는 1750년경 주요 유럽 국가들이 아메리카 대륙에서 차지한 식민지의 분포도이다. 숫자들이 각각 가리키는 나라들은?

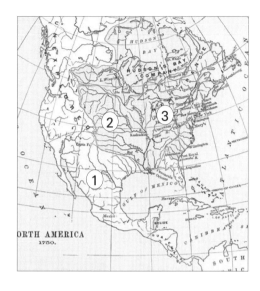

65. 인도에서 1757년에 발발한 플라시Palashi 전투는 벵골 지역이 영국 동인도 회사에 복속되는 결과를 낳았다. 동인도 회사의 군대를 지휘한 사람은?

66. 영국이 플라시 전투에서 승전한 사건이 역사에 미친 영향은?

67. 1762년 러시아에서 군사 반란을 일으켜 권좌에 올라, '대제'라는 별칭으로 러시아 제국을 다스린 이는?

68. 후니페로 세라Junipero Serra 신부가 1768년 캘리포니아에 일종의 종교적 전초 기지로 설립한 단체의 이름은 무엇인가? (사진 참조)

○정답○

64. 1.스페인   2. 프랑스   3. 영국

65. 로버트 클라이브_{Robert Clive}

66. 이 승전을 계기로 영국의 동인도 회사는 분열된 인도의 여러 왕국 중 작고 약한 왕국들을 정복하거나 지배할 수 있다는 사실을 깨닫게 됨으로써 인도에 대한 영국의 식민지 지배가 시작되었다.

67. 예카테리나_{Catherine} 2세

　보충: 1745년 러시아의 황태자이던 표트르 3세와 결혼한 뒤, 지능이 부족하던 남편을 대신하여 섭정했다. 그러나 남편 표트르에 대한 평판이 나빠지자 1762년 정변을 일으켜 남편을 폐위, 스스로 제위에 올랐다. 표트르 대제의 업적을 계승 발전시키면서 러시아를 유럽 정치무대에 편입시켰다. 행정 개혁과 내치, 문예 부흥 등의 공적을 높이 평가해 예카테리나 대제로 불리기도 한다.

68. 스페인 선교단_{Spanish religious missions}

69. 1760년대에 영국에서 온 식민지 주민들이 영국의 식민 통치에 대해 유난히 강하게 품었던 불만은?

70. 영국 출신의 식민지 주민들 사이에서 결성되어 영국의 경제 지배에 항거한 비밀 결사의 이름은?

A 영광스러운 남부의 딸들   **B** 자유의 아들들   **C** 아메리카의 자식들

71. 1770년에 오스트레일리아 동부 해안 지방에 대한 영국의 영유권을 주장한 이는?

72. 미국 독립전쟁이 발발한 해는?

A 1774년   **B** 1775년   **C** 1776년

73. 1776년 독립을 선언하여 미합중국을 결성한 13개 아메리카 식민지를 열거하라.

74. 장군, 정치인 출신으로 미합중국 초대 대통령에 선출된 이 사람은?

○정답○

69. 대표 없는 과세 Taxation without representation

보충: 보스턴 차茶 사건은 영국의 식민지였던 미국 시민들이 차에 대한 세금을 내도록 강요한 영국에 대한 반발이었다. 세금을 내도록 강제당하는 것은 대표 없는 납세에 대한 논란에 다시 불을 지폈는데, 미국인들의 입장은 의회에서 그들이 대표되지 못한다면 세금도 낼 수 없다는 것이었다. 그들은 차에 대한 세금을 없애도록 요구했을 뿐만 아니라, 부두 노동자들은 배에 실려 온 차를 선적하기를 거부했다. 1773년 12월 16일, 한 무리의 미국인들은 보스턴의 해안을 습격해서 영국 배에 올라타 45톤의 차를 보스턴 바닷속으로 내던졌다.

70. B 자유의 아들들 Sons of Liberty

보충: '자유의 아들들'은 식민지 시절 당시 인지세법 Stamp Act에 반대하였고, 후에 미국의 독립운동을 지지한 비밀 결사로 발전한 단체이다.

71. 제임스 쿡 선장 Captain James Cook

72. B 1775년

73. 코네티컷, 델라웨어, 조지아, 메릴랜드, 매사추세츠, 펜실베이니아, 뉴햄프셔, 뉴저지, 뉴욕, 노스캐롤라이나, 로드아일랜드, 사우스캐롤라이나, 버지니아

74. 조지 워싱턴 Gorge Washington

75. 1777년에 유럽 또는 남북 아메리카를 통틀어 노예제도를 금지한 최초의 나라 또는 주는 어디인가?

A 영국   B 포르투갈   C 버몬트

76. 1780년대에 한 농업 잡지에 랄프 로빈슨Ralph Robinson이라는 필명으로 에세이 시리즈를 기고한 유럽 왕족의 이름은? (그림 참조)

77. 1787년에서 1788년까지 영국에서 오스트레일리아로 수송된 첫 번째 죄수 집단에 부여된 이름은?

78. 토템폴토템의 상像을 그리거나 조각한 기둥이 문화 상징물로 중요시되었던 나라는?

A 뉴질랜드   B 피지   C 캐나다

79. 1789년 프랑스 대혁명이 일어날 당시 권좌에 있던 프랑스 왕은 누구인가?

75. C 버몬트. 버몬트$_{Vermont}$주는 미국 독립전쟁 이후 독립적인 주권 국가가 되었다.

> 보충: 버몬트는 1777년에 영국으로부터 독립을 선언, 스스로 공화국$_{Vermont}$ $_{Republic}$임을 선포했다. 세계 최초로 노예제도를 금지하고 소유 자산과 관계없이 모든 성인 남성에 선거권을 인정한 버몬트 공화국 헌법을 제정했다. 이 공화국은 미국의 14번째 주인 '버몬트주'로 미합중국에 편입된 1791년까지 존속했다.

76. 영국의 국왕 조지 3세. 당시 그의 별명은 '농부 조지$_{Farmer\ George}$'였다.

77. 퍼스트 플리트$_{the\ First\ Fleet}$, '제1 선단'이라는 뜻

> 보충: 1780년대에 들어와 자국 내 죄수를 수용하는 데 골머리를 앓던 영국은 당시 불모지였던 오스트레일리아를 유형지$_{流刑地}$ 건설의 최적지로 선정하고 죄수들을 호주로 수송하였다. 당시 영국은 인구 급증과 산업혁명, 급속한 도시화를 거치며 각종 범죄가 늘어났고 이에 따라 죄수도 급증했으나 수용 시설이 마땅치 않았기 때문이다. 1787년 봄 '제1 선단$_{first}$ $_{fleet}$'으로 명명된 영국 선박 11척이 바닷길 25,000㎞를 건어 246일 만에 보타니$_{Botany}$만에 도착했고, 그 후 죄수 유배가 중단된 1868년까지 호주로 온 영국 죄수는 총 16만 명에 이른다. 오늘날 호주 인구의 20%는 이 시기에 도착한 죄수들의 후손으로 추정된다.

78. C 캐나다

79. 루이 16세

80. 그의 부인, 즉 왕비는 누구인가?

81. 아래 그림은 일반적으로 프랑스 대혁명의 시발점으로 인식되는 1789 년의 사건을 묘사한 것이다. 이 사건은 무엇인가?

82. 프랑스 대혁명이 일어나기 전, 프랑스 사회를 구성한 3개의 계급은 각 각 무엇인가?

83. **OX 문제** 프랑스 대혁명이 일어나기 전, 프랑스 사회의 제1, 2계급 사람들은 대체로 세금을 내지 않았지만, 나머지 모든 국민총인구의 약 97%은 세금을 내야 했으며, 그중 일부는 별도로 봉토 부담금feudal dues 도 내야 했다.

84. 프랑스 대혁명은 전 세계에 엄청난 영향을 끼친, 근대 세계사의 큰 사 건으로 인식된다. 이것이 전 세계에 끼친 파급 효과는 무엇인가?

85. 프랑스 대혁명에서 유래된 유명한 구호는?

○정답○

80. 마리 앙투아네트_{Marie Antoinette}

81. 1789년 7월 14일에 일어난 바스티유 감옥 습격 사건. 이날, 파리에서 폭도들이 탄약을 탈취하고 정치범들을 탈출시키기 위해 요새화된 감옥인 바스티유 감옥을 습격했다.

82. 성직자, 귀족, 나머지 모든 국민

83. O. 프랑스는 이런 불평등한 과세 제도와 계급별로 제공되는 불평등한 특권들 때문에 극도로 불공평한 사회가 되었다.

84. 절대 왕정의 몰락과 자유 민주주의 및 공화정의 확산

85. 자유_{Liberty}, 평등_{Equality}, 박애_{Fraternity}

86. 1780년대에 각각 러시아와 서유럽에서 온 무역선들이 만나 세계 모피 교역의 중심지가 된 곳은?

87. OX 문제 1790년대에 중국은 역사상 최대 규모의 영토를 점유하였으며, 이 나라의 인구는 유럽 전체의 약 2배에 달했다.

88. 1790년대에 영국, 프랑스, 미국의 무역선들은 뉴질랜드를 드나들며 교역하였다. 이들이 무역 외에, 뉴질랜드 인근 수역에서 수행한 또 다른 활동은 무엇인가?

89. 뉴질랜드의 마오리족_{뉴질랜드 원주민}은 무엇을 얻기 위해 유럽인들에게 엄청난 양의 아마_{亞麻}와 음식, 산림을 제공하였나?
A 금 **B** 목화 **C** 머스킷 총

90. 아프리카의 노예들과 맞바꾸기 위해 브라질에서 가져왔던 주요 화물은?
A 사과 **B** 바나나 **C** 담배

91. 1791년에서 1804년까지, 아메리카 대륙에서 흑인 반란이 최초로 성공했던 나라는 어디인가? 이 반란은 결국 흑인 공화국의 설립이라는 결과로 이어졌다.

92. 이 반란을 주도한 인물은?

93. 1792년에 유럽에서 노예무역을 금지하는 법을 세계 최초로 통과시킨 나라는?
A 영국 **B** 덴마크 **C** 프랑스

○정답○

86. 알래스카 해안

87. O

88. 고래잡이

89. C 머스킷 총_{초창기의 장총}

90. C 담배

91. 아이티_{Haiti}

보충: 노예 반란이 일어난 후 프랑스령 생도맹그는 국호를 아이티로 정하며 독립을 선언했다. 아이티는 라틴아메리카 최초이자 세계 최초의 흑인 공화국이 되었지만, 다른 아메리카 내 식민지들의 연쇄 혁명, 또 다른 흑인 노예 혁명으로 이어지지는 못했다.

92. 투생 루베르튀르_{Toussaint L'Ouverture}

보충: 흑인 노예 출신의 아이티 독립운동 지도자로 원래 이름은 '투생 브레다' 였으며 프랑스령 생도맹그에서 나폴레옹 휘하의 최정예 부대와 맞서 싸웠다.

93. B 덴마크. 하지만 자국 내에서 시행되던 노예제도를 실제로 폐지하지는 않았다.

94. 18세기 말, 브라질에서 체서피크만에 이르는 해안, 그리고 카리브해 지역에는 이미 유럽인들이 세운 대농장이 많이 들어서 있었다. 여기에서는 주로 카카오 열매, 담배, 목화, 설탕 등이 생산되었다. 이것 외에 또 다른 주요 작물을 들자면 어떤 것이 있나?

A 오렌지   **B** 레몬   **C** 인디고염료를 만드는 향료 작물

95. 1793에서 1794까지, 영국은 통상의 길을 열고, 정치적 양보를 얻어내기 위해 중국에 대규모 사절단을 파견했지만 사절단의 대표인 매컬리 경Lord Macauley이 중국 황실 측의 어떤 요청을 거절하는 바람에 결국 실패로 끝난다. 그가 거절한 중국의 요청은 무엇이었나?

96. 18세기 말에 유럽의 무역업자들, 특히 영국 상인들은 중국에 수입이 금지된 상품을 불법적으로 팔기 시작했다. 그것은 무엇인가?

97. 18세기 말에 노예무역은 최고조에 달했다. 18세기 말의 30년 동안, 아프리카에서 끌려온 노예들의 총 숫자는 어느 정도나 될까?

98. 1799년 프랑스에서 권력을 장악한 군사 독재자는?

99. 18세기 말, 산업혁명이 일어난 나라는?

100. 아래의 지도는 노예를 매매하는 3각 무역의 현황을 표시한 것이다. 노예 대부분은 아프리카의 어느 지역에서 조달되었나?

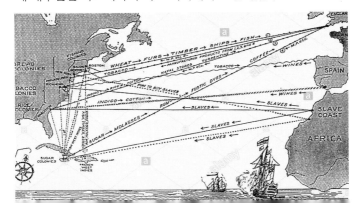

○정답○

94. C 인디고염료를 만드는 향료 작물

95. 그는 황제에게 고두叩頭, 무릎을 꿇고 머리를 땅에 댐의 예를 올리라는 청 왕실의 요청을 거절하였다.

96. 아편

97. 약 230만 명

98. 나폴레옹 보나파르트Napoleon Bonaparte

99. 영국

100. 서부 아프리카.   노예 중 약 33%는 이 지역에서 끌려왔다.

7장

1800년~1849년

1. **OX 문제** 1800년에 미국은 북아메리카 대륙에 있는 광대한 루이지애나 영토를 프랑스로부터 구매하였다.

2. 19세기 초에 영국의 수병들에게 '라이미limey'라는 별명이 붙은 이유는?
   A 많은 영국 수병들이 라임 농장에서 일했기 때문에
   B 괴혈병을 예방하기 위해 이들에게 라임 주스가 지급되었기 때문에
   C 그들은 열대 지방의 항구에서 라임 사재기로 악명이 높았기 때문에

3. 아래 지도 속에서 미국이 1803년 프랑스로부터 매입한 땅(지역명이 표시돼 있지 않다)은 어디인가?

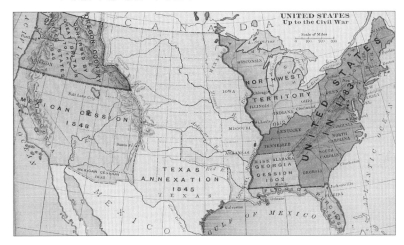

○정답○

❶. **X.** 스페인은 나폴레옹에게 패한 뒤, 프랑스에 강요에 못 이겨 이 땅을 프랑스에 넘겨주게 되었다.

❷. **B** 괴혈병을 예방하기 위해 이들에게 라임 주스가 지급되었기 때문에

보충: 영국 정부는 선원이나 수병들이 비타민 C 부족 때문에 괴혈병에 많이 걸리자 항구 등에 라임 하우스를 세우고 레몬과 라임레몬 비슷하게 생긴 작은 녹색 과일을 선원들에게 지급하기 시작했다. 이를 목격한 미국 병사들이 영국 수병들을 라이미limey라는 별명으로 부르기 시작했다.

❸. 루이지애나Louisiana. 이 역사적인 토지 매매를 '루이지애나 매입Pur-chase'이라고 부른다.

보충: 1803년에 미국 정부가 프랑스로부터 2,147,000㎢의 루이지애나 영토를 1500만 달러에 사들였던 사건으로 '미국 역사상 가장 현명한 구매' 중 하나로 평가된다. 미국은 11,250,000달러에 채무 변제 형식으로 3,750,000달러를 더해, 총 1500만 달러에 루이지애나 영토를 구매했다.

4. 1804년부터 1806년까지 최초로 미국 동부에서 태평양 해안까지 육로로 횡단한 탐험대 명칭은?

5. 1804년 나폴레옹은 황제의 지위에 올랐다. 그에게 황제 왕관을 씌워 준 인물은?

A 교황 **B** 자기 손으로 왕관을 썼다. **C** 투표로 선출한 프랑스 소녀

6. 오스만 제국 장군인 무함마드 알리Muhammad Ali는 1805년 이집트 총독으로 임명되었다. 그 후 군사적, 문화적, 경제적 개혁을 이룩한 그의 별칭은?

7. 1805년 트라팔가르Trafalgar 해전에서 전사한 영국 제독의 이름은? 이 해전에서 영국은 스페인과 프랑스 연합 해군을 격파했다.

8. 1800년부터 1805년까지 바다는 영국이 지배했지만, 나폴레옹은 유럽의 세 강대국을 상대로 육상에서 잇따라 결정적인 승리를 거두었다. 그 3개국은?

9. 1805년 아래 지도에 **A**로 표시된 지역은 어느 나라의 영토였는가?

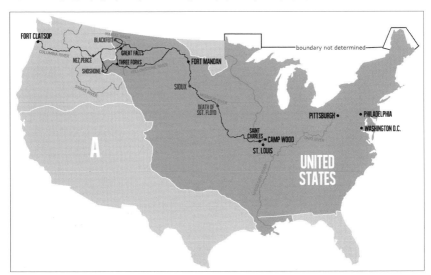

○정답○

④. 루이스 클라크 탐험대 또는 메리웨더 루이스Meriwether Lewis와 윌리엄 클라크William Clark가 이끄는 탐사원정단

보충: 미국 대통령 토머스 제퍼슨의 명령으로 진행됐다. 탐험의 주요 목적은 새로 얻은 영토를 답사하면서 미주리강 북서쪽을 따라 그 땅이 컬럼비아강에 연결되어 있는지를 알아보고, 두 번째 목적은 그 지방의 동식물 생태계, 지리, 그리고 천연자원을 연구하는 데 필요한 자료를 얻는 것이었다.

⑤. B 자기 손으로 왕관을 썼다.

보충: 그는 교회의 권위를 인정하지 않는 의미에서 자신이 직접 관을 썼고, 당시 교황인 비오 7세는 축복기도를 하고 그를 포옹해주는 것으로 만족했다.

⑥. 근대 이집트의 창시자

보충: 맘루크의 토지를 몰수하여 이것으로 농업 관개灌漑를 비롯하여 공장 설립 등 이집트의 근대화에 많은 노력을 기울였다.

⑦. 호레이쇼 넬슨Horatio Nelson

보충: 트라팔가르 해전은 나폴레옹 전쟁 기간인 1805년 10월에 프랑스-스페인 연합 함대를 상대로 영국 해군이 결정적인 승리를 거둔 해상 전투를 말한다.

⑧. 오스트리아, 러시아, 프로이센

보충: 프로이센Prussia은 현재의 독일 북부 지역에 위치한 왕국으로, 독일인의 민족적 특성을 간직한, 현대 독일의 모태이다.

⑨. 스페인

10. 1807년에 나폴레옹 군대가 포르투갈을 침공하였다. 패주한 포르투갈 왕실이 새로 수도를 건설한 곳은?

A 브라질   B 영국   C 모잠비크

11. 1807년에 영국과 미국은 동시에 무엇의 교역을 금하는 법을 통과시켰는가?

12. 나폴레옹은 1808년에 스페인도 침공했다. 그는 스페인을 침공한 뒤 누구를 스페인 왕위에 앉혔는가?

13. 이베리아반도를 침공한 나폴레옹 군대는 격렬한 저항에 부딪혔다. 이 '반도Peninsular 전쟁'에서 유난히 많이 사용되었던 전투 형태는?

14. 반도 전쟁 때 두각을 나타내기 시작하여, 1815년 나폴레옹과 최후의 결전워털루 전투을 벌일 때 연합군을 지휘했던 이 사진 속의 장군은 누구인가?

15. 그의 별명은 무엇이었나?

16. 그가 애용하여 그의 이름이 붙여진 의상 아이템은 무엇인가?

○정답○

❿. **A** 브라질.   이때 포르투갈 왕실은 브라질에 건너가 리우데자네이루 Rio de Janeiro를 포르투갈 왕국의 새로운 수도로 삼았다.

⓫. 대서양 노예무역 폐지.   하지만 노예제도 자체를 실제로 폐지한 것은 아니었다.

⓬. 자기 형인 조제프 나폴레옹Joseph-Napoléon Bonaparte

보충: 조제프 보나파르트는 나폴레옹 보나파르트의 친형으로, 나폴리와 시칠리아 국왕으로서는 주세페 보나파르트, 스페인 국왕으로서는 호세José 1세로 불린다.

⓭. 게릴라전

보충: 반도 전쟁은 1808년에서 1814년까지, 영국·스페인·포르투갈의 연합군과 나폴레옹 군대가 격돌했던 전쟁을 말하며, '반도'는 전쟁의 무대였던 이베리아반도를 가리킨다.

⓮. 웰링턴 공작 아서 웰즐리Arthur Wellesley

⓯. 아이언 듀크Iron Duke, '철의 공작'이라는 뜻

⓰. 웰링턴 부츠Wellington Boots, 무릎까지 올라오는 장화.   그는 구두 장인한테 주문하여 만든, 기존의 장화보다 약간 짧은 승마화를 즐겨 신고 다녔다. 이 장화는 당시 반바지 대신 유행하기 시작했던 긴 바지에 더 잘 어울렸다.

17. 1811년에서 1812년까지 산업혁명 결과로 탄생한 신기술에 의해 생계 위협에 시달린 영국 노동자들은 잉글랜드 여러 공장에 난입하여 기계들을 파괴하였다. 이들의 항거를 일컫는 말은?

18. 1811년, 자국이 지배하는 모든 식민지에서 노예제를 철폐한 나라는?

19. 영국과 미국 간에 벌어진 '1812년 전쟁' 기간 중 미국이 침공한 나라는 어디인가?

20. 1812년 프랑스군은 어느 나라를 침공하는 실수를 저질렀나?

21. 나폴레옹은 총력전의 대가로 정평이 나 있는 장군이었다. 러시아군은 이런 나폴레옹 군을 어떻게 제압할 수 있었나?

22. 1812년 겨울, 아래 지도에 표시된 경로를 따라 진격한 군대는?

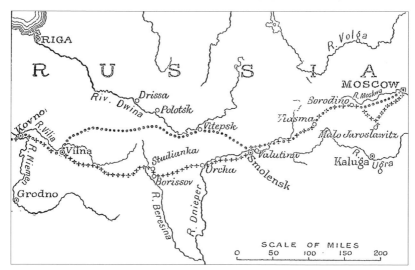

○정답○

⑰ 러다이트 운동Luddite Riots

　　보충: 19세기 초, 당시 나타나기 시작한 방직기가 노동자의 일거리를 빼앗는
　　　　다는 생각으로 일어난 대규모 기계 파괴 운동. 네드 러드Ned Ludd라는 인
　　　　물이 이 운동을 주도했기 때문에 러다이트 운동이라는 이름이 붙었으
　　　　나, 그가 가공의 인물이라는 설이 유력하다.

⑱. 스페인

⑲. 캐나다

　　보충: 1812년의 미영 전쟁은 미국이 영국에 선전 포고를 하고 영국군이 주둔
　　　　해 있던 캐나다를 침공하면서 발발한 뒤 32개월간 이어졌다.

⑳. 러시아

㉑. 러시아군은 나폴레옹 군이 진격하면 교전 지역의 모든 것을 파괴하고
　　후퇴하는, 이른바 '초토화 전술'을 펼쳐 대규모 회전會戰, 준비된 위치에 병
　　력을 집결하여 벌이는 전투을 피하였다. 이 전술 때문에 나폴레옹 군은 결
　　국 보급품과 월동 장비가 동이 나, 후퇴하지 않을 수 없었다.

　　보충: 초토화 전술Scorched earth policy은 식품, 교통 체계, 정보통신, 산업기반, 심
　　　　지어 전투 지역에 거주하는 인간까지, 적에 의해 사용되었거나 사용될
　　　　수 있는 모든 자산의 파괴를 목표로 한다.

㉒. 나폴레옹이 이끄는 프랑스군. 프랑스군이 이 루트를 따라 러시아를
　　침공했고, 후퇴했다.

23. 1813년 오스트레일리아에 정착한 유럽인들은 시드니 서쪽에 위치한 블루마운틴스Blue Mountains를 가로지르는 루트를 발견했고, 이 발견 덕분에 그들은 사상 처음으로 호주 내륙 지방에 정착할 수 있게 되었다. 이 루트를 발견한 탐험대를 이끈 사람은 누구인가?

24. 1814년 러시아, 오스트리아, 프로이센의 연합군은 프랑스를 침공하여 파리를 점령한 뒤, 나폴레옹을 권좌에서 끌어내렸다. 그는 어디로 유배되었는가? 이때 나폴레옹은 "Able was I 'ere I saw…"라는 유명한 팔린드롬palindrome, madam처럼 앞에서부터 읽으나 뒤에서부터 읽으나 같은 단어나 구. 회문回文이라고도 한다을 남겼다는 말이 전해진다.

25. 나폴레옹은 엘바섬에서 탈출하여 프랑스를 다시 장악하였다. 그는 아래 그림에 묘사된 전투에서 영국군이 주도한 연합군에 패배하였다. 이 전투의 이름은?

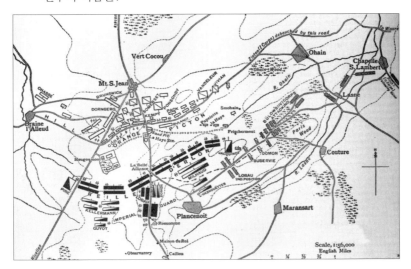

26. 1815년 나폴레옹을 격파하는 데 일조한 프로이센군의 사령관은?

㉓. 그레고리 블락스랜드_{Gregory Blaxland}, 윌리엄 로슨_{William Lawson}, 윌리엄 찰스 웬트워스_{William Charles Wentworth}

㉔. 지중해에 위치한 엘바_{Elba}섬

보충: 이 문장에서 'ere는 before를 뜻하는 고어이다. 따라서 "Able was I 'ere I saw ElbA"라는 팰린드롬은 "내가 엘바를 보기 전에는 유능하였다"라는 의미로, 평소 '내 사전에 불가능은 없다'며 호언장담하던 나폴레옹이 자신의 무능을 한탄하며 이런 말을 남겼다는 이야기가 전해지고 있다. 하지만 프랑스 사람인 나폴레옹이 영어를 사용하여 이런 말장난을 할 리가 없으므로, 후세 사람들이 만들어낸 이야기로 추정된다.

㉕. 1815년에 벌어진 워털루_{Waterloo} 전투

보충: 워털루 전투는 1815년 6월 18일 오늘날 벨기에의 워털루 인근에서 벌어진 전투로서 나폴레옹 보나파르트가 이끄는 프랑스군은 제7차 대프랑스 동맹의 2개국 연합군_{영국군과 프로이센군}에게 패배를 당했다.

㉖. 게프하르트 레베레히트 폰 블뤼허_{Gebhard Leberecht von Blücher} 육군 원수

보충: 블뤼허는 프로이센군을 이끈 육군 원수로서 1813년 라이프치히 전투와 1815년 워털루 전투에서 영국의 웰링턴 공작과 함께 나폴레옹 1세에 대항해 싸웠다.

27. 나폴레옹이 유배된 외딴 섬은 어디인가?

힌트: 그는 그 섬에서 51세의 나이로 죽었다.

28. 군사적인 측면 외에, 나폴레옹은 근대 세계의 발전에 지대한 영향을 끼쳤다. 그것은 무엇인가?

29. 1800년에서 1850년까지, 남북 아메리카 대륙에 가장 많은 이주민을 보낸 두 개의 유럽 국가는?

30. OX 문제 19세기에 러시아는 북아메리카에 식민지를 건설하려 했다.

31. 19세기 초, 중앙아프리카에서 활발히 벌어진 경제 활동은 상아 무역이었다. 유럽인들의 수요가 컸기 때문인데, 유럽인들에 상아가 필요했던 이유는?

32. 이 시기에 상아 무역을 주도했던 유럽 사람들은 누구인가?

33. OX 문제 동아프리카의 상아 무역은 잔지바르Zanzibar의 아랍인들이 주도했는데, 그들은 상아와 함께 노예들을 잡아 오기 위해 탕가니카 Tanganyika와 니아사 호수Lake Nyasa등을 수시로 습격하였다.

34. 다음 중 인도에서 일어난 제3차 영국-마라타Anglo-Maratha 전쟁1817~18 의 결과로 맞는 것은?

A 영국이 인도 영토의 대부분을 장악했다.

B 마라타 왕국이 멸망했다.

C 네덜란드 동인도 회사의 세력이 더욱 강화되었다.

○정답○

㉗. 남대서양에 위치한 세인트헬레나_{St. Helena}섬

㉘. 그는 매우 중요하고 진보적인 정책을 많이 시행했다. 그는 이른바 '나폴레옹 법전'을 제정하였으며, 매우 효율적인 민간 정책을 수립하였다. 그 후 여러 나라에서 이러한 그의 통치 행위와 업적을 모방하였고, 특히 그가 제정한 법전은 전 세계에서 시행하는 법률 제도의 근간이 되었다.

㉙. 영국(240만 명)과 독일(110만 명)

㉚. O. 러시아는 1812년 캘리포니아에 로스 요새_{Fort Ross}를 건설했다. 이 요새는 1812년에서 1842년까지 북아메리카 남부에 조성된 러시아 정착지의 중심지 역할을 했다.

㉛. 피아노 건반과 당구공을 만들기 위해서

㉜. 앙골라와 모잠비크에서 활동하던 포르투갈인들

㉝. O

㉞. A와 B. 이 전쟁으로 영국이 인도 영토의 대부분을 장악하게 되었고, 마라타 왕국이 멸망하였다.

　　보충: 마라타 왕국은 17세기 중엽에 인도 중서부에 독립 왕국을 세워 인도에서 가장 큰 세력으로 성장하였으나 영국과의 전쟁에서 패한 뒤, 점차로 쇠퇴하여 1818년에 멸망했다.

35. 19세기 초, 라틴아메리카 대륙에서는 스페인으로부터 독립을 쟁취하려는 항쟁이 잇달아 일어났다. 이런 움직임을 촉발한 요인은 여러 가지이지만 도화선이 된 인물은 나폴레옹 보나파르트이다. 그 이유는 무엇인가?

36. 오른쪽 사진에 보이는 베네수엘라 출신 혁명가 이름은? 그는 스페인으로부터 라틴아메리카의 독립을 쟁취하는 데 힘을 쏟아 '라틴아메리카의 해방자'로 불린다.

A 체 게바라

B 우사인 볼트

C 시몬 볼리바르

37. 그의 이름을 따 국명을 정한 나라는?

38. 1816년 스페인으로부터 독립을 선언한 뒤 곧바로 독립한 나라는? 그 이전에 스페인 식민지에서 일어난 반란들은 스페인에 의해 진압되었지만, 이 나라는 독립 쟁취에 성공했다.

A 아르헨티나   **B** 브라질   **C** 멕시코

39. 스페인에 대항하여 라틴아메리카의 독립을 이룩하였던 또 다른 위대한 인물은 호세 데 산마르틴José de San Martín이다. 1817년 그는 군대를 이끌고 안데스산맥을 넘어 진격하였다. 어느 나라를 해방하기 위해서였나?

○정답○

㉟. 1808년 나폴레옹은 스페인을 침공하여 페르디난드_{Ferdinand} 7세를 폐위시키고 자신의 형인 조제프 나폴레옹을 왕위에 올려놓았다. 라틴아메리카의 식민지에 정착한 스페인 사람들은 조제프에게 충성을 바칠 의무가 없다고 생각하였고, 따라서 독립을 추구하였다.

㊱. **C** 시몬 볼리바르_{Simón Bolívar}
보충: 베네수엘라의 독립운동가이자 군인이다. 호세 데 산 마르틴 등과 함께 라틴 아메리카의 해방자_{리베르타도레스, Libertadores}로 불린다.

㊲. 볼리비아
보충: 라틴아메리카의 내륙국인 볼리비아의 국명은 원래 높은 페루라는 뜻인 '알토 페루_{Alto Peru}'였다. 독립에 성공한 후 국명을 독립에 결정적인 역할을 한 시몬 볼리바르의 이름을 따 볼리비아로 정했다. 볼리바르는 볼리비아 1대 대통령으로 선출되었지만, 그는 곧 대통령직을 수크레_{Sucre}에게 넘기고 근거지인 그란 콜롬비아_{Gran Colombia}로 돌아갔다.

㊳. **A** 아르헨티나

㊴. 칠레
보충: 호세 데 산마르틴은 1817년 멘도사에서 안데스산맥을 넘어 칠레로 갔다. 그리고 차카부코 전투와 마이푸 전투_{1818년}에서 에스파냐 군대를 물리치고 1819년 칠레의 독립과 1820년 페루의 독립을 성공시켰다. 시몬 볼리바르와 함께 에스파냐_{스페인}로부터 남아메리카를 해방한 영웅이자 아르헨티나 국민의 아버지로 높이 추앙받고 있다.

40. 1819년 '라틴아메리카의 해방자_{시몬 볼리바르}'는 남아메리카 북부 지역을 스페인으로부터 완전히 해방하고, 그란 콜롬비아_{Gran Colombia}라는 공화국을 수립, 이 나라가 개화되고 진보적인 연방국가로 발전하기를 바랐다. 원래 이 나라에 속해 있었다가, 각각 분리 독립한 현대 남아메리카의 국가들은? (지도 참조)

41. 1820년 산마르틴_{San Martin}은 휘하의 군대를 북부로 이동하여, 안데스 산맥에 위치한 어느 나라의 독립을 지원하였나?

42. 1818년 캐나다와 미국의 국경을 표시하기 위해 사용된 위선_{緯線, 적도}를 0도, 북극점과 남극점을 각각 90도로 정하고, 적도와 평행으로 지구 표면의 같은 위도의 지점을 잇는 가로의 선이다은? 이 선은 나중에 서쪽으로 더 확장되었으며, 지리적인 특징들을 반영하느라 일부 구간은 고르지 않다.

○정답○

40. 콜롬비아, 에콰도르, 베네수엘라

보충: 그란 콜롬비아 또는 대★콜롬비아Gran Colombia는 1819년부터 1831년까지 존속한 콜롬비아 공화국을 가리키며, 시몬 볼리바르가 스페인의 지배에 대해 개별 저항하던 세력을 통합하여 미국의 예를 본받아 연방제로 운영되는 나라를 건설한다는 구상에 따라 설립되었다. 영토는 오늘날의 콜롬비아, 베네수엘라, 에콰도르, 파나마 전체 및 코스타리카, 페루, 브라질을 포함하고 있었다. 그러나 설립 후 연방주의자들과 분리주의자들 사이에 내분이 일어나고 미국도 아메리카 대륙에 통합된 강력한 국가가 생기는 것을 원치 않아, 시몬 볼리바르가 사망한 후에 해체되었다.

41. 페루

42. 북위 49도

43. 1818년에서 1819년 사이, 현재의 남아프리카공화국 이스턴 케이프 Eastern Cape주에서 선지자인 은셀레Nxele가 지휘하는 군대는 이른바 '제5 전선Fifth Frontier 전쟁'에서 영국군을 공격했다. 교전 중 은셀레가 체포 되어 투옥된 악명 높은 감옥의 이름은?

44. 1818년 워싱턴 DC에 있는 미합중국 대통령의 거처는 특정 색깔로 페인트칠을 했다. 이 색깔에 연유한 이 건물의 이름은 무엇인가?

45. 1818년 남아프리카에서 줄루Zulu 왕국을 창설한 인물은?

46. 줄루 왕국의 부흥은 주변 국가들에 어떤 영향을 주었나?

47. 1819년에 체결된 대륙횡단Transcontinental 조약에 따라 미국은 스페인으로부터 플로리다를 넘겨받았다. 그 대가로 미국이 영유권을 포기하고 스페인에 넘겨준 영토는 어디인가?

48. OX 문제 1820년대에 영국은 중국에서 연간 2300만 파운드에 달하는 차茶를 수입했음에도 불구하고, 중국은 영국과의 무역에서 엄청난 적자를 기록했다.

49. 1821년 멕시코에서 아구스틴 데 이투르비데Agustín de Iturbide는 멕시코 시티를 장악하였고, 이로써 멕시코는 스페인으로부터 독립하였다. 그 후 그는 어떤 이름으로 불리게 되었나?

○정답○

❹❸. 로벤Robben섬

보충: 로벤섬은 테이블Table만 입구에 위치한 작은 섬으로 17세기 네덜란드 사람들이 도착했을 때 물개가 많이 서식하고 있어서 '물개섬'이라는 뜻으로 이런 이름이 붙여졌다.

❹❹. 백악관White House

❹❺. 샤카 줄루Shaka Zula. 줄루족의 군사 지도자. 아프리카 남부에 전제적인 왕국을 만들었다.

❹❻. 엄청난 격변을 일으켰다. 왕국과 주변 국가들 사이에 엄청난 영토 쟁탈전이 벌어졌고, 왕국 전체 주민이 난민이 되었다. 학자들은 이 시기를 "강제 이주" 또는 "분산"의 시대라고 부른다.

❹❼. 텍사스

보충: 제임스 먼로 미국 행정부의 국무장관인 존 퀸시 애덤스와 스페인 외무장관 루이스 데 오니스에 의해 이루어져 '애덤스-오니스 조약' 또는 '플로리다 구매 조약' 등으로 불리기도 한다.

❹❽. O. 유럽 무역업자들이 엄청난 양의 아편을 중국에 밀반입하였기 때문에 무역수지가 역전되었다.

❹❾. 아구스틴Agustín 1세 황제

보충: 1822년 제1 멕시코 제국을 수립하고 스스로 황제에 올랐다.

50. 1821년 미국식민협회ACS는 해방된 노예들을 위해 서아프리카에 식민지를 건설했다. 이 식민지가 발전하여 나중에 어떤 나라가 되었나?

51. OX 문제 1822년 포르투갈 왕실의 돔 페드루Dom Pedro 왕자는 모잠비크Mozambique의 독립을 선언하고 초대 황제에 올랐다.

52. OX 문제 1823년 미국은 북아메리카 또는 남아메리카 국가의 내정에 간섭하려는 어떤 유럽의 국가와도 전쟁을 불사하겠다는, 이른바 먼로주의Monroe Doctrine를 처음으로 공표했다.

53. 1824년 미국 정부는 인디언 사무국BIA을 신설하였다. 이 기관은 아메리카 원주민에 대하여 어떤 정책을 펼쳤나?

54. 1825년부터 1830년까지 벌어진 대자와Great Java 전쟁 때 자와섬의 주민들은 어느 나라에 대항하여 조국의 지배권을 되찾으려다 실패하였나?

55. 1825년 무렵, 미국 남부의 여러 주는 이 작물을 세계에서 가장 많이 수출하는 기지로 부상하였는데, 그 작물은 무엇인가? 이 작물은 주로 노예들의 노동력으로 경작하고 수확되었다.

56. 증기 기관차로 움직이고, 1825년에 개통한 이 세계 최초의 공영철도公營鐵道는 어디에서 어디까지 운행되었나?

50. 라이베리아_{Liberia}

51. X. 그는 브라질의 독립을 선언하고 브라질 제국의 초대 황제에 올랐다.

52. O. 미국은 아메리카 대륙에서 영향력을 행사할 수 있기를 바랐다.

보충: 미국 5대 대통령인 제임스 먼로는 1823년에 의회에서 행한 연두교서에서 '미국은 유럽에 간섭하지 않을 것이며, 유럽도 북남미 대륙에 어떠한 정치 외교적 특권을 미치려 해서는 안 된다'는 먼로주의 외교 정책을 표명했다.

53. '제거' 정책. 아메리카 원주민을 서부 지역과 백인들이 정착하기 원하는 지역 밖으로 강제로 이주시키는 정책

54. 네덜란드

보충: 자와 전쟁은 1825년부터 1830년까지 자와섬에서 벌어진 전쟁이다. 토착 지배자인 욕야카르타_{Yogyakarta}의 디포느고로_{Dipo Negoro} 왕자의 주도로 네덜란드 식민 정부에 대항하는 전쟁이 벌어져 5년간 양측에 막대한 사상자(20만 명의 자와인과 6천 명의 네덜란드인이 죽었다.)를 냈다. 디포느고로 전쟁이라고도 불린다.

55. 목화

56. 잉글랜드 북동부 도시인 스톡턴_{Stockton}과 달링턴_{Darlington} 사이를 운행하였다.

57. 1826년까지 두 개의 지역을 제외하고, 모든 중남미 대륙의 국가는 스페인으로부터 독립을 쟁취하였다. 독립하지 못한 두 지역은 각각 어디인가?

58. 1826년 오스만 제국의 정예 친위대 대원들은 술탄인 마무드_{Mamud} 2세가 새로운 유럽 스타일의 군대를 창설하려 한다는 소식을 접한 뒤, 무장봉기를 일으켰다. 이에 대해 술탄은 어떻게 반응하였나?

A 계획을 철회했다.

B 친위대 막사를 포격하여 대원들을 살해했다.

C 과도기를 갖고, 친위 대원들을 새로 신설하는 터키군에 편입하겠다고 제안했다.

59. 1827년 힘든 투쟁 끝에 브라질로부터 독립한 나라는?

A 멕시코 **B** 우루과이 **C** 페루

60. 미국에서 도망친 노예들이 자유를 찾아 북부의 자유 주_{남북전쟁 전에 노예를 부리지 않았던 주} 또는 캐나다로 탈출하는 데 특별한 탈출로와 안전 가옥을 이용했다. 이것을 관장하던 비밀 단체의 이름은?

61. 이 안전 탈출 네트워크에 소속되어, 담당 구간에서 탈출한 노예들에게 가이드 역할을 해주었던 사람들을 일컫는 말은?

62. 다음 보기 중, 1829년에 세계 최초로 전업으로 근무하는 경찰 제도를 확립한 곳은 어디인가?

A 런던 **B** 뉴욕 **C** 서울

○정답○

㉗. 쿠바_{Cuba}와 푸에르토리코_{Puerto Rico}

㉘. B 친위대 막사를 포격하여 대원들을 살해했다.

㉙. B 우루과이

보충: 브라질의 한 주였던 시스플라티나_{Cisplatina} 지역 주민들은 정서적으로 브라질보다 남부 아르헨티나와 가까웠다. 그 지역은 포르투갈 식민지였던 브라질 나머지 영토와 달리 16세기 이후 줄곧 스페인 식민지였기 때문이었다. 1825년 8월, 시스플라티나 주민들이 독립을 선언하자, 브라질은 아르헨티나에 선전포고했고, 전쟁은 영국과 프랑스의 중재로 끝이 났다. 우루과이는 독립의 보은과 감사의 의미로 아르헨티나 국기 중앙에 놓인 5월의 태양을 자국 국기 왼쪽 위에 얹었다.

㉚. 지하철도_{Underground Railroad}

보충: '지하철도'는 19세기 미국에서 활동하였던 노예 해방을 위한 비공식 네트워크로서, 미국 흑인 노예들이 노예제도를 인정하지 않는 자유 주나 캐나다까지 갈 수 있도록 비밀스러운 탈출 경로와 안전가옥을 제공하였다.

㉛. (기차의) 차장_{conductor}

보충: 이들은 철도 용어를 일종의 암호처럼 사용해서 담당 구역의 '안내자'를 '차장'이라고 불렀는데, 비밀 경로인 노선을 따라 안전한 가옥인 '역'들을 거쳐 '종착지'까지 흑인 노예의 탈주를 도와주는 사람이었기 때문이다.

㉜. A 런던

63. 영국이 오스트레일리아 대륙 전체를 자국의 영토로 편입한 해는?

64. OX 문제 오스트레일리아 남동부 지역은 영국 식민지 정부에 의해 광대한 농작물 경작지로 개발되었다.

65. 1830년 벨기에는 어떤 유럽 국가로부터 독립하였나?

66. 1821년 그리스는 독립전쟁을 벌였고, 1830년에 독립된 왕국으로 국제적 승인을 받았다. 그들은 14세기부터 지배자로 군림해온 어느 나라로부터 독립을 쟁취하였나?

67. 18세기 초부터 영국에서 출발한 배들이 오스트레일리아로 주로 수송한 이것은 무엇인가?

힌트: 1830년대에 절정을 이뤘다.

68. 카르보나리당Carbonari이라는 급진적인 비밀 결사 단체가 1830년부터 1831년까지 (실패로 돌아간) 민족주의적 봉기를 일으킨 나라는?

69. 스페인에 대항하여 독립전쟁을 치를 때에는 서로 협력하였으나, 1830년대 이후에는 지역 내 이웃 나라 간의 잦은 전쟁, 내란 또는 쿠데타에 시달린 대륙은?

70. 1830년 프랑스는 당시 오스만 제국 영토의 일부였던, 아프리카의 어느 지역을 침공했나?

○정답○

63. 1829년

64. X. 양털 수요 때문에 이 지역은 광대한 양 목장지로 변모하였다.

65. 네덜란드

　　보충: 1793년 벨기에는 프랑스에 병합되었으나 나폴레옹 전쟁 이후에는 북
　　　　부의 네덜란드 왕국과 합쳐졌다. 그러나 절대주의적 통치, 개신교와 로
　　　　마 가톨릭교회라는 신앙적 차이로 인해 왈롱인Wallooks들이 8월에 독립
　　　　을 위한 혁명을 일으켰다.

66. 오스만Ottoman 제국

67. 죄수들

　　보충: 산업혁명과 미국 독립전쟁을 전후하여 죄수들이 폭증했던 영국은 오스
　　　　트레일리아 뉴사우스웨일스New South Wales주에 새로운 유배 식민지를 건설
　　　　하고, 1788년 1월 26일, 11척의 배에 죄수와 교도관을 합하여 1500명
　　　　의 인원이 탑승한 첫 선단을 보냈다. 그 후 마지막 죄수가 호송된 1868
　　　　년까지 약 16만 명에 달하는 죄수들이 오스트레일리아로 호송되었다.

68. 이탈리아

69. 라틴아메리카

70. 알제리Algeria

71. 1832년 이집트 무함마드 알리_{Muhammad Ali}는 나라의 미래를 대비하며 중요한 단체를 설립했다. 하지만 당시 이집트 사회의 퇴행적인 풍토 때문에 정작 이 신생 기관은 누구에게 혜택을 주게 되었나?

72. 1872년 "경험과 역사가 우리에게 가르쳐준 것은 모든 민족과 정부들이 역사에서 아무것도 배우지 못했으며 역사가 가르쳐준 원칙에 따라 행동하지도 않았다는 사실이다."라는 글을 발표한 사람은 누구인가?
A 독일 철학자인 게오르크 빌헬름 프리드리히 헤겔
B 에이브러햄 링컨 미국 대통령
C 독일 철학자 카를 마르크스

73. 1833년 노예제를 철폐한 나라는?

74. OX 문제 영국이 노예제를 폐지했을 때 서인도 제도_{아메리카 대륙에 면한 카리브해와 대서양 연안 지역}의 플랜테이션_{특히 열대 지방에서 커피·설탕·고무 등을 재배하는 대규모 농장} 주인들은 보상금으로 2000만 파운드를 받았다.

75. 영국에서 노동조합은 합법 단체임에도 불구하고 1834년 도싯_{Dorset}에서 활동하던 6명의 노동조합원은 어떻게 되었나?

76. 이들의 체포 및 추방에 항의하는 청원서에는 총 몇 명의 시민이 서명했나?
A 100명 **B** 1000명 **C** 약 80만 명

77. 1836년 독립을 목적으로 멕시코에 반란을 일으킨 지역은 어디인가?

○정답○

71. 그는 여자 의과대학을 설립하였으나 이집트 사회가 여성에 대한 교육 자체를 탐탁지 않게 여겼기 때문에 이 학교에 최초로 입학한 학생들은 노예 소녀들이었다.

72. A 독일 철학자인 게오르크 빌헬름 프리드리히 헤겔

73. 영국. 하지만 그 후로도 수십 년 동안 영국 제국에 속한 일부 지역에서는 이 조치가 실제로 시행되지 않았다.

74. O

75. 죄수가 되어 오스트레일리아 교도소에 수송되었다. 그 후 이들은 '톨퍼들Tolpuddle의 순교자들'이라는 별명으로 불리었다.

　　보충: '톨퍼들의 순교자들'은 1834년 도싯주州 톨퍼들 마을에서 노동조합 지부를 만든 후, 당국에 체포되어 7년간의 추방형追放刑에 처한 6명의 농장 노동자를 일컫는다.

76. C 약 80만 명. 3년 후 톨퍼들의 순교자들은 사면받아 석방되었다.

77. 텍사스

　　보충: 1834년 무렵, 텍사스에는 약 750세대의 미국인 거주민이 있었다. 이거주민들이 주축이 되어 유명한 알라모 전투를 시작으로 하는 텍사스 독립전쟁이 벌어진 끝에 1836년에 텍사스 공화국이 성립, 초대 대통령으로는 텍사스군을 지휘한 샘 휴스턴이 선출되었다.

78. 1836년 3월 중요한 전투 현장이 되기도 한 이 건물의 이름은 무엇인가? 이 전투에서 멕시코가 이겼지만, 텍사스 분리 독립을 바라는 세력은 이 전투를 통해 한층 강력해졌고, 결국 한 달 후 멕시코는 결정적인 패배를 당하게 된다. (사진 참조)

79. 1837년에 영국 왕위에 오른 인물은?

80. 1830년대에 새로운 장거리 통신 기계가 발명되었다. 그것의 이름은?

81. 1835년에서 1840년대 초까지 이어진 이른바 "대이주Great Trek"의 의미는?

82. 1837년에서 1839년까지 중국 정부는 외국 무역업자들이 소유하고 있는 특정 상품의 비축분을 광저우廣州항에서 전량 폐기해야 한다는 명령을 내렸다. 그것은?

78. 텍사스 샌안토니오 인근에 있는 알라모 전도소Mission Alamo

보충: 알라모 전도소Mission Alamo 또는 알라모 요새Fort Alamo는 텍사스주 샌안토니오에 있는 옛 전도소와 요새의 복합 시설물이다. 텍사스 공화국과 멕시코군 사이의 매우 중요한 전투의 하나였던 1836년 알라모 요새 전투 등 여러 가지 군사 행동의 무대가 되었다. 텍사스 혁명 동안에 이 건물은 멕시코군의 수중에 있었으나, 1836년 2월 23일, 윌리엄 트래비스 중령이 187명의 병사를 이끌고 알라모로 진입, 포위전은 3월에 정점에 달했고 결국 미국 병사들은 전멸했다. 멕시코군 사상자는 약 200명의 사망자와 400명의 부상자로 추정된다.

79. 빅토리아Victoria 여왕

80. 전신電信 또는 전보傳報

81. 약 1만 2000명의 네덜란드계 정착민들보어Boer인 또는 아프리카너Africaner 라고도 한다이 영국이 통치하는 케이프 식민지를 탈출하여, 남아프리카의 내륙으로 이주한 사건

82. 아편

83. 1839년 영국 정부는 중국에서 활동하는 자국의 상인들을 보호하기 위해 함대를 파견, 중국과 전쟁을 벌였다. 이것은 무슨 전쟁인가?

84. 이 말썽 많은 상품을 둘러싸고 영국과 중국은 몇 차례의 전쟁을 치렀나?

85. 홍해에서 끊이지 않고 발생하는 해적 행위를 종식하기 위해 영국은 1839년 과거 오스만 제국이 통치하던 예멘Yemen 내 항구를 점령하였다. 이 항구 도시의 이름은?

86. 이 항구 도시는 영국의 중요한 무역 전진기지가 되었다. 영국 무역선들은 이곳에서 매우 중요한 물품을 공급받을 수 있었기 때문이었다. 그것은 무엇인가?
A 소금과 후추   **B** 위스키와 시가여송연   **C** 석탄과 물

87. 오스트레일리아 동부 지역으로 죄수를 수송하는 영국의 계획은 1840년 종식되었다. 그 후 이 지역에서 무엇이 발견되어 유럽에서 두 번째로 대이주가 이루어지기 시작했나?

88. 1842년 전쟁에서 중국은 영국에 철저하게 패한 뒤, 무역항을 추가로 개방하는 것을 포함하여 많은 양보를 해야 했다. 이외에 중국은 무슨 섬을 영국에 할양해야 했나?

89. 19세기의 산업혁명 때 크게 의존했던 자원은?
A 석유   **B** 석탄   **C** 풍력

○정답○

83. 제1차 아편전쟁

보충: 청나라의 아편 단속을 빌미로 영국이 개시한 침략전쟁이다. 이 전쟁은 영국의 승리로 끝났고, 영토 할양홍콩섬, 전쟁 배상금 지급 등의 중국 역사상 최초의 불평등 조약인 '남경조약南京條約'이 체결되었다.

84. 2번

보충: 제1차 아편전쟁 이후 청나라의 개방이 기대에 못 미치자 영국은 프랑스와 구성한 연합군으로 광저우를 침략하여 방화와 살인을 저질렀고, 연합군은 톈진을 점령하여 불평등 조약인 톈진조약을 맺었다.

85. 아덴Aden

86. C 석탄과 물

보충: 예로부터 동방 무역의 주요 거점이었는데 대영제국의 본토와 인도의 중간에 위치하여 제국 내 가장 큰 항구 중 하나로 번영하였다.

87. 금

보충: 1851년에 뉴사우스웨일스주와 빅토리아주 일대에서 금이 발견되면서 유럽과 중국 등에서 이주민들이 쇄도하였다. 1850년에 40만에 불과했던 인구는 10년 후엔 115만, 30년 후에는 223만으로까지 증가하였다.

88. 홍콩

89. B 석탄

90. 19세기 산업 발전을 가능하게 만든, 새로운 운송 수단은 무엇인가?

91. 1843년 나탈Natal에 식민지를 세운 영국인들은 노동력이 부족하여 애를 먹었다. 현지 원주민인 줄루족은 전사戰士 민족으로 노동자로 일하기를 거부하였다. 영국이 노동자 조달을 위해 새로이 눈을 돌린 곳은?

92. OX 문제 뉴질랜드 북도北島에 대한 영국의 통치를 인정하는 내용을 골자로 하여, 1840년에 영국과 마오리족 추장들 사이에 체결된 이른 바 와이탕이Waitangi 조약은 양국 간에 해석상의 차이로 인해 오늘날까지 분쟁의 씨앗이 되고 있다.

93. 19세기 초, 세계에서 제조업이 가장 발달했던 나라는?

94. 1840년대 무렵, 세계 최초로 전국 철도망을 건설한 나라는?

95. 19세기 초, 서유럽 주민들의 생활 방식을 근본적으로 바꾸었으며, 서로 밀접하게 관련된 두 가지 사회적 변화의 양상(오른쪽 지도에 단서가 있음)은?

○정답○

90. 철도

91. 인도

92. O

보충: 이 조약이 체결되면서 뉴질랜드는 영국의 식민지가 되었으나, 영어를 마오리어로 번역한 조약 내용을 놓고 오늘날까지 논쟁이 끊이지 않고 있다. 예를 들면 "주권$_{sovereignty}$"을 나타내는 마오리어가 없으므로, 마오리족의 조어 "카와나탄가$_{kawanatanga}$"를 썼는데, 이 말은 영어로 "주권"보다 "지배$_{governance}$"에 가까웠다. 이런 이유로 마오리 측은 "모든 토지는 자신들의 것"이라고 주장하는 반면에 백인 측은 "뉴질랜드는 영국의 식민지이다"로 파악하고 있었다. 이런 근본적인 견해 차이로 인해 1843년에 마오리 반란이 일어나기도 했다.

93. 영국

94. 영국

95. 도시화와 산업화

96. 1845년 아일랜드에서 이 작물의 흉작으로 인해 기아 사태가 초래되고, 국민들은 대규모로 해외 이주를 하게 되었다. 이 작물은?

97. 1847년 영국은 도시별로 지방시어떤 지방에서 그 지점을 통과하는 자오선을 기준으로 삼아 정한 시간가 다른데도 불구하고 처음으로 표준시한 국가 또는 넓은 지역이 공통으로 사용되는 지방시 제도를 도입했는데, 이것은 무엇에 시간을 맞추기 위해서였나?

98. 유럽에서 '혁명의 해'라고 일컫는 때는?

99. 1848년 독일의 급진적 철학자인 카를 마르크스Karl Marx와 프리드리히 엥겔스Friedrich Engels는 정치적으로 역사상 가장 큰 영향을 끼친 책 중 하나를 출간하였다. 그 책의 제목은?

100. OX 문제 1849년 신드Sindh와 펀자브Punjab 지방을 점령함으로써 영국은 자연적인 경계에 따른 인도 전체를 지배할 수 있게 되었다.

○정답○

96. 감자

　보충: 1845년에서 1852년까지 아일랜드에서 감자의 흉작으로 인한 집단 기근 및 주민의 대규모 해외 이주가 발생했는데 이것을 흔히 '아일랜드 감자 기근', 혹은 그냥 '대기근Great Famine'이라고 부른다. 이 기간에 약 100만 명의 주민들이 죽었고, 100만이 아일랜드를 떠나 해외로 이주하여, 아일랜드의 인구가 20~25% 감소했다. 기근의 원인은 역병으로 인한 감자의 흉작이었다.

97. 수많은 철도 회사의 철도 운행 시간표

98. 1848년. 이탈리아, 프랑스, 독일, 오스트리아와 헝가리 등에서 혁명이 터졌으나, 이중 영속적인 변화를 이룬 혁명은 없었다.

　보충: 1월에는 시칠리아에서 강압 통치에 항거하는 민중 봉기가 폭발했고, 2월에는 프랑스에서 루이 필리프에게 맞서 노동자를 중심으로 한 파리 시민들이 봉기, 제2공화국이 수립되었다(프랑스 2월 혁명). 3월에는 프로이센 왕국의 수도 베를린과 오스트리아 제국의 수도 빈에서 혁명이 폭발, 오스트리아의 재상 메테르니히는 영국으로 망명했고 바이에른, 작센 같은 독일 연방의 나라들에서도 시민 봉기가 일어났다. 다민족국가였던 오스트리아에서는 헝가리인, 체코인, 이탈리아인, 폴란드인이 독립을 위해 잇따라 봉기해 합스부르크 제국이 분해 위기에 처했다.

99. 《공산당 선언The Communist Manifesto》

100. O

8장

1850년~1899년

1. 중앙아시아의 패권을 놓고 러시아와 영국이 장기간 벌인 분쟁을 무엇이라고 하는가?

2. 다음 보기 중 1850년 미국에서 제정된 도망 노예법Fugitive Slave Act의 의미에 부합하는 것은?

   A 도망친 노예는 자유 주에 발을 디딘 순간, 자유의 몸이 된다.

   B 도망친 노예는 자유 주에 진입했더라도 원소유주에게 송환되어야 한다.

   C 도망친 노예들이 새로운 인생을 시작할 수 있도록 보조금을 주었다.

3. **OX 문제** 1850년대에 미국의 조지아주, 미시시피주, 텍사스주는 노예 해방을 금지하였다.

---

4. 19세기에 일어난 가장 참혹한 분쟁은 1851년에서 1864년까지 진행된 태평천국太平天國의 난이다. 이때 약 3000만 명이 죽었다. 이 난이 일어난 나라는?

   A 러시아 B 일본 C 중국

○정답○

❶. 그레이트 게임The Great Game

보충: 이 말은 1813년부터 1907년영·러 협상까지 중앙아시아 전역의 패권을 두고 대영제국과 러시아 제국 간에 벌어진 전략적 경쟁을 나타내는 용어이다. 양국은 동유럽에서 크림 전쟁을 치렀고, 중동과 중앙아시아에서도 경쟁했다. 티베트와 위구르도 두 세력의 각축장이었고 동아시아와 캄차카반도에서도 직·간접적으로 대결했다. 거문도 사건이나 영일동맹, 러일전쟁 역시 그레이트 게임의 일환으로 이루어진 것이다(일본이 영국 대리인 역할).

❷. B 도망친 노예는 자유 주에 진입했더라도 원소유주에게 송환되어야 한다.

보충: 도망 노예법은 1793년과 1850년에 미국 의회를 통과한 법률이며, 특정 주에서 다른 주로 또는 공유된 영토로 도망간 노예의 반환을 규정하고 있다. 탈주 노예 송환법이라고도 부른다.

❸. O

❹. C 중국

보충: 태평천국의 난은 중국 청나라 말기에 일어난 홍수전洪秀全이 세운 신정 국가인 '태평천국' 건국 운동으로 농민 봉기의 성격을 띠었다. 변발을 거부하고 머리를 길렀기 때문에 청나라에서는 장발적長髮賊이라고 불렸다. 난은 14년간 지속하였는데, 청나라의 정규군은 제대로 활약하지 못해 그 위상이 크게 떨어졌고, 증국번, 이홍장 등 한족 세도가들이 이끈 의병이 서방 열강과 연합하여 난을 진압하였다.

5. 에도 막부 시대에 일본은 철저한 쇄국정책을 고수하여 외국과의 통상을 거부하였다. 1853년 미국의 매튜 페리Matthew Perry 제독이 함대를 이끌고 도쿄항으로 들어가 일본 정부에 미국과 통상 조약을 맺을 것을 요구했다. 당시 해군이 없었던 일본은 이에 어떻게 대응하였나?

6. 러시아의 황제 니콜라스Nicholas 1세가 1853년 '유럽의 병자sick man'라고 조롱한 나라는 어느 나라인가?

7. 1853년 크림 전쟁은 흑해에서 오스만 제국의 함대를 어느 나라가 공격함으로써 촉발되었나?

8. **OX 문제** 영국과 프랑스는 크림 전쟁이 터지자 오스만 제국과 연합하였는데, 여기에는 다른 나라가 오스만 제국의 쇠퇴를 틈타 영토를 확장하려는 야욕을 품지 못하게 하려는 의도도 있었다.

9. 아래 그림은 크림 전쟁 중에 벌어진 어떤 사건을 묘사한 것인가?

○정답○

❺. 일본 정부는 미 함대가 자신들의 요구를 관철할 것으로 판단하여 미국의 요구에 굴복, 2개의 항을 미국과의 통상을 위해 개항하였다. 그후 영국, 프랑스, 네덜란드, 러시아 등이 해군 함정을 동원, 통상권을 요청하는 사건이 잇따르면서 이와 같은 일본의 굴욕은 반복되었다.

❻. 오스만 제국. 이 나라는 당시 아시아, 북아프리카, 발칸 등에 보유한 영토에 대해 점차 지배권을 상실하던 중이었다.

보충: '유럽의 병자'는 영국과 프랑스 등 열강 간의 영토 분쟁에서 밀리며 쇠퇴 과정을 밟아갔던 19세기부터 20세기까지의 오스만 제국을 지칭한다.

❼. 러시아

보충: 러시아 제국에 맞서 오스만 제국, 영국, 프랑스, 사르데냐-피에몬테 왕국 등 4국 연합국 간에 벌어진 전쟁. 크림 전쟁이라는 이름은 전쟁 중·후반기의 주전장인 크림반도에서 따왔다.

❽. O. 영국과 프랑스는 러시아가 팽창하여, 결과적으로 영향력이 커지는 것을 원하지 않았으며, 아울러 자국의 세력권을 유지하고 싶었다.

❾. 경기병輕騎兵 여단의 돌격

보충: 1854년 10월 25일 영국의 카디건 장군이 기병 673명을 이끌고 발라클라바Balaklava에 주둔한 러시아 포병대를 공격하여 참패한 사건이다. 돌격을 마친 이후 군대를 소집했을 때, 여단에서 여전히 말에 올라탄 이는 195명뿐이었다. 부정확한 의사소통 체계와 무능한 지휘관이 어떻게 전투를 망칠 수 있는지를 잘 보여주는 사건으로 자주 인용된다.

10. 1853년 미국은 캐나다와의 국경 지대에 많은 군 초소를 설치했다. 이런 조치는 프레리Prairie를 따라 버펄로 떼를 쫓아다니며 살던, 캐나다의 많은 퍼스트 네이션First Nation, 북극 아래 지역에 사는 캐나다 원주민들을 말한다. 북극 지역에 살고 있는 원주민들은 이누이트라고 불린다.들에게 어떤 영향을 주었나?

11. 1855년 미국 캔자스에서 투표 결과를 놓고 잔인한 폭력 사태가 터졌다. 한 쪽은 노예 소유를 옹호했고 다른 쪽은 노예 해방을 주장했기 때문이다. 이 충돌을 일컫는 말은?
A 죽어가는 캔자스   B 피의 캔자스   C 부서진 캔자스

12. OX 문제   미국 민요 〈존 브라운의 시체John Brown's Body〉는 노예제를 유지하는 주에 대한 무장 투쟁을 옹호했으며, 노예 소유주들에 대한 습격을 주도한 죄로 교수형에 처했던 한 노예 폐지론자를 애도하는 노래이다.

13. 1856년 중국 관리들은 금지된 물품을 수색한다는 구실로 광저우에 정박한 한 척의 영국 배를 압류하였다. 이 사건으로 촉발된 전쟁은?

14. 중국은 1856~60년까지 영국과 치른 전쟁에서도 철저하게 패하였고, 그 결과 많은 양보를 하지 않을 수 없었다. 예를 들어, 외국인들은 여러 다른 지역에서도 통상 활동을 할 수 있도록 허용되었고, 베이징의 공사관 구역 같은 곳에 거주할 수도 있게 되었다. 이런 양보 외에 영국이 중국 정부에 기독교 선교사들과 기독교로 개종한 사람들에게 부여하도록 강요한 특권은 무엇인가? 중국은 나중에 이 양보에 대해 엄청나게 큰 불만을 품게 되고, 이것은 또 다른 전쟁을 낳았다.

○정답○

❿. 그들은 더는 미국 영토로 진입할 수 없게 되었고, 따라서 연중 내내 하던 버펄로 사냥도 불가능해졌다. 이렇게 줄어든 식량 자원을 놓고 예전에는 사이좋게 지냈던 부족들 사이에 분쟁이 빈발해졌다.

보충: 프레리는 북아메리카 대륙 중앙부에 위치한 온대 초원 지대. '대초원'이라고도 한다.

⓫. B 피의 캔자스Bleeding Kansas

보충: 이 사건은 노예제도를 둘러싼 북부와 남부의 대리전쟁이면서, 남북전쟁의 사전 징후라는 성격을 띠었다.

⓬. O

보충: 존 브라운은 미국의 노예제도 폐지론자로, 미국의 노예제도를 철폐하는 방법은 오로지 무장봉기밖에 없다는 신념을 실천에 옮긴 인물이다. 그는 도망친 노예들을 규합하여 노예 소유주들을 습격, 살해하였고 무장봉기를 위해 정부의 탄약고를 습격하기도 했다. 사후 선견지명이 있는 영웅적 순교자로 기념되는가 하면, 미치광이 테러리스트로 비난받기도 한다. 그를 영웅적 순교자로 묘사한 〈존 브라운의 시체〉라는 노래는 남북전쟁 당시 북부 연방군의 군가로 애창되었다. 이 노래의 거친 가사를 순화한 것이 바로 잉글랜드의 축구팀, 맨체스터 유나이티드의 응원가이다.

⓭. 2차 아편전쟁

⓮. 기독교 선교사들과 개종자들은 중국 법에 따른 처벌로부터 면책되는 특권을 부여받았다.

15. **OX 문제** 1856~60년까지 벌어진 영국과 중국 간의 전쟁을 종식한 조약은 러시아의 중재 때문에 이루어졌다. 러시아는 그 대가로 중국 북부에 속한 약간의 영토를 얻었다.

16. 1857년 인도에서 영국의 지배에 대항하는 봉기가 일어났는데, 이 사건을 무엇이라고 하는가?

A 인도 전쟁 **B** 인도 반란 **C** 인도 항쟁

17. 이런 인도인들의 저항으로 인해 영국의 인도 통치 형태는 어떻게 달라졌나?

18. 19세기에 이탈리아에서 일어난 리소르지멘토Risorgimento 운동이란?

19. **OX 문제** 1859년 피에몬테Piemonte 왕국은 오스트리아를 이탈리아반도에서 추방하는 데 도움을 준 대가로 니스와 사부아를 프랑스에 할양하였다.

20. 1860년 이탈리아 독립운동가인 주세페 가리발디Giuseppe Garibaldi는 의용군을 이끌고 남부 이탈리아를 지배하고 있던 외세에 대항하는 전쟁을 일으켰다. 그의 군대는 재정 상태가 열악하여 온전한 제복을 입을 수 없어, 같은 색깔의 셔츠를 맞춰 입는 것에 만족해야 했다. 이 셔츠 색깔에서 유래, 이들을 일컫는 말은?

A 검은 셔츠 대원들

B 갈색 셔츠 대원들

C 붉은 셔츠 대원들

○정답○

⑮. **O**

보충: 2차 아편전쟁의 결과로, 청나라가 영국, 프랑스, 러시아와 베이징 조약을 체결했다. 이 조약에 따라 청은 영국에 주룽현재의 홍콩 중심부을 내주었고, 러시아에는 연해주를 넘겨주었다. 이를 계기로 러시아가 만주로 영향력을 확대하게 된다.

⑯. **C** 인도 항쟁Indian Mutiny

보충: 영국은 군대를 보유하고 있는 동인도 회사를 통해 인도를 간접적으로 통치했는데, 영국 동인도 회사에서 고용한 인도인 용병세포이들을 중심으로 일어난 반영反英 항쟁이다.

⑰. 영국의 동인도 회사는 인도를 통치할 권리를 상실하게 되었고, 이 나라는 총독을 통한 영국 정부의 직접 통치하에 놓이게 되었다.

⑱. 이탈리아반도에 존재하는 많은 군소 국가들을 하나로 통합하고 외세 배격을 꾀한 운동

보충: 리소르지멘토는 이탈리아반도에 할거하는 여러 국가를 하나의 통일된 국가인 이탈리아로 통일하자는 정치적, 사회적 움직임이었다.

⑲. **O**

보충: 피에몬테 왕국은 이탈리아반도 북서부에 위치한 왕국으로 이탈리아 통일의 핵심적인 역할을 했다.

⑳. **C** 붉은 셔츠 대원들

21. 이탈리아반도의 많은 지역을 점령하고 있던 오스트리아 세력에 대한 일련의 군사작전과 남부 지역에 대한 가리발디의 원성이 성공을 거두고, 몇몇 지역에서 국민투표가 이루어진 뒤, 1861년 이탈리아에 수립된 것은?

22. 이탈리아 영토 내에서 그때까지 이 왕국의 일부로 아직 편입되지 않은 매우 중요한 도시가 있었다. 그 도시는 어디인가? (**지도** 참조)

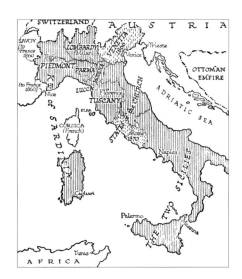

23. 이탈리아에 남아 있는 교황령이 이탈리아 왕국 수중으로 넘어가지 않도록 방어해준 외국은 어느 나라인가?

24. 다음 보기 중 중세시대에 확립되었으나, 1861년 러시아에서 폐지된 사회적 제도는?

A 군주제 **B** 농노제도 **C** 가톨릭교회

25. 1862년 "오늘날 우리가 직면해 있는 거대한 문제들은… 연설과 다수결이 아닌, 철과 피로써 해결되어야 할 것이다."라고 연설한 인물은?

A 프로이센의 재상 오토 폰 비스마르크

B 영국의 웰링턴 공작

C 이탈리아의 카보우르 백작

○정답○

㉑. 이탈리아 왕국The Kingdom of Italy

㉒. 로마와 그 주변 지역은 교황령領, 1870년까지 교황이 지배한 중부 이탈리아 지역 일부로 간주하여 이 새로운 왕국의 영토로 편입되지 않았다.

㉓. 프랑스

㉔. B 농노제도

보충: 농노제農奴制, serfdom는 일반적으로 넓은 틀의 봉건제feudalism에 속하는 계급 제도이다. 농노serf는 신분은 평민에 속했으나, 사실상 영주가 운영하는 토지에 얽매인 상태였다. 이들은 영주에게 각종 부역과 공납의 의무를 이행해야 했다.

㉕. A 프로이센의 재상 오토 폰 비스마르크Otto von Bismarck

보충: 비스마르크는 독일의 통일을 주도한 프로이센의 외교관이자 정치인이다. 위에 인용된 말은 그가 프로이센 주의회에 출두하여 군비 확장을 요청하며 했던 연설 일부이다. 이 연설에서 사용한 "철과 피"라는 구절이 유명해져 비스마르크는 '철혈 재상'이라는 별명을 얻었다. 웰링턴 공작은 워털루 전투에서 나폴레옹 Ⅰ세를 격파한 영국의 장군·정치가이고, 카보우르Cavour 백작은 이탈리아의 정치인으로 1859년에 프랑스군의 지원을 받아 오스트리아군을 무찌르고 이탈리아 중부와 북부를 점령한 뒤, 1861년에 비토리오 에마누엘레를 즉위시켜 이탈리아 왕국의 건설을 완료한 인물이다.

26. OX 문제 중국 청나라의 서태후西太后는 궁정 혁명을 일으켜 어린 아들인 동치제同治帝를 황위에 앉히고 자신은 섭정이 되었다. 이로써 그녀는 중국 역사상 두 번째로 여성 통치자가 되었다.

27. 1860년에 미국 대통령에 선출된 이 정치인은 누구이며, 그는 노예제에 대해 어떤 태도를 보였나? (사진 참조)

28. 노예제를 유지하던 미국 7개 주는 1860년에 선출된 연방정부가 노예제를 금지할 것을 두려워하여, 노예제를 지속할 수 있는 자신들의 권리를 지키기 위해 아메리카 합중국을 탈퇴하였다. 이듬해인 1861년, 이 7개 주는 새로운 연합국을 결성하였는데, 이 7개의 주는?

29. 남북전쟁의 개시를 알린 첫 번째 군사 행동은 무엇이었나?
A 남부군의 워싱턴 DC 침공   B 뉴올리언스에 대한 북부군의 공격
C 찰스턴항의 섬터 요새를 남부군이 포격한 사건

30. 1862년에 "우리는 역사를 피할 수 없습니다We cannot escape history"라는 명언을 남긴 이 사람은?
A 덴마크의 철학자인 쇠렌 키르케고르
B 프랑스의 소설가, 알렉산드르 뒤마
C 미국의 대통령, 에이브러햄 링컨

31. 남북전쟁 중 남부 동맹군에 속한 북버지니아군을 지휘했던 사람은?

○정답○

㉖. ○

　보충: 첫 번째 여성 통치자는 690년에 당나라 황제의 자리에 오른 측천무후測
　　　天武后이다.

㉗. 에이브러햄 링컨Abraham Lincoln이며, 노예제 폐지를 주장했다.

㉘. 앨라배마, 플로리다, 조지아, 루이지애나, 미시시피, 사우스캐롤라이
　　나, 텍사스. 여기에 나중에 아칸소, 노스캐롤라이나, 테네시, 버지니아
　　가 합류하였다.

㉙. C 찰스턴Charleston항의 섬터Sumter 요새를 남부군이 포격한 사건

㉚. C 미국의 대통령, 에이브러햄 링컨

　보충: 링컨은 1862년 의회에 보낸 연두교서에서 이 말을 했다.

㉛. 로버트 E. 리 장군Robert E. Lee

　보충: 북버지니아군은 남북전쟁 당시 동부 전선에서 주로 활약한 남부동맹의
　　　정예 부대로 북군의 포토맥군과 자주 전투를 치렀다. 1865년 4월 9일
　　　애포매톡스 코트하우스에서 포토맥군에 항복했다. 이날, 리 장군이 북
　　　군의 율리시스 그랜트 장군이 보는 앞에서 항복 문서에 서명함으로써
　　　실질적으로 남북전쟁이 끝났다.

32. 궁극적으로 북군 전체에 대한 지휘권을 장악했고, 내전을 종식하겠다고 굳게 결심한 북군의 장군은 누구인가?

33. 이 지도는 1863년 어느 날, 남북전쟁에서 매우 중요한 의미를 지닌 전투 마지막 날의 전세를 나타내고 있다. 이날 북군은 펜실베이니아를 공격하려던 남군을 격퇴했다. 이곳은 어디인가?

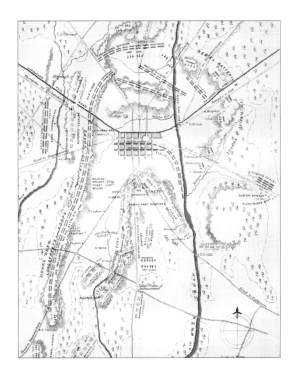

34. 1864년 남북전쟁 기간 중, 이른바 '바다로의 행진March to the Sea', 즉 조지아주를 관통하는 '서배너Savnnah 작전'을 지휘한 사람은?

35. OX 문제 남북전쟁의 첫 번째 중요한 전투는 윌머 매클린Wilmer Mc-Lean이라는 사람의 농장에서 벌어졌다. 그는 전투를 피해 버지니아의 애퍼매톡스 코트하우스 마을로 이사했다. 1865년 4월 리 장군 휘하의 남군은 그랜트 장군이 지휘하는 북군에 쫓겨 이곳에 도착했고, 결국 매클린의 집에서 공식적인 항복 문서에 조인했다.

○정답○

㉜. 율리시스 S. 그랜트_{Ulysses Grant}

㉝. 게티즈버그_{Gettysburg}

보충: 게티즈버그 전투는 1863년 7월 펜실베이니아주 게티즈버그 인근에서 남북군이 회심의 일전을 겨룬, 남북전쟁에서 가장 참혹한 전투였다. 흔히 남북전쟁에서 북군이 승세를 굳힌 전환점으로 평가받는다. 이 전투에서 북부의 조지 미드 장군이 이끄는 포토맥군은 남부의 로버트 리 장군이 이끄는 북버지니아군의 공격을 결정적으로 격파하였다. 4개월 후, 에이브러햄 링컨은 현지에 세워진, 국립묘지 봉헌식에서 "국민의, 국민에 의한, 국민을 위한 정부"라고 민주주의를 정의한 역사적 연설을 했다.

㉞. 윌리엄 테쿰세 셔먼_{William Tecumseh Sherman} 장군. 1864년 11월, 그가 이끄는 북군은 애틀랜타시를 점령한 뒤 조지아주를 관통하여 동부 해안에 있는 서배너시를 향해 진격하였고, 이 과정에서 남부 여러 지역을 혼란과 파괴의 소용돌이에 빠뜨렸다. 그 다음, 그의 군대는 북진하였다.

보충: 셔먼 장군은 남북전쟁 시 남부 전선의 적군뿐만 아니라 후방의 산업 물자 및 시설도 최대한 파괴하여 상대방의 전쟁 의지를 꺾는 전술을 실천한 장군으로 종종 현대전의 창시자로 여겨진다.

㉟. O. 북군의 장교들은 당시 매클린 집에 있던 많은 고급가구를 승전의 기념으로 사들이거나 훔쳤다.

보충: 1861년 4월 12일, 남군이 먼저 북군이 지배하는 섬터 요새_{Fort Sumter}를 기습 공격함으로써 첫 번째 총성이 울렸다. 그러나 공식적인 첫 전투는 버지니아주 윌머 매클린이란 사람의 농장에서 벌어졌다.

36. 1865년에 제정된 미국 수정 헌법 제13조 내용은 무엇인가?

37. 1865년 워싱턴 DC에 있는 포드 극장에서 암살당한 사람은 누구인가?

38. OX 문제 남북전쟁은 미국이 참전한 다른 어떤 전쟁보다 많은 전사자(62만 명이 넘는다)를 낳았다.

39. 이 사진 속의 병사들은 '버펄로 솔저Buffalo Soldier'라는 이름으로 불리었다. 이들은 어떻게 이런 별명을 얻게 되었나?

40. 1867년, 당시 득세하던 헝가리 민족주의에 직면한 오스트리아 제국은 어떤 조치를 취했나?

41. 1867년 영국에서 제정된 '개혁법Reform Act'은 전보다 훨씬 많은 잉글랜드 주민들에게 선거권을 부여하였다. 이 법으로 인해 새로이 선거권을 획득한 유권자의 수는?
A 1만 **B** 10만 **C** 100만

42. 1867년 북아메리카의 영국령인 4개 주, 즉 퀘백, 온타리오, 노바스코샤, 뉴브런즈윅주는 어떤 조치를 취했나?

43. 1867년 미국은 러시아로부터 어느 지역을 구입했나?

○정답○

36. 노예제 폐지

37. 에이브러햄 링컨

38. O. 베트남 전쟁, 또는 1, 2차 세계대전 때보다 더 많은 미국인이 남북전쟁으로 인해 죽었다.

39. 남북전쟁이 끝난 뒤인 1866년에 흑인들로 구성된 부대가 창설되었고, 이들을 본 아메리카 원주민들이 이들을 버펄로 병사들이라고 불렀다.

보충: '버펄로 솔저'는 흑인들로 구성된 미합중국 육군의 기병대 대원들을 일컫는다. 남북전쟁 후에 자유인이 된 흑인들로 편성된 부대였지만 이들이 최초로 투입된 전투는 '인디언 전쟁', 즉 백인들에게 땅을 빼앗긴 원주민들의 저항을 진압하는 전쟁이었다.

40. 오스트리아-헝가리 제국으로 체제를 개편했다.

41. C 약 100만(정확한 숫자는 93만 8000명이다)

42. 캐나다 자치령Dominion of Canada이라는 연방국을 결성했다.

43. 알래스카Alaska

44. 1868년 일본에서는 막부 시대가 끝나고 제국이 통치하는 시대가 재개되면서 일본을 근대화하고 외국에 국호를 개방하려는 조치들이 시행되었다. 이 새로운 시대는 어떤 이름으로 불리는가?

A 메이지유신 B 사무라이의 부활 C 도쿄 승리

45. 이 사진은 미국의 동부와 서부를 연결하는 행사의 모습을 촬영한 것이다. 이것은 어떤 행사인가?

46. 1870~71년에 벌어진 보불전쟁프로이센-프랑스 사이의 전쟁이 낳은 뜻밖의 결과는 무엇인가?

47. 보불전쟁 기간 중, 프랑스 황제 나폴레옹 3세는 폐위되었고 이로써 제 2 제국이 종식, 새로운 공화국의 수립이 선포되었다. 이 공화국의 이름은?

48. 보불전쟁은 양국 병사들에게도 지대한 영향을 끼쳤지만, 이탈리아 정세에도 큰 변화를 주었다. 그 이유는?

○정답○

㊹. A 메이지유신_{Meiji Restoration}

㊺. 최초의 대륙횡단 철도 완성

㊻. 당시 유럽 군사 강국으로 여겨졌던 프랑스가 고도로 훈련되고 더 규모가 커진 프로이센 육군 앞에 무릎을 꿇음으로써, 유럽에 새로운 강자가 등장했음을 알리는 신호탄이 되었다.

보충: 보불전쟁은 프로이센-오스트리아 전쟁에서 오스트리아 제국을 굴복시킨 프로이센 재상 비스마르크가 독일 통일의 마지막 걸림돌인 프랑스를 제거하여 독일 통일을 마무리하기 위해 일으킨, 프랑스 제2 제국과 프로이센 왕국 간의 전쟁이다.

㊼. (프랑스) 제3 공화국

보충: 1789년의 대혁명 후, 프랑스는 80년간 세 개의 입헌 군주정, 짧은 두 공화정_{각기 12년과 4년씩}과 두 제정 등, 총 일곱 개의 정치 체제를 겪었는데 1870년부터 1940년까지 69년간 지속한 프랑스 제3 공화국은 혁명 후 프랑스에서 가장 안정적이었던 공화정 체제로 평가받는다.

㊽. 교황령을 방어해주던 프랑스 군대가 철수함으로써 이탈리아 왕국은 바티칸을 제외한 모든 교황령을 몰수하여, 이탈리아 통일을 완료할 수 있게 되었다.

49. 독일에 속한 어느 나라의 수상이 독일 통일을 강력히 추진하였나? 그의 이름과 별명은 각각 무엇인가?

50. OX 문제 이 뛰어난 정치가는 덴마크, 오스트리아, 프랑스와 차례로 전쟁을 벌여 이 나라들의 일부 영토를 빼앗아 프로이센으로 편입시켰다.

51. 독일 통일은 1871년 완료되었고, 빌헬름Wilhelm 1세가 통치하는 독일 제국의 수립이 선포되었다. 이 제국은 독일 역사에서 몇 번째 제국인가?

52. 1873년에 창설, 붉은 코트를 입고 말을 타고 다니는 경찰관으로 구성된 경찰 조직은 무엇인가?

53. 참혹한 잔악 행위가 자행되었던 크림 전쟁이 끝나고 20년 후인 1874년에 러시아 왕실 가족이 영국을 방문한 사건에 잘 드러나 있듯이, 유례없는 우호적인 관계가 유지되었다. 이 새로운 상황을 가능케 한 배경은?

54. 1875년 영국은 이집트에 건설된 새롭고 중요한 개발지의 주식을 매입했다. 그 후 영국은 이곳을 보호한다는 명분으로 이집트의 사회 기반 시설과 정부를 점진적으로 장악해나갔다. 이 개발지는?
A 신 피라미드 회사
B 수에즈 운하
C 미라 연료 회사

○정답○

49. '철혈 재상'이라고 불리는 프로이센의 수상, 오토 폰 비스마르크

50. O. 그는 덴마크로부터 슐레스비히Schleswig 공국, 오스트리아로부터는 홀슈타인Holstein 공국, 프랑스에서는 알자스 로렌Alsace Lorraine을 빼앗았다.

51. 제2 제국The Second Reich, 우리나라에서는 그냥 '독일 제국'이라고 부른다. 첫 번째 제국은 신성 로마 제국이다.

보충: 독일 제국은 1871년부터 1918년까지 존속했던 국가로 현대 독일의 모태가 되었다. 19세기 말부터 유럽 강국으로 부상하였으나 제1차 세계대전에서 패전하며 제정이 붕괴하고 공화국으로 바뀌었다. 나치 독일은 제3 제국이라고 부른다.

52. 캐나다 기마경찰대Canadian Mounted Police 또는 북서 기마 순찰대 North West Mounted Police

53. 앨버트 공Prince Albert, 나중에 영국 왕에 즉위하여 에드워드 7세가 된다과 러시아 왕위 계승자인 알렉산드르 대공Alexander, 나중에 알렉산드르 3세로 러시아 황제에 즉위한다이 각각 덴마크 왕실의 자매인 알렉산드라Alexsandra와 다우마Dagmar, 러시아식 이름은 마리아 표도로브나와 결혼했다. 이 두 자매는 양국의 왕실이 화목해지도록 노력했다.

54. B 수에즈 운하Suez Canal

55. 1876년 6월 리틀 빅혼Little Bighorn 전투에서 미군을 이끈 지휘관은?

56. 리틀 빅혼 전투에서 아메리카 원주민 전사들을 지휘한 인물은 누구인가?

57. 19세기 후반에 발발한 잉케르만Inkerman 전투는 어느 지역에서 전개되었나?
   A 독일   B 크리미아반도   C 남아프리카

58. 1876년 알렉산더 그레이엄 벨Alexander Graham Bell이 첫선을 보인 발명품은?

59. 1877년 영국의 빅토리아 여왕은 새로운 호칭을 얻었다. 그 호칭은?

60. 1877년 복위한 일본 황제는 무인인 사무라이들의 특권을 일부 제거하는 사회 개혁을 단행, 이것은 사무라이들이 주도하는 반란을 촉발했다. 이 난의 이름은?
   A 청 관리들의 난
   B 오렌지 혁명
   C 사쓰마의 난

61. 이 난을 일으킨 사무라이들은 어떻게 되었나?

○정답○

55. 조지 암스트롱 커스터George Armstrong Custer 대령

56. 시팅 불Sitting Bull, '앉아있는 소'라는 뜻

보충: 아메리카 인디언인 수Sioux족의 수장首長으로 리틀 빅혼 전투에서 커스터가 거느리는 백인 부대를 몰살시켰다. 관대함, 용맹, 인내, 독립심 등 인디언의 미덕을 고루 상징하는 대표적인 인물로 꼽힌다.

57. B 크리미아반도

보충: 잉케르만 전투는 크림 전쟁이 한창이던 1854년 11월에 영국, 프랑스, 오스만 제국 연합군과 러시아군 사이에 일어난 전투이다.

58. 전화

59. 인도의 (여) 황제

보충: 빅토리아 여왕은 '해가 지지 않는 나라'로 불렸던 대영제국의 최전성기에 재위했던 영국의 여왕

60. C 사쓰마의 난

보충: 1877년메이지 10년에 사쓰마번藩, 지방 정권에서 일어난 반란 사건으로 세이난 전쟁西南戰爭이라고도 한다. 메이지 시대 초기에 일어난 사무라이 반란 중 최대 규모였으며, 일본 역사상 마지막 내전이 되었다.

61. 근대식 무기로 무장한 관군은 이들을 손쉽게 격파했다. 지휘관급 사무라이들을 비롯해 많은 무인이 할복자살하였다.

62. 1879년 이산들와나Isandlwana에서 영국 식민지 군대에 보기 드문 패배를 안겨준 이 아프리카 부족의 이름은? (사진 참조)

63. 1881년 어떤 발명품이 서방 세계에 빛을 비추기 시작했나?

64. 국제정치 무대에서 프랑스를 고립시키기 위해 1882년 오스트리아와 이탈리아를 끌어들여 이른바 삼국동맹Triple Alliance을 결성한 나라는?

65. OX 문제 역사상 가장 큰 영향을 끼친 혁명가를 꼽으라면 아마도 독일 철학자인 카를 마르크스일 것이다. 하지만 그는 학생 시절, 당시 유행하던 결투를 했을 때를 제외하고 한 번도 손에 무기를 든 적이 없었다.

66. 1883년 미국 대법원은 기존의 시민권법을 폐기하는 결정을 내렸다. 그 결과, 제도화된 형태의 인종차별주의가 합법화되었다. 그것은 무엇인가?

○정답○

62. 남아프리카의 줄루족

보충: 이산들와나 전투는 1879년 줄루 전쟁 당시 영국군이 이산들와나 평원에서 줄루족 전사 4만 명과 싸워 크게 패배한 전투로 총기와 신식 무기로 무장한 유럽 군대가 아프리카 군대에 최초로 패배한 전투로 기록돼 있다.

63. 전등

보충: 에디슨이 1879년에 발명한 백열전구가 상업적으로 처음 설치된 것은 1880년 5월 증기선인 '컬럼비아호'였고, 1881년에는 뉴욕 공장에 설치되었다. 그 후 2년 동안 150여 개의 장소에 설치되었다.

64. 독일

65. O

66. 분리(차별) 정책Segregation. 이것은 학교 같은 공공시설을 사용할 때 흑인과 백인의 차별을 강제하는 정책이다. 흑인을 위한 공공시설은 백인용 시설보다 항상 열악했다.

보충: 1875년에 제정된 시민권법은 종종 강제법Enforcement Act 또는 Force Act으로도 불리는 미국의 연방법으로 숙박, 대중교통, 재판에서 인종 차별을 금지하는 등 흑인들에게 동등한 대우를 보장했다. 연방 대법원은 1883년 이 법에 대해 헌법 불합치 판결을 내렸다.

67. 1883년, 수단에서는 이집트-영국의 식민 통치에 대항한 반란이 일어 났다. 이 반란을 지도한 사람의 직위는?

68. 빅토리아 영국 여왕을 목표로 한 암살 시도는 몇 번 있었나?
A 1번 **B** 5번 **C** 8번

69. OX 문제 1884년, 유럽 국가들은 아프리카 대륙을 자기네들끼리 분 할하는 방법을 논의하기 위해 베를린에서 회의를 개최했다. 아프리카 국가에서는 단 한 명의 대표도 이 회의에 참석하지 않았다.

70. 1880년대에 아프리카를 식민지화하려는 유럽 국가들의 정책을 무엇 이라고 하는가?

71. OX 문제 아프리카의 여러 나라를 식민지화하고 분할하는 과정에서 유럽 국가들은 기존의 국경이나 인종의 차이 등을 전혀 고려하지 않 았다.

72. 1883년 8월에 폭발한 이 화산의 이름은? 이 화 산 폭발은 당시 기후에 도 영향을 주어, 전 세계 에서 대기 온도가 일제 히 떨어지는 결과를 가 져왔다.

○정답○

❻❼. 마흐디Mahdi 이슬람교에서 구세주를 자칭하는 지도자

보충: 1830년대에 들어와 수단에서는 마흐디구세주를 자처한 무함마드 아마드 빈 압드 알라가 독립운동을 활발히 펼쳐 영국의 식민지 정부는 곤경에 처했다.

❻❽. C 8번

❻❾. O

보충: 이 회담베를린 회담은 1884년에서 1885년에 걸쳐 독일 총리인 비스마르크 주재로 베를린에서 개최된 아프리카 분할에 관한 회담으로, 주최국인 독일 제국은 카메룬과 탄자니아, 나미비아 등을 얻었다.

❼⓿. 아프리카 각축Scramble for Africa

보충: 1880년대부터 제1차 세계대전이 있었던 1914년까지 이 같은 유럽의 제국주의적 침략으로 아프리카가 몇몇 열강의 식민지로 분할된 현상을 '아프리카 각축' 또는 '아프리카 분할'이라고 한다.

❼❶. O. 그들은 아프리카를 제멋대로 분할하였다.

❼❷. 오늘날의 인도네시아에 있는 크라카타우Krakatoa 화산

보충: 크라카타우섬은 인도네시아의 자와섬과 수마트라섬 중앙의 순다해협에 있는 화산섬이다. 이 섬에서 일어난 화산 폭발은 역사상 최대 규모의 화산 폭발로 기록돼 있다. 이 폭발에 뒤이어 거대한 쓰나미가 인근 자바섬과 수마트라섬의 도시를 덮쳐 무려 36,000여 명의 사망자가 발생했다.

73. **OX 문제** 1885년 캐나다 서스캐처원Saskatchewan에서 메티스인들Me-
tis, 캐나다에서 프랑스인과 북미 인디언 사이에서 태어난 혼혈인들이 주도한 이른
바 노스웨스트North-West 반란 사건이 일어났으나 며칠도 안 되어 진압
되었다. 그것은 정부군이 새로 건설된 철도를 이용하여 반란 현장에
신속하게 도착할 수 있었기 때문이었다.

74. 이 사진 속의 인물은 1886년 미
군에 굴복한 마지막 아메리카 원
주민 전사로 꼽히는 아파치Apache
족의 추장이다. 그는 누구인가?

75. 1886년 근대적 승용차를 처음으
로 제작한 것으로 여겨지는 독일
의 발명가는?

76. 이 조각상은 1886년에 현재의
자리에 설치되었다. 제작된 곳
은 어디인가?

  A 뉴욕 **B** 캐나다 **C** 프랑스

77. 1888년부터 1891년까지, 런던
에서 '잭 더 리퍼Jack the Ripper'가
잔혹한 범행을 벌이고 있을 때
왕위에 있던 사람은?

○정답○

73. O

74. 제로니모_{Geronimo}

보충: 제로니모는 아파치족 영토를 계속 잠식해 들어오던 멕시코와 미국을 상대로 투쟁했던 아메리카 원주민의 걸출한 지도자였다. 여러 차례 체포와 탈출을 반복하며 투쟁하였지만 1886년 8월 미국 기병대에 체포되었다.

75. 카를 벤츠_{Karl Benz}

보충: 벤츠는 독일의 엔지니어 출신 기업인으로, 세계적인 자동차 회사인 메르세데스 벤츠사의 설립자이다. 1886년 최초로 가솔린 엔진으로 움직이는 삼륜차 모토바겐_{motorwagen}을 만들었고 1926년에는 다임러 모토즈사와 통합, '다임러 벤츠'로 회사명을 바꾸었다.

76. C 프랑스

보충: '자유의 여신상'은 프랑스가 19세기 말 미국 독립 100주년을 축하하기 위해 제작하여 기증한 구리 조각상으로 미국 뉴욕 리버티섬에 있다. 원래 이름은 '세계를 밝히는 자유상_{Liberty Enlightening the World}'이다.

77. 빅토리아 여왕

보충: 잭 더 리퍼_{살인마 잭, 토막 살인자 잭 등으로 불린다.}는 1888년부터 1891년까지 이스트 런던 지역인 화이트 채플에서 최소 다섯 명이 넘는 매춘부를 극도로 잔인한 방식으로 잇따라 살해한 연쇄살인범이다. 범인의 정체는 130여 년이 지난 지금까지 밝혀지지 않아 미제 사건으로 남아 있다. 잭_{Jack}이란, 특정인의 이름이 아닌 '아무개'라는 뜻이다.

78. 1888년 남아메리카에서 가장 마지막으로 노예제를 폐지한 나라는?

79. 1888년 유럽의 한 정치인은 "언젠가 발칸 지역에서 일어난 멍청한 사건 때문에 전 유럽 국가들이 개입하는 엄청난 전쟁이 일어날 것이다." 라고 예언했다. 그는 누구인가?

A 오토 폰 비스마르크   **B** 윈스턴 처칠   **C** 나폴레옹 보나파르트

80. OX 문제   1889년 브라질에서 쿠데타가 일어나 겨우 두 명의 황제를 배출한 브라질 제국을 무너뜨렸다.

81. 미국에서 백인 정부에 대한 아메리카 원주민들의 저항은 1890년에 일어난 대학살 사건 이후 종식되었다. 이 사건은?

82. 1893년 전 세계에서 최초로 모든 여성에게 투표권을 부여한 나라는?

83. 19세기 후반, 사진 속 나라들의 여러 지역을 지배하기 시작하여 이른바 '인도차이나 연방'을 수립한 유럽 국가는 어디인가?

A 네덜란드
B 영국
C 프랑스

○정답○

78. 브라질

79. A 오토 폰 비스마르크

80. O

보충: 1822년 9월 브라질은 포르투갈로부터 독립을 선언하고 페드루 1세를 황제로 하는 제정시대를 열었다. 페드루 2세 치하인 1889년, 데오도로 다 폰세카 장군의 쿠데타로 인해 제정이 붕괴하고 브라질은 공화국이 되었다.

81. 운디드니 학살 사건Wounded Knee Massacre

보충: 1890년 12월 사우스다코타주 운디드니크리크Wounded Knee Creek 인근에 있는 파인리지Pine Ridge 인디언 보호구역에서 미군에 의해 자행된 인디언 대학살 사건이다. 1890년 12월 29일, 기관총 등으로 무장한 500여 명의 병력은 당시 주술 의식을 벌이는 기병대에 저항하여 보호구역을 벗어난 테톤수족의 부족민들을 무장해제하는 과정에서 여성과 어린이를 포함 200명 이상의 인디언 부족민들을 죽이는 대량 학살을 자행했다.

82. 뉴질랜드

83. C 프랑스

보충: 베트남을 포함한 동남아시아는 19세기 이후, 유럽 열강의 침략 때문에 식민지화가 진행되었고, 1895년 프랑스는 인도차이나 연방Indo-Chinese Union이라는 이름으로 베트남을 식민지화했다.

84. 1895년, 망명길에 오른 중국의 혁명가는? 외국에서 학문을 닦는 것이 허용된 다른 추방자들처럼 그도 망명 생활을 했던 나라의 새롭고, 혁명적인 사상들을 익혔다.

A 마오쩌둥   B 장제스   C 쑨원

85. 1896년 피에르 드 쿠베르탱Pierre de Coubertin이 그리스에서 창시한 것은? 이 행사는 세계대전 기간을 제외하고 4년에 한 번씩 꾸준히 개최되고 있다.

86. 1896년, 런던에서 중국 영사관 관리들에게 납치되었다가 영국 정부가 사건에 개입한 뒤 석방된 중국의 혁명가는?

87. 1896년 이탈리아가 정복하려 했다가 실패한 **이 사진 속**의 아프리카 나라는? 이 나라는 아프리카에서 유럽 국가에 정복되거나 식민지가 되지 않은 2개 국가 중의 하나이다.

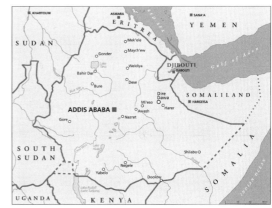

88. 아프리카 대륙에서 다른 나라의 식민지가 된 적이 없는 또 다른 한 나라는 어디인가?

89. 1898년 미국이 합병한 태평양에 있는 군도는?

84. C 쑨원孫文

보충: 쑨원은 외과 의사 출신으로, 정치가이며 신해혁명을 이끈 혁명가이자 중국 국민당國民黨 창립자이다. 1894년 미국 하와이에서 흥중회를 조직, 이듬해 광저우에서 최초로 거병했으나 실패했다. 민족, 민권, 민생의 삼민주의로 널리 알려져 있다.

85. 제1회 근대 올림픽 대회

86. 쑨원孫文

87. 에티오피아, 또는 아비시니아Abyssinia

보충: 에티오피아는 1931년 전까지 아비시니아라는 국명을 사용하였다.

88. 라이베리아Liberia

89. 하와이

보충: 하와이는 1782년, 카메하메하Kamehameha 1세 이후 왕조 체계가 유지되던 독립국하와이 왕국으로 이곳에 이주한 미국인들이 원주민 왕국을 무너뜨리고 미국과 합병을 추진하는 방식으로 1898년 미국 영토가 되었다.

90. 1898년 영국은 중국 정부에 홍콩과 인근 섬들을 영국에 할양하고 몇 년간 임대하도록 강요하였나?

91. 1898년의 스페인-미국 전쟁의 결과 파리 조약이 체결되었다. 이 조약에 따라 동남아시아, 마리아나제도에 속한 섬, 카리브해 지역의 일부를 비롯하여 미국의 영토로 편입된 섬들이 있다. 이 섬들은?

92. 1898년 쿠바는 스페인의 통치에서 벗어나는 데에는 성공했으나, 결국 또 다른 나라의 지배에 들어갔다. 쿠바를 새로이 지배하게 된 나라는?

93. 1899년부터 1901년까지 일어난 '의화단義和團의 난'에서 의화단은 무엇에 대하여 항거하였나?

94. 의화단이 베이징의 외국 공관들을 포위하자, 8개국은 유례없이 연합 세력을 형성하여 중국 정부를 공격, 공관 지역에서 의화단을 몰아냈다. 이 동맹에는 오스트리아, 프랑스, 독일, 이탈리아, 영국 등이 참여하였는데, 중국에 이익이 걸려 있던 나라로서 이 동맹에 참여한 나머지 세 나라는?

95. 의화단의 난은 실패로 끝났다. 이 난이 중국 정부에 끼친 안 좋은 결과는 무엇인가?

○정답○

90. 99년간 조차_{임대}하여, 1997년 6월 30일 자로 기한이 만료되었다.

91. 필리핀제도, 괌, 푸에르토리코군도

　　보충: 스페인은 전쟁 결과로 체결된 파리 조약에 따라, 푸에르토리코, 괌, 필리핀을 미국에 내주고 쿠바의 독립을 인정했다.

92. 미국

　　보충: 1890년대에 들어와 스페인령 쿠바에서 독립운동이 격하게 일고 이를 스페인이 무력 진압하자 미국이 이 문제를 해결할 것을 스페인에 요구하면서 1898년 스페인-미국 전쟁이 벌어졌다. 이 전쟁에서 미국이 승리, 강화 조약인 파리 조약에 따라 쿠바는 독립_{1902년}하였지만 실질적으로는 보호국화_{1901년~1934년}되었다.

93. 중국의 여러 지방에서 영향력을 확대하고 있던 서양인들

　　보충: 의화단의 난은 청나라 말기인 1899년 11월 2일부터 1901년 9월 7일까지 산둥 지방을 중심으로 비밀 민간 결사 단체인 의화단이 일으킨 외세 배척 운동이다. 당시 서양인들은 무술과 체조를 중요시하는 의화단 단원들을 보고 '권투 선수들 같다'는 의미에서 'Boxer'라고 불렀다.

94. 일본, 러시아, 미국

95. 중국은 서방 국가들에 감당하기 힘든 손해배상을 해야만 했고, 이것은 국민에게 굴욕감과 경제 궁핍이라는 문제를 안겨주었다. 결국 이것은 신해혁명이 일어나는 원인이 된다.

96. 19세기 말, 러시아의 유대인 공동체에 가해지는 조직적인 공격을 일컫는 말은?

97. 1899년 태평양 열도를 놓고 식민지 쟁탈전이 벌어져 사모아_{Samoa}섬은 미국과 또 어느 나라의 영토로 분할되었는가?
A 오스트레일리아   **B** 영국   **C** 독일

98. OX 문제   빅토리아 영국 여왕은 오늘날 유럽 6개 왕국의 선조이다.

99. 인도차이나반도, 즉 동남아시아에서 유럽 국가의 지배를 받거나 식민지가 되지 않은 유일한, 이 **지도** 속의 나라는 어디인가?

100. OX 문제   빅토리아 여왕은 52년간 권좌에 앉아 있음으로써 어느 영국 왕보다 오랜 기간 동안 나라를 통치했다.

○정답○

96. 포그롬_{pogrom}

보충: 포그롬은 러시아어로 '박해'를 의미하는데, 19세기에서 20세기 사이에 러시아 제국에서 발생한 여러 반유대주의 폭동을 가리키는 고유명사가 되었다.

97. C 독일

보충: 19세기 후반부터 당대의 강대국이었던 미국, 영국, 독일이 사모아의 이권을 획득하기 위해 충돌하였다. 이는 사모아의 내전으로까지 발전, 1886년부터 1894년까지 사모아는 열강들의 각축장이 되었다. 3국은 사모아의 전략 거점인 파고파고_{Pago Pago} 항구의 지배권을 둘러싸고 오랜 대치 끝에 1899년에 미국은 사모아 동쪽_{미국령} 사모아을, 독일은 사모아 서쪽_{독일령} 사모아을 차지하고, 영국에게는 태평양의 다른 섬으로 보상하는 조약을 체결하였다.

98. X. 오늘날 빅토리아 여왕의 후손이 다스리는 유럽 왕국은 영국, 덴마크, 노르웨이, 스페인, 스웨덴 등 5개국이다.

99. 태국

100. X. 빅토리아 여왕은 1837년 6월부터 1901년 1월까지, 총 63년 7개월 동안 재위했다.

9장

1900년~1924년

1. 1900년대부터 지금까지 한 혁명적이고 새로운 이론이 물리학의 세계를 바꾸었다. 그 이론은 무엇인가?
   A 빅뱅 이론   B 양자역학   C 분자 화학

2. 다음 국가 중 영국의 '인도 제국'에 속한 나라가 아닌 것은?
   ― 네팔, 파키스탄, 방글라데시, 버마미얀마, 실론스리랑카

3. 1901년 오스트레일리아 내 6개의 식민지는 찬성하고, 뉴질랜드는 반대한 것은 무엇인가?

4. **OX 문제**   유럽 국가들은 군사기술과 공군력을 앞세워 20세기 초 아프리카 식민지에서 일어나는 어떤 반란도 진압할 수 있었다.

5. 1904년에 영국과 프랑스가 맺은 우호 동맹조약은?
   A 앙탕트 에이미어블
   B 앙탕트 앙시앙
   C 앙탕트 코르디알

○정답○

❶. B 양자역학Quantum physics

보충: 원자나 분자 크기 단위 이하의 세계를 다루는 역학으로 컴퓨터 주요 부품인 반도체의 원리를 설명해주는 등 과학기술, 철학, 문학, 예술 등 다방면에 큰 영향을 미쳐 20세기 과학사에서 빼놓을 수 없는 중요한 이론으로 평가된다.

❷. 네팔

보충: 인도 제국Indian Empire, 인도에서는 영국의 지배British Raj라고 부른다은 1877년에 대영제국이 설립한 인도·아亞대륙과 인근 지역을 포괄하는 피식민지 국가이다. 영국은 이처럼 지금의 인도, 파키스탄, 방글라데시, 미얀마, 스리랑카, 아프가니스탄 일부 등을 아우르는 거대한 영토를 인도 제국이라는 하나의 국가 체제 아래에 두었다.

❸. 그들은 오스트레일리아 연방Commonwealth of Australia이라는 연방국을 이루었다.

보충: 오스트레일리아는 1901년 1월 1일에 뉴질랜드를 제외한 대륙 내 6개의 식민지 연합으로 구성된 연방 국가로 독립하였다.

❹. O

❺. C 앙탕트 코르디알Entente Cordiale

보충: '앙탕트 코르디알'은 1904년 4월 8일 영국과 프랑스가 공동의 적이었던 독일 제국의 진출을 방지하기 위해 식민지에 관해서 맺은 협정으로, '영불 협상英佛 協商'이라고 부른다.

6. 1902년 오빌 라이트와 윌버 라이트 형제가 달성한 업적은?

7. **OX 문제** 독일령 남서아프리카나미비아Namibia의 옛 이름에서 1904년부터 1907년까지 외세에 항거하여 봉기한 결과, 토착 헤레로Herero족 총 인구의 75%가 죽었다.

8. 1904년, "전쟁은 정말 재미있는 역사를 만들지만, 평화시대의 이야기는 따분하다."라고 쓴 사람은?
A 미국 대통령 테오도어 루즈벨트
B 영국 작가 토마스 하디　**C** 마하트마 간디

9. 1904년 10월 21/22 밤, 이른바 도거뱅크Dogger Bank 사건에서 러시아 해군 함정은 북해에 정박 중인 영국 저인망 선단에 포격을 가해, 3명의 어부를 살해했다. 러시아 함정은 그 어선단을 (자신들이 두려워하는) 무엇으로 오인했나?
A 영국 해군 함정　**B** 독일 해군 함정　**C** 일본 해군 함정

10. 1905년 결국 공식적으로 분리된 스칸디나비아반도의 두 나라는?

11. 1905년, 러시아에서는 다양한 집단에 의해 절대 왕정에 항거하는 시위가 많이 일어났고 이것은 '1차 러시아 혁명일명 '피의 일요일 사건'이라고 불린다'이라고 불리는 사건으로 이어졌다. 이 와중에 선상 반란을 일으켜 이런 시위 행렬에 동참한 사건이 일어났는데 이 전함의 이름은?

12. 1905년에 일어난 봉기로 인해, 러시아 황제 니콜라이 2세의 절대 왕정에 변화가 일어났다. 그 변화는?

○정답○

❻. 최초의 동력 비행을 성공시켰다.

❼. O

❽. B 《제왕들The Dynasts》에서 토마스 하디가 한 말이다.

❾. C 일본 해군 함정. 이 사건은 1904~05년에 걸친 러일전쟁 중에 발생했다. 러시아는 일본 해군의 위협적인 어뢰정이 세계 도처의 바다에 배치돼 있을 것으로 생각했다.

보충: 도거뱅크 사건은 러시아의 발트 함대가 러일전쟁 때 극동으로 향하다가 북해의 도거뱅크 부근에서 1904년 10월 21일 자정부터 다음 날 새벽까지 영국 어선을 공격하여 어부들을 살해한 사건이다. 이 사건으로 대영제국과 러시아 제국 간의 전쟁이 터질 뻔했다.

❿. 노르웨이와 스웨덴

보충: 노르웨이는 덴마크-노르웨이 연합국가의 일부였다. 1814년 나폴레옹 전쟁에 이어 스웨덴과의 연합을 통해 독립국이 됐다. 이 스웨덴-노르웨이 연합 왕국은 1905년에 노르웨이가 독립하기 전까지 지속하였다.

⓫. 전함 포템킨Battleship Potemkin

⓬. 그는 국민의 투표로 뽑는 입법 기구, 즉 두마Duma를 창설하라는 요구를 받아들였다. 이것은 선거를 통한 의회 정치를 구현하는 첫걸음이었다. 그러나 그는 이 기구의 권한을 제한하였다.

13. "과거를 기억하지 못하는 자는 과거를 반복하기 마련이다." 1905년 이 명언이 처음 글로 기록되었고, 그 후 수많은 사람이 모방하고 변형하여 사용하게 되었다. 처음으로 이 글을 쓴 사람은?

A 오스트리아 정신분석학자 지그문트 프로이트

B 독일 물리학자 알베르트 아인슈타인

C 스페인 태생의 미국 철학자 조지 산타야나

14. 이 물리학자는 누구인가? 과학자들이 1905년을 '아누스 미라빌리스 Annus Mirabilis, '기적의 해'라는 뜻'라고 부르는 이유는 무엇인가?

15. OX 문제 1905년 페르시아에서 혁명이 일어나 이 나라에서 최초로 의회와 헌법이 탄생하였다.

16. OX 문제 핀란드는 1906년 여성에게 참정권을 부여한 최초의 유럽 국가가 되었다.

17. 1907년 영국, 프랑스와 함께 이른바 '삼국 협상Triple Entente'을 결성한 나라는?

18. 1907년 영국과 러시아는 중앙아시아의 한 나라를 점령 후 그것을 여러 세력권으로 분할하였고, 이를 계기로 양국 간의 오랜 경쟁을 일컫는 이른바 '그레이트 게임The Great Game'을 종식했다. 그 나라는 어디인가?

A 아프가니스탄   B 페르시아이란   C 투르크메니스탄

○정답○

⓭. C 스페인 태생의 미국 철학자 조지 산타야나_{George Santayana}

⓮. 아인슈타인. 그는 1905년에 특수 상대성 이론과 광자에 대한 설명을 포함, 4개의 중요한 논문을 발표했다.

⓯. O

⓰. O

⓱. 러시아

　보충: '삼국 협상'은 영국과 프랑스, 러시아 제국, 이 세 나라가 독일, 오스트리아-헝가리 제국, 이탈리아가 결성한 '삼국동맹'에 대항하기 위하여 제1차 세계대전 이전에 맺은 동맹 관계를 일컫는 말이다.

⓲. B 페르시아_{이란}

19. 1908년 오스트리아-헝가리 제국은 오스만 튀르크가 지배하던 유럽의 두 지역을 병합했다. 이 두 지역은 제1차 세계대전이 터지는 도화선이 된다. 이 두 지역은 어디인가?

20. 1908년 절대 왕정인 오스만 제국을 무너뜨린 정치적 개혁가 집단은 어떤 이름을 얻었나?

21. 1908년에 중동에서 처음 발견된 중요한 자원은 무엇인가?

22. 1910년, 31년간 집권했던 멕시코 대통령 포르피리오 디아스Porfirio Díaz는 선거 결과를 자신에게 유리하게 조작했다. 그 후 벌어진 사건은?

23. 1910년 남아프리카 내의 여러 식민지가 연합하여 '남아프리카 연방 The Union of South Africa'이 결성되었을 때, 소수 백인에게 얼마만큼의 영토가 할당되었나?
A 10%   **B** 50%   **C** 90%

24. 판초 비야Pancho Villa와 에밀리아노 사파타Emiliano Zapata가 무장 투쟁을 벌였던 혁명의 이름은?

○정답○

⑲. 보스니아Bosnia와 헤르체고비나Herzegovina

⑳. 영 턱스Young Turks

보충: '젊은 터키인들'이라는 뜻으로 혁명을 갈망하는 터키의 급진적인 젊은이들 집단을 가리킨다. 이후 '변화를 갈망하는 역동적인 젊은이들, (혁신을 외치는) 젊은 장교단, 급진적 개혁파' 등을 뜻하는 일반명사가 되었다.

㉑. 페르시아이란에서 발견된 석유

㉒. 멕시코 혁명이 일어났다.

보충: 1910년 멕시코에서 장기 집권하던 포르피리오 디아스에 대항하여 프란시스코 마데로Francisco Madero가 일으킨 반란으로 촉발된 혁명이다.

㉓. C 90%

보충: 남아프리카 연방은 오늘날 남아프리카공화국의 전신으로, 1910년부터 1961년까지 아프리카 대륙 남단부에 존속했던 나라이다.

㉔. 멕시코 혁명

보충: 프란시스코 마데로Francisco Madero가 정당한 민주주의적 절차에 의한 새로운 대통령 선택, 외세 배척, 농지 개혁 등을 주장하며 일으킨 혁명이다. 마데로의 호소에 부응하여 수많은 지식인, 중산계급, 농민지도자들이 일거에 멕시코 역사 전면에 부상하게 되었다. 그들의 지지를 얻은 판초 비야와 사파타는 멕시코 혁명 최고의 영웅이었다. 결국 혁명군은 1911년, 연방군을 물리치고 마데로를 대통령으로 선출하는 데 성공했다.

25. OX 문제   포르투갈에서 공화제를 주창하는 혁명이 성공한 뒤 이 나라에서는 1910년부터 1926년까지, 총 45개의 정부가 들어섰다.

26. 1911년 중국에서 2000년간 유지되어 오던 것이 끝났다. 그것은?

27. 중국의 신해혁명 이후, 무관 출신의 위안스카이Yuan Shikai가 제위의 욕심을 냈던 과도기에 중국에 새로운 정부를 성립하려고 했던 단체는?

28. 1912년 무렵, 본명이 이오시프 주가슈빌리Joseph Dzhugashvili인 이 그루지야 태생의 **러시아 혁명가**는 스탈린Stalin이라는 이름을 쓰고 있었다. '스탈린'의 의미는 무엇인가?

29. 다음 나라 중 '발칸 동맹'의 가맹국이 아닌 나라는? 이 동맹은 1912년 오스만 제국에 대항하는 전쟁을 일으켜, 발칸반도 대부분을 오스만 제국의 지배로부터 해방했다.
— 불가리아, 그리스, 몬테네그로, 세르비아, 슬로바키아

30. 1914년경, 거주 가능한 지구상 영토 중 유럽 국가들이 지배한 면적은?
A 20%   **B** 50%   **C** 85%

31. 1914년 오스만 제국으로부터 독립 요구 선언문을 발표한 민족은?

32. OX 문제   제1차 세계대전을 촉발한 사건은 바르샤바에서 한 폴란드 분리주의자가 독일 제국의 황태자를 암살한 사건이었다.

○정답○

㉕. O

㉖. 전제주의적제국적 통치 체제가 신해혁명辛亥革命을 통해 무너졌다.
　　보충: 신해혁명은 1911년 청나라를 무너뜨리고 중화민국을 성립시킨 혁명으
　　　　로, 중국 역사상 처음으로 공화국을 수립한 혁명이기 때문에 '공화혁명'
　　　　이라고도 불린다.

㉗. 국민당, 또는 KMTKuomintang의 약어

㉘. 강철 같은 사람Man of Steel

㉙. 슬로바키아
　　보충: 발칸 동맹은 터키오스만 제국에 대해 제1차 발칸 전쟁을 일으킨 불가리
　　　　아·세르비아·그리스·몬테네그로의 4국 동맹을 말한다. 전후戰後에 영토
　　　　분할을 놓고 반목을 거듭하다 해체되었다.

㉚. C 전체 영토의 85%

㉛. 아랍 민족

㉜. X. 1차 세계대전은 세르비아의 민족주의자가 보스니아의 수도 사라
　　예보에서 오스트리아-헝가리 제국의 황위 계승자인 프란츠 페르디난
　　드Franz Ferdinand를 암살한 사건이 도화선이 되었다.

33. OX 문제 독일은 이른바 '슐리펜 플랜Schlieffen Plan'을 만들어 전쟁에 대비하였다. 이 계획은 한쪽에서는 독일-프랑스 국경을 정면으로 돌파하고, 다른 한쪽에서는 벨기에를 통하여 우회 공격하는 양면 공격 전술로 프랑스를 단기간에 격파하는 상세한 계획이었다.

34. OX 문제 제1차 세계대전 당시, 개전 초기 벨기에를 통한 독일군의 진격에 밀려 연합군은 파리에서 불과 50km 떨어진 마르느Marne강으로 후퇴했다. 독일군에 대한 반격 작전을 준비하는 과정에서 프랑스는 예비군 병사들을 택시로 수송했다.

35. 러시아는 병력을 신속하게 동원, 동프로이센을 침공함으로써 독일을 경악하게 했다. 독일이 러시아군을 격퇴한 1915년 8월의 전투를 일컫는 것은?
A 탄넨베르크 전투   **B** 토이토부르크 전투   **C** 탄넨바움 전투

36. 1914년 9월과 10월에 있었던 '바다로의 경주Race to the Sea 전투'란?

37. 제1차 세계대전 기간에 '서부 전선' 같은 종류의 피비린내 나는 전쟁터가 되어 곤욕을 치른 나라들은 어디인가?

○정답○

㉝. O. 이 계획에는 세심한 시간표가 포함돼 있었으나, 실제로 전투는 시간표대로 전개되지 않았다.

　보충: 슐리펜 플랜은 독일의 참모총장인 슐리펜이 세운 작전계획으로 1905년 12월 작성해 제1차 세계대전 초반의 양상을 결정지었고, 제2차 세계대전의 프랑스 침공 전략에도 상당한 영향을 주었다.

㉞. O. 그들은 파리까지는 기차로, 그다음부터는 택시로 이동했다.

㉟. A 탄넨베르크Tannenberg 전투

　보충: 토이토부르크Teutoburg는 독일 북부에 있는 삼림 지대로 게르만인이 로마인을 격파한 옛 싸움터이고, 탄넨바움Tannenbaum은 독일어로 크리스마스 트리로 쓰이는 전나무를 뜻한다.

㊱. 적의 후미를 봉쇄하려는 독일군과 영불 연합국 양 진영의 같은 작전 시도. 그 결과, 양 진영이 대치한 전선이 북해 쪽으로 이동했고 이때부터 서부 전선이 장기간의 참호전으로 굳어졌다.

㊲. 프랑스와 벨기에. 양 진영이 참호를 주로 이 두 나라 영토에 팠다.

38. OX 문제 독일군은 1915년 4월 2차 이프르Ypres 전투에서 사상 처음으로 독가스염소chlorine를 사용했다.

39. 1915년 이탈리아는 국경을 맞대고 있는 오스트리아-헝가리 제국의 영토를 전후에 할양받으려는 생각으로 연합군 측에 가담하였다. 그때부터 1917년까지 이탈리아는 오스트리아-헝가리 제국군과 슬로베니아와 이탈리아에 걸쳐 흐르는 이존초Isonzo강을 따라 많은 교전을 벌였다. 이존초 전투는 모두 몇 차례에 걸쳐 벌어졌나?

A 2번 **B** 5번 **C** 12번

40. 1915년 오스만 제국이 조직적으로 학살한 민족은?

41. 제1차 세계대전이 터진 후, 오스만 제국이 독일과 오스트리아-헝가리 제국 편에 가담하자 영국은 이집트 원정군을 편성하여 매우 중요한 운송로를 안전하게 지키려고 했다. 그것은?

42. OX 문제 영국이 파견한 이집트 원정군에는 코끼리를 타고 움직이는 부대도 있었다.

43. 1915년 영국은 매우 중요한 아랍의 지도자이자, 메카의 왕Emir of Mecca, Emir는 아랍의 '왕족 통치자'인 후세인Hussein에게 터키의 철도망과 군 보급선을 공격하도록 부추겼다. 아랍의 공조에 대한 반대급부로 영국이 제의한 것은?

44. 튀르크 제국에 대항하는 아랍인들을 지원하기 위해 그들과 합동 작전을 펼치도록 영국이 파견한 정보 장교는?

○정답○

38. **O.** 프랑스 증원군은 독가스가 살포된 전선에 배치되었다.

보충: 프랑스군은 하늘에 가스 구름이 뜨자 그것을 독일군이 피운 연막이라고 판단, 증원군을 요청했고 그 바람에 독가스에 노출된 프랑스 병사의 숫자만 늘어나는 결과가 되었다.

39. **C** 12번

40. 아르메니아인_{Armenians}

보충: 자국의 영토에 거주했던 기독교계 아르메니아인을 박해했다. 제1차 세계대전 중 튀르크족 경찰이 250명의 아르메니아 지도자들을 처형한 데 이어 8년간에 걸쳐 모두 150만 명이 넘는 대학살을 자행했다.

41. 수에즈 운하_{Suez Canal}

42. **X.** 하지만, 낙타 보병 여단_{Camel Corps Brigade}은 있었다.

43. 오스만 제국으로부터 아랍의 독립을 지원하겠다고 제의했다.

44. 토머스 에드워드 로렌스_{일명 아라비아의 로렌스, Lawrence of Arabia}

보충: 그는 아라비아인을 위해 헌신적으로 활약하여 아랍인들로부터 '아라비아의 로렌스'라는 칭호를 받았다. 그와 전선에서 생사고락을 함께했던 파이살 왕자는 전후_{戰後}, 이라크 왕으로 즉위하였다_{파이살 1세}. 그는 영국 정부가 전후, 아랍의 독립을 지원하겠다는 약속을 지키지 않은 것에 실망하여 은둔 생활을 하다 오토바이 사고로 죽었다.

45. 1차 대전 중 연합군은 어떤 지역에서 터키에 대한 공격을 감행했으나 이 작전은 참담한 실패로 끝났고, 결국 수천 명의 영국, 프랑스, 오스트레일리아, 인도, 세네갈과 뉴질랜드 병사들이 희생되었다. 그곳은 어디인가?

46. 이 바다를 방어한 터키군의 지휘관은 누구인가?

47. 이 포스터에서 영국의 전쟁부 장관인 키치너 경 Lord Kitchener은 영국 젊은 이들에게 무엇을 하라고 호소했나?

48. 1916년 "역사는 크고 작은 허튼소리다History is more or less bunk."라고 말한 미국 기업인은 누구인가? 그는 또 "검은색이 최고다. 검은색으론 어떤 색깔도… 쉽게 만들 수 있다"라는 말도 남겼다.

49. 제1차 세계대전 당시, 1916년 2월부터 12월까지 10개월간 지속한 최장의 전투는?
A 몽스 전투   **B** 베르됭 전투   **C** 캉브레 전투

○정답○

㊺. 갈리폴리반도Gallipoli peninsula

보충: 갈리폴리반도는 터키오스만 제국 유럽 지역과 동부 트라키아에 위치한 반
도로, 제1차 세계대전 때 영국, 프랑스 연합군은 일련의 상륙 작전을 벌
였으나 터키군의 반격과 기뢰 등으로 인해 참패하였다.

㊻. 무스타파 케말Mustafa Kemal. 그는 전후 성공적인 정치가가 되었다.

보충: 터키 공화국의 건국자이자 초대 대통령이다. 제1차 세계대전 당시, 갈
리폴리 전투에서 영국과 프랑스 군대의 공세를 저지하는 빛나는 업적을
이루었다. 그의 별명인 아타튀르크Atatürk는 '터키의 아버지'라는 뜻.

㊼. 그는 영국 남자들에게 군대에 자원입대할 것을 독려했다.

㊽. 헨리 포드Henry Ford

보충: 포드는 컨베이어 벨트를 활용한 연속 조립 생산방식을 도입, 최초의 대
중용 승용차인 T1 모델을 대량생산하는 데 성공하였는데 이 모델을 검
은색으로만 출시했다. 검은색으로 출시하면 차주가 차 색깔을 다른 색
으로 바꿔 칠할 때 편하고, 검은색 페인트는 다른 색깔보다 일찍 말라
출시까지 앞당길 수 있다는 이유에서였다.

㊾. B 베르됭Verdun 전투

보충: 1916년 2월부터 10개월 동안 프랑스 북동부의 베르됭쉬르뫼즈Verdun-
sur-Meuse 고지에서 프랑스와 독일 육군 사이에 벌어진 전투로, 서부 전
선에서 가장 치열한 전투 중 하나로 꼽힌다. 몽스Mons, 벨기에 남서부의 도시
와 캉브레Cambrai, 프랑스 북부의 도시 역시 제1차 세계대전의 격전지이다.

50. 1916년 7월 1일에서 18일까지 이어진, 아래 지도 속에 표시된 교전 형태는?

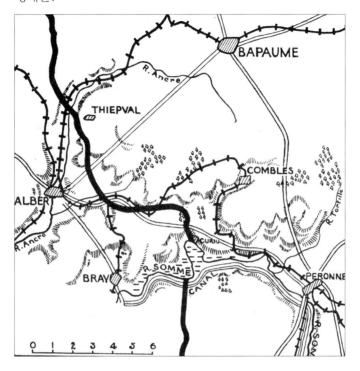

51. 제1차 세계대전 당시 참호 속에서 생활하던 영국군 병사들이 발행한 신문 이름은?

52. 독일 잠수함을 유보트U-boat라고 부른다. 그 이유는?

53. 1916년에 체결된 사이크스피코Sykes-Picot 협정은 무엇인가?

54. 제1차 세계대전 당시, 최고의 항공전 승률을 기록한 독일 전투기 조종사, 만프레트 폰 리히트호펜Manfred von Richthofen의 별명은 무엇인가?

○정답○

50. 솜Somme 전투

보충: 1916년 서부 전선에서 벌어진 솜 전투는 프랑스의 솜강 북쪽 30km에 걸친 전선을 무대로, 1916년 7월 1일에 시작되어 11월 18일까지 계속되었고, 전투 첫날 58,000여 명에 달하는 영국군 사상자가 발생한 전투 (그때까지 하루 사상자 기록으로는 최고 기록이었다)로 잘 알려져 있다.

51. 《와이퍼스 타임스The Wipers Times》

보충: 1916년 초 벨기에 이프레Ypres의 전선에 배치되어 있던 12대대 소속 병사들은 한 폐건물에서 벨기에 시민이 버리고 간 인쇄기를 발견했다. 인쇄업자 출신인 한 하사관이 이 기계를 수리해서 샘플 신문을 만들었는데, '이프레'를 영국식으로 발음한 '와이퍼'가 신문의 이름이 되었다.

52. 잠수함을 뜻하는 독일어 'Unterseeboot영어로는 under sea boat'에서 앞글자를 따 유보트라고 불렀다.

53. 제1차 세계대전 이후 오스만 제국이 통치했던 아랍 영토를 분할 지배하기 위해 영국과 프랑스가 맺은 비밀 조약

54. 붉은 남작Bloody Red Baron

보충: 제1차 세계대전 당시 독일 제국 공군 '최고의 에이스'였다. 그는 80번의 항공전 승리를 공식적으로 인정받았다. 1918년 4월 21일 프랑스 북부 아미앵에서 격추될 때까지, 독일의 영웅으로 추앙받았으며, 적군에게도 매우 잘 알려진 조종사였다.

55. 미국이 연합군에 가담하여 제1차 세계대전에 공식적으로 참전한 때는?

56. 미국이 제1차 세계대전에 참전할 당시의 대통령은?

A 시어도어 루스벨트　**B** 프랭클린 D. 루스벨트　**C** 우드로 윌슨

57. 미국이 제1차 세계대전에 참전한 계기 중에는 1917년 1월 영국 정보부가 이른바 '치머만 전보'를 폭로한 후 터진 분노가 한몫했다. 이것은 독일이 멕시코에 동맹을 제의하는 내용으로, 독일은 멕시코가 연합군을 격퇴하는 데 지원하면 무엇을 돕겠다고 제의했나?

58. 1917년 7월부터 11월에 끝난 파스샹달Passchendaele 전투는 플랑드르 벨기에, 네덜란드 남부, 프랑스 북부에 걸친 지역에서 무려 85만의 사상자가 발생한, 이 지역 역사상 가장 인명 피해가 컸던 전투로 알려져 있다. 이 전투에서 독일군이 사상 처음으로 사용한 독가스는?

59. 파스샹달 전투는 이프르Ypres에서 벌어진 전투 중의 하나이다. 이프르에서 양 군이 격돌한 몇 번째 전투인가?

A 제1차 이프르 전투　**B** 제2차 이프르 전투　**C** 제3차 이프르 전투

60. 러시아 제국의 마지막 황제는?

61. 오른쪽 사진에 보이는, 이 비극적인 왕가는?

○정답○

㊵. 1917년 4월

㊶. C 우드로 윌슨Woodrow Wilson

㊷. 독일은 멕시코가 텍사스, 뉴멕시코, 아리조나 등 옛 영토를 되찾을 수 있게 해주겠다고 제의했다. 영국은 독일 외무장관 아르투르 치머만Arthur Zimmerman이 멕시코 주재 독일 대사에게 보낸 암호 전문을 도청하였다.

㊸. 머스터드가스Mustard Gas

㊹. C 제3차 이프르 전투

㊺. 니콜라스 2세

㊻. 러시아 혁명 이전에 촬영한 러시아 왕실 가족들의 모습이다.. 이들은 모두 1918년에 혁명군에 의해 처형되었다.

62. 1917년 10월에 일어난 러시아 혁명은 '볼셰비키 혁명' 또는 '10월 혁명'이라고 불린다. 하지만 이 혁명의 또 다른 이름은 11월 혁명인데, 이렇게 불리는 이유는?

63. 공산 러시아의 최초 지도자인 이 사람은?

64. 공산 러시아가 1922년 공식 국가명으로 채택한 USSR은 무슨 말의 약자인가?

65. '소비에트soviet'의 의미는?

66. 1917년에 선포되어, 이후 중동 정세에 엄청난 파문을 일으킨 '밸푸어 Balfour 선언'이란?

67. 제1차 세계대전이 공식적으로 종식된 날짜와 시각은?

68. 1918년 연합군과 독일은 제1차 세계대전을 끝내는 휴전 협정을 어디에서 했나?

○정답○

62. 러시아 혁명의 발생일은 과거에 쓰던 율리우스력율리우스 카이사르가 도입하여, 그레고리력으로 대체되기 전까지 사용된 태양력으로 따지면 10월 25일이다. 하지만 1918년에 러시아가 그레고리력이라는 새로운 달력 체제를 도입하였고, 이에 따라 이 혁명의 발생일이 2주 뒤로 늦추어져 11월 7일로 변경되었다.

63. 블라디미르 레닌Vladimir Lenin

64. 소비에트 사회주의 연방 공화국Union of Soviet Socialist Republic

65. 평의회. 러시아 혁명 이전에는 관리들로 구성된 평의회, 혁명 이후에는 선출된 대의원으로 구성된 평의회를 의미한다.

66. 유대인들이 팔레스타인 지역에 국가를 건설하는 계획을 지원한다는 영국 정부의 선언
보충: 밸푸어는 1917년 당시 영국 외무장관의 이름이다.

67. 1918년 11월 11일 오전 11시, 즉 열한 번째 달 열한 번째 날 열한 번째 시각에 끝났다.

68. 프랑스 북부 콩피에뉴Compiègne 숲에 있는 열차의 객차 안에서
보충: 이 휴전 협정에 따라 전투는 중단되었으나 전면적 평화 협정은 그 이듬해에서야 조인되었다.

69. 유럽의 지도는 제1차 세계대전 이후, 많은 새로운 국가가 창설되면서 완전히 다시 작성되었다. 핀란드, 에스토니아, 체코슬로바키아, 유고슬라비아 등이 이때 건국하였다. **아래 지도에** ①로 표시된 나라는 오랜 세월 동안 강력한 이웃 나라들에 복속되었다가 1차 대전 이후, 독립을 부여받았을 뿐 아니라, 발트해로 이어진 기다란 회랑 모양의 영토를 확보하게 되어 바다로 진출할 수 있게 되었다. 또 프로이센 지역을 독일 제국 본토와 분리하는 결과를 낳았다. 이 나라는?

70. 서부 전선보다 동부 전선에서 전쟁이 더 일찍 종식된 이유는?

71. 제1차 세계대전을 공식적으로 종식한 조약의 이름은?

72. 제1차 세계대전을 종식하는 강화 조약이 체결된 방은?
A 빛의 방   **B** 화염의 방   **C** 거울의 방

73. OX 문제   제1차 세계대전을 종식한 조약은 독일, 오스트리아, 오스만 제국의 영토를 분할하고 독일에 거액의 배상금 지급을 강요하는 내용이 담겨 있었다.

○정답○

69. 폴란드Poland

　보충: 프로이센(정확히는 동프로이센)은 옛 독일 제국의 동북부에 위치한 지역으로 이른바 '폴란드 회랑Polish Corridor'에 의해 독일과 분리되었다. 이렇게 독일 제국 본토와 동프로이센이 분리되면서 독일인의 반감을 샀고, 이후 아돌프 히틀러는 폴란드 회랑을 구실로 2차 세계대전 개전을 알리는 폴란드 침공을 감행하였다.

70. 러시아 혁명 이후, 1918년 러시아는 전선에서 철수하고 적대 행위를 종식하였기 때문이다.

71. 베르사유Versailles 조약

72. C 거울의 방Hall of Mirrors

　보충: 1919년 6월 28일 파리 근교 베르사유 궁전의 '거울의 방'에서 패전국 독일의 처리 방법이 담긴 베르사유 조약이 조인되었다. 48년 전인 1871년에 프로이센이 프랑스를 굴복시키고 통일 독일 제국을 선포했던 바로 그 장소이다.

73. O

74. 제1차 세계대전에서 희생된 사람들의 숫자는 대략 얼마인가?

    A 150만 명   **B** 1500만 명   **C** 1억 5000만 명

75. 영국에서 여성에게 참정권이 부여된 1918년, 남성들의 경우 21살 이상이면 모두 투표권이 주어졌다. 그런데 여성 유권자에게는 제약이 있었는데 어떤 것이었나?

76. 1919년 중국에서 일어난 5·4 운동은 무엇인가?

77. 제1차 세계대전 이후, 팔레스타인이나 시리아 같은 아랍 국가들은 어떻게 되었나?

78. 1차 세계대전에서 승리한 연합국들은 오스만 제국의 영토를 분할할 당시 기존의 부족 간, 인종 간 혹은 종파 간의 국경에 신경을 쓰지 않았다. 예를 들어 이라크는 오스만 제국이 지배할 당시 3개의 이질적 집단이 지배하고 있는 3개의 주가 통합되어 건국되었다. 이 세 집단은? 이라크 내에서 이들 간의 분쟁은 오늘날까지도 지속되고 있다.

79. 메카 왕의 아들로 제1차 세계대전에서 영국을 위해 오스만 제국과 투쟁했고, 나중에는 프랑스의 시리아 지배에 항거하는 투쟁을 이끌었다. 결국 영국에 이 지역의 전반적인 통치권을 인정한 국제연맹의 위임에 따라 이라크 통치자 역할을 수락한 **아랍 왕자**는?

    A 알라딘   **B** 알리바바   **C** 파이살

74. B 1500만 명

75. 집을 소유한 30살 이상의 여성들에게만 투표권이 부여되었다.

76. 독일이 점령하고 있던 중국 내 영토를 일본에 넘겨주는 베르사유 협정에 대한 대규모 항의 시위. 이 사건을 계기로 중국 내에서 공산주의가 퍼졌다.

　보충: 5·4 운동은 1919년에 조선의 3·1 운동1919년 영향과 러시아 혁명1917년 영향을 받아 중화민국에서 일어난 반제국주의·반봉건주의 운동으로, 중국 공산당 역사에서 신민주주의 혁명의 출발점으로 평가되기도 한다.

77. 이들 국가는 오스만 제국의 지배에서 벗어났으나, 국제연맹의 위임을 받은 프랑스와 영국 통치하에 들어갔다.

78. 시아파 회교도, 수니파 회교도, 그리고 쿠르드Kurds족

79. C 파이살Feisal

80. 제1차 세계대전이 끝난 뒤 독일 제국의 황제는 어떻게 되었나?

81. 1919년 독일 제국을 계승한 독일 정부의 이름은?

82. 1919년 제1차 세계대전보다 더 많은 인명을 앗아간 사건이 발생했다. 이 사건은?

83. 1919년에서 1921년까지 벌어진 아일랜드 독립 전쟁이 끝난 뒤, 아일랜드섬의 남부 지방은 영국으로부터 독립했다. 이 새로운 나라가 처음 채택한 국명은?

84. 유엔UN의 전신으로, 1920년 탄생한 국제기구의 이름은?

85. 제1차 세계대전으로 인한 충격 때문에 유럽의 왕실 중 하나는 1920년에 가문의 이름을 독일계 조상의 후손을 나타내는 작센·코부르크·잘펠트Saxe-Coburg-Saalfeld에서 민족주의적 색채가 드러나는 이름으로 바꾸었다. 이 왕실이 속한 나라는?

86. 이보다 몇 년 앞서, 또 다른 유럽 국가의 왕실도 가문의 이름을 독일어 발음이 나는 작센·코부르크·고타Saxe-Coburg-Gotha에서 자신들의 국가적 정체성을 풍기는 이름으로 바꾸었다. 그 왕실의 국적은 무엇이고 그들이 선택한 가문의 이름은?

87. 1920년 인도 국민회의Indian National Congress, 즉 나라의 통치에 더 많은 인도인의 참여를 주장하는 운동 조직의 지도자로 등장한 인물은?

80. 시민들의 봉기가 일어난 뒤 폐위되어 중립국인 네덜란드에서 망명 생활을 시작하였다.

81. 바이마르 공화국_{Weimar Republic}

보충: 1918년 11월 7일에 발생한 혁명으로 독일 제국이 붕괴하고 1919년 8월에 바이마르에서 소집된 의회에서 새 헌법이 채택되어 '바이마르 공화국'이 공식적으로 출범했다.

82. 전 세계를 휩쓴 유행성 독감

보충: 1918년에서 1919년까지 전 세계를 휩쓴 이른바 '스페인 독감'으로 적게는 5000만 명에서 많게는 1억 명에 이르는 사람이 죽은 것으로 추정된다. 이는 1차 대전에서 희생된 숫자인 1500만 명보다 3배 이상 많은 수치이다.

83. 아일랜드 자유국_{Irish Free State}

84. 국제연맹_{the League of Nations}

85. 벨기에

86. 영국 왕실이며, 이들은 가문 명을 윈저_{Windsor}로 바꾸었다.

87. 마하트마 간디_{Mahatma Gandhi}

88. OX 문제 1920년대 초, 유럽 국가들이 무너진 경제를 다시 일으키기 위해 고군분투하고 있을 때 미국은 호황을 누렸다. 이는 유럽 국가들이 전시에 빌려 간 거액의 차관을 갚고 있었다는 것도 이유 중 하나이다.

89. 1920년대 중반, 경제가 회복되면서 사회적·경제적으로 활기가 넘쳤던 시기를 표현하는 말은?

90. 1921년 독일 나치당의 지도자로 부상한 인물은?

91. 나치Nazi라는 말은 무슨 뜻인가?

92. 1921년부터 1923년까지, 자국의 화폐가 지나치게 평가 절하되어 국민들이 봉급으로 받은 돈을 손수레에 싣고 집으로 운반해야 했던 나라는?

93. 1922년 이집트에서 발견된 사진 속 거대한 무덤은 누구의 것인가?

94. 1923년 뮌헨에서 일어난 쿠데타를 일컫는 사건은?
A 댄스홀 폭동
B 맥주홀 폭동
C 볼링장 폭동

○정답○

88. O

89. 광란의 20년대Roaring Twenties

90. 아돌프 히틀러Adolf Hitler

91. 국가사회주의 독일 노동자당Nationalsozialistische Deutsche Arbeiterpartei을 의미한다.

92. 독일

93. 파라오 투탕카멘Tutankhamen의 무덤

94. B 맥주홀 폭동

보충: 1923년 11월 8일, 총기를 소지한 충성파 나치 당원들이 정부 청사 건물과 바이에른 공화국 장관들이 회의하고 있던 뮌헨의 맥주홀에 난입하여 정권 탈취를 시도한 사건. 이 폭동은 치밀하지 못한 탓에 실패로 돌아갔고 히틀러는 9개월 동안 투옥되었다. 그가 이 투옥 기간에 쓴 책이 유명한 《나의 투쟁》이다.

95. 남아프리카 공화국 원주민 국민회의South African Native National Congress가 1923년에 새롭게 채택한 이름은?

96. 아돌프 히틀러의 기본적인 정치 철학이 담겨 있는 회고록 제목은?

97. OX 문제 히틀러는 독일이 경제적 고통을 겪는 원인을 유대계 대기업, 공산주의자들, 그리고 베르사유 조약에 의해 독일에 강요된 가혹한 종전 조건의 탓으로 돌렸다.

98. 오스만 제국이 터키 공화국으로 바뀐 해는?
A 1918년 **B** 1920년 **C** 1923년

99. 1920년대 남아프리카 공화국에서 롤리랄라Rolihlahla라는 호사Xhosa족 출신의 소년이 당시 관습에 따라 학교에서 새로운 유럽식 이름을 부여받았다. 그의 경우, 유명한 영국 장군의 성을 받았는데, 롤리랄라보다 훨씬 널리 알려진 그의 이름은?

100. 1924년 레닌이 죽자, 치열한 권력투쟁 끝에 USSR 내에서 지배력을 확고히 다지고 결국 강력한 독재자로 등장한 이 정치인은?

○정답○

95. 아프리카 국민회의ANC—African National Congress

보충: 아프리카 국민회의는 남아프리카 공화국의 사회민주주의 정당이다. 아파르트헤이트인종분리정책 체제에 저항하기 위한 일종의 지하 조직으로 출발하였으나, 아파르트헤이트 체제가 폐지되고 남아프리카 공화국이 민주화된 후, 합법 정당이 되었다.

96. 《나의 투쟁Mein Kampf》

97. O

98. C 1923년

99. 넬슨 만델라Nelson Mandela

100. 스탈린Stalin

10장

1925년~1945년

1. 1925년 중국의 민족주의적 혁명가 쑨원孫文이 죽은 뒤, 국민당을 이 끈 사람은?

2. 1926년 헤자즈Hejaz라는 아랍 왕국은 나라 이름을 바꾸었다. 이 나라 는 지금 어떤 이름으로 불리나?
   A 아랍에미리트 연합   B 예멘   C 사우디아라비아

3. 1926년 포르투갈에서 군사 쿠데타를 일으킨 후, 파시즘 정부의 수반 이 되어 정권을 잡은 이 사람은?
   A 안토니우 드 올리베이라 살라자르
   B 피 멘데 데 카스트로
   C 시도니오 파이스

4. 1927년 중국에서는 어떤 군사적 충돌이 시작되었나?

5. 1929년 엄청난 폭락이 있었다. 무엇의 가격이 폭락했고 그 결과 발생 한 사건은?

○정답○

❶. 장제스蔣介石

❷. C 사우디아라비아

　보충: 아랍에미리트 연합은 아라비아반도 연안에 7개 토후국으로 이뤄진 연
　　방 국가

❸. A 안토니우 드 올리베이라 살라자르António de Oliveira Salazar

❹. 국공 내전國共 內戰, 공산당과 중국 대부분을 지배하고 있던 국민당의
　내전

❺. 뉴욕 월스트리트에 있는 증권거래소에서 주가가 폭락하였고, 이것은
　대공황으로 이어졌다.

6. **OX 문제** 1920년대 경제 호황에 힘입어 1930년 무렵에는 미국인 다섯 명 중 한 명이 승용차를 소유하였다.

7. 1929년 미국 시카고에서 발생한 이른바 '성 밸런타인데이 대학살Saint Valentine's Day Massacre' 사건에서 누가 누구를 살해하였나?

8. 1930년에 에티오피아의 라스 타파리Ras Tafari 황태자는 황제로 즉위한 뒤 이름을 바꾸었다. 그의 새 이름은?

9. 1930년 무렵 인도에서는 인도인들에게 이것(상품)의 독자적인 생산과 판매가 금지돼 있었다. 간디는 이 문제에 항의하기 위해 대규모 평화적 시가행진을 주도했다. 이 특정 상품은 무엇이었나?

10. **OX 문제** 1931년 중국의 공산주의자들은 중국에 최초로 공산 국가인 '장시 소비에트 공화국Jiangxi Soviet'을 수립했다.

11. 1931년 일본은 어느 지역을 공격하여 그곳에 괴뢰 정권을 세우고, 그 지역을 1937년부터 추가로 시작된 대규모 침략을 위한 교두보로 삼았나?

12. 이 중일 전쟁은 결과적으로 더욱 큰 국제적 분쟁의 일부가 되었다. 그 분쟁은 무엇인가?

13. **OX 문제** 1933년 요제프 괴벨스Joseph Goebbels는 나치 정권의 대중계몽선전부 장관으로 임명되었다.

○정답○

❻. O

❼. 알 카포네 갱단의 조직원들이 조지 '벅스' 모란이 이끄는 라이벌 갱단 의 조직원 7명을 살해했다.

❽. 하일레 셀라시에_{Haile Selassie}

❾. 소금
    보충: 이 행진은 영국 식민지하의 인도에서 소금세 폐지를 주장하며 일어난 비폭력, 시민 불복종 운동으로 '소금 사티아그라하_{satyagraha}' 또는 '소금 행진'이라 불린다.

❿. O. 이 공산 정권은 국공 내전 때 국민당 세력에 의해 축출되었다.
    보충: 마오쩌둥과 주더朱德에 의해 1931년에 설립되어 1937년까지 중국 남 동부 장시성에 독립적인 정부로 존재했던 공화국을 말한다.

⓫. 중국 북동부에 위치한 만주 지역

⓬. 제2차 세계대전
    보충: 만주사변은 1945년까지 계속된 중국과 15년 전쟁의 시작이며, 제2차 세계 대전의 서막이라는 평가를 받고 있다.

⓭. O. 나치 당원들은 대중을 설득하여 당의 노선을 추종하게 만드는 데 전문가들이었다.

14. 1933년 나치 정권은 처음에는 정치범들을 수용하기 위해서, 최초의 집단수용소를 건설하였다. 그곳은 어디인가?

A 다하우　**B** 아우슈비츠　**C** 부헨발트

15. 1933년 미국에서 늘 입에 오르내리던 법률 하나가 폐지되었다. 그것은 무엇인가?

16. 1934년 독일 군사력을 장악하기 위한 권력투쟁 과정에서 히틀러는 SA Sturmabteilung, 갈색 셔츠 돌격대원 지휘부를 암살하려는 SS Schutzstaffel, 히틀러의 검은 셔츠 친위대의 계획을 승인했다. 이 숙청 작전을 흔히 무엇이라 부르는가?

A 깨진 유리의 밤 사건　**B** 장검의 밤 사건　**C** 대￼ 중상모략 사건

17. 중국의 국공 내전 당시 공산당 추종 세력이 1934년부터 2년간 진행했던 이 대규모 후퇴 작전을 일컫는 말은? **(지도 참조)**

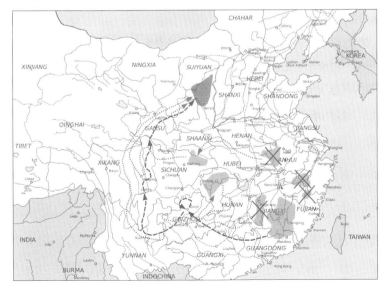

○정답○

⓮. A 다하우_{Dachau}

보충: 아우슈비츠_{Auschwitz}는 폴란드의 도시로 유대인이 대량 학살된 수용소가 있던 곳이고, 부헨발트_{Buchenwald}는 독일 바이마르 부근의 마을로 나치 강제 수용소가 있었다.

⓯. 금주법

⓰. B 장검의 밤 사건_{The Night of the Long Knives}

보충: '깨진 유리의 밤_{Kristallnacht}' 사건은 1938년 11월 9일 독일계 유대인 청년 그린슈판이 파리 주재 독일 대사관의 3등 서기관이었던 에른스트 폼 라트를 암살한 사건에 대한 반발로 나치 독일이 유대인 교회당을 덮쳐 많은 유대인을 학살한 사건을 말한다.

⓱. 장정_{長征}

보충 장정은 중국 공산당이 국민당군의 추적을 피해 끈질기게 투쟁하며 서북 지방까지 도달하게 된 대행군을 말한다. 이 결과로 마오쩌둥이 공산당의 지도자로 부상했으며 중국의 많은 청년이 이 장정을 영웅적 투쟁이라 여기며 공산당에 가담하게 되었으며, 결국 국공내전을 승리로 이끌며 중국 전역을 장악하게 되었다.

18. 이 도피 기간에 공산당의 핵심 지도자로 부상하여 1949년 공산국가인 중화인민공화국의 수립을 선포한 인물은?

19. 1930년대에 가뭄과 잘못된 농법 때문에 미국의 대초원 지대_{로키산맥 동}부의 미국·캐나다에 걸쳐 펼쳐져 있다의 토양이 심각하게 침식되었다. 바람이 불면 흙이 하늘을 뒤덮었기 때문에 수천 가구의 농민들이 이곳을 떠나야 했다. 이런 기상 현상을 표현하는 말은?

20. 1934년 터키 국민들은 법에 따라 사상 처음으로 성을 정해야 했다. 근대 터키 공화국의 초대 대통령인 무스타파 케말_{Mustapha Kemal}에게 부여된 성은 무엇이고 그 말의 의미는?

21. 프랭클린 D. 루스벨트 미국 대통령이 1930년대 대공황으로 인한 경제적 위기를 돌파하고자 취한 경제 개혁 프로그램이자 연방 차원의 경기 부양 정책을 일컫는 말은?

22. 1935년에 이 나라는 국호를 바꾸었다. 자국어로 '아리안족의 땅'을 의미하는 새로운 국호를 채택한 이 나라는?

23. 스페인 내전이 발발한 연도는?

24. 스페인 내전 당시 파시즘 반란군에 맞서는 공화국 정부를 지원하기 위해 해외에서 많은 의용군이 스페인에 집결하였는데, 이들 외국인 의용군 집단을 일컫는 말은?

⓳. 마오쩌둥毛澤東

⓳. 황진黃塵, Dust Bowl

    보충: 황진은 1930년대 미국과 캐나다의 프레리에서 발생한 극심한 모래폭
풍이다. 이로 인해 이 일대의 생태계와 농업에 큰 피해가 발생했다. 심
한 가뭄과 건조농법의 실패가 원인으로 꼽힌다.

⓴. 그의 성은 '아타튀르크Atatürk'이며, '터키의 아버지'라는 뜻이다.

㉑. 뉴딜New Deal 정책

㉒. 페르시아는 국호를 '이란'으로 바꾸었다.

㉓. 1936년

    보충: 스페인 내전은 스페인에서 프란시스코 프랑코를 중심으로 한 우파 반란
군이 기존의 좌파 인민전선 정부를 전복시키기 위해 쿠데타를 벌이면서
발발한 내전이다. 이 내전으로 인해 스페인 전 지역이 황폐해졌다.

㉔. 국제여단國際旅團

    보충: 내전이 발발하자 스페인 제2공화국 정부를 지원하기 위해 세계 각국에
서 의용군이 스페인에 집결했고 이들을 국제여단International Brigades이라
고 불렀다. 국제여단은 총 50여 개 나라에서 모인 약 3만 2천여 명의 병
력으로 이루어졌는데, 의용군에 가담한 유명 인물 중에는 미국 작가인
헤밍웨이, 영국 작가인 조지 오웰 등이 있다.

25. 스페인 내전의 종식과 더불어 집권에 성공했고, 그 후 1975년까지 독재자로 군림하였던 인물은?

26. 파시즘 국가인 독일은 스페인의 파시스트 반란군을 지원하였고, 독일 공군 즉 '루프트바페Luftwaffe'는 스페인 내전을 기회로 삼아 폭격과 기총소사의 실전 경험을 쌓았다. 화가 파블로 피카소는 바스크 지역에 있는 이 마을이 루프트바페 공습을 받은 후의 모습을 그린 유명한 그림을 남겼다. 이 마을의 이름은?

27. 1936년에서 1939년까지 이어진, 아랍의 봉기Arab Rebellion는 어느 지역에서 발생하였나?

28. 1937년 10월에서 1938년 1월까지 중화민국의 수도에서 일본군은 참혹한 잔학행위를 저질렀다. 이 사건은?

29. 1937년 중국 공산당과 국민당은 무엇을 하기로 합의했나?

30. 이 사진은 1938년 11월 9일과 10일, 유대교 회당과 유대인 상점이 있는 건물을 나치가 공격한 후의 모습이다. 이 집단학살 사건을 일컫는 말은?

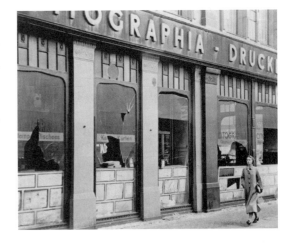

㉕. 프란시스코 프랑코Francisco Franco 장군

㉖. 게르니카Guernica

보충: 제2차 세계대전 당시 독일군에 소속된 공중전 담당 부대를 '루프트바페' 라고 불렀다.

㉗. 팔레스타인 지역. 당시에는 국제연맹의 위임에 따라 영국이 지배하고 있었다. 이 봉기에서 아랍인들은 유대인 이주민의 숫자와 그들의 토지 구매 건수가 점점 늘고 있는 것에 대해 항의하였다.

㉘. 난징 대학살

보충: 일본군은 중일전쟁 때 중화민국의 수도인 난징을 점령한 뒤 1937년 12월 13일부터 6주간 조직적으로 중국인을 무차별 학살했다. 이로 인해 약 30만 명의 중국인들이 학살되었다. 오늘날 중국에서는 이를 '난징 대도살'이라고도 부르며, 서구권에서는 '아시아 홀로코스트'라고 한다.

㉙. 국공합작. 양측은 적대 행위를 중지하고, 일본 침략군에 맞서 연합하기로 합의했다.

㉚. '수정의 밤' 또는 '깨진 유리의 밤Night of the Broken Glass'. 이 이름은 나치의 공격이 있고 난 뒤 길바닥에 산산 조각난 유리가 많이 흩어진 데서 유래했다.

보충: 1938년 11월 9일과 10일, 나치의 준군사 조직인 SA대원들과 나치를 추종하는 시민들이 많은 유대인을 학살한 사건이다.

31. 1938년에 발생한 '안슐루스Anschluss'란 무엇인가?

32. OX 문제 아돌프 히틀러의 진짜 이름(성)은 쉬클클루버Schicklgruber 인가?

33. 전쟁을 막기 위해 연합국 측의 영국과 프랑스는 1938년에 독일과 뮌헨 협정을 체결하여, 영토 팽창 야욕에 채우려는 히틀러로부터 이번이 마지막이라는 약속을 받고 한 지역의 합병을 허용하였다. 그 지역은 어디인가?

34. 이처럼 히틀러에게 어느 정도의 영토 확장을 허용해준 연합국의 정책을 무엇이라고 하는가?
A 포용정책 **B** 허용정책 **C** 유화정책

35. 영국 총리 네빌 체임벌린Neville Chamberlain은 뮌헨 협정이 무엇을 자신들에게 안겨줄 것이라고 단언하였는가? 그의 말은 옳았는가?

36. OX 문제 제2차 세계대전에서 독일과 독일 동맹국인 이탈리아와 일본을 '추축국Axis Powers'이라고 불렀다. 그것은 지도상에서 이 세 나라가 북서와 북동으로 일직선, 즉 축이 그려지기 때문이다.

37. 제2차 세계대전이 발발하기 직전, 영국과 프랑스는 동유럽의 어느 나라와 동맹 관계를 맺고 있었는가? 그래서 독일이 이 나라를 침공했을 때 두 나라는 독일에 선전포고할 수밖에 없었다.

○정답○

31. 독일이 오스트리아를 병합한 사건. 유럽에서 독일어를 사용하는 모든 지역을 통합한다는 나치 독일의 영토 확장 계획 일환으로 이루어졌다.

32. X. 이 이름은 연합국 측이 히틀러를 멍청하게 보이게 하려고 퍼뜨린 선전이다. 하지만 히틀러에게는 마리아 쉬클클루버Maria Schicklgrubr라는 할머니가 실제로 있었다.

33. 주데텐란트Sudetenland, 체코슬로바키아 북부 및 서북부의 산악 지방. 이곳은 체코슬로바키아 내에서 독일어를 사용하는 지역이다. 연합국 측은 이 결정에 관해 체코슬로바키아와 아무런 상의도 하지 않았다.

34. C 유화정책Appeasement

35. 그는 뮌헨 협정으로 '우리 시대의 평화Peace in our time'을 얻었다고 말했으며, 그의 말은 완전히 틀렸음이 입증되었다. 히틀러가 여기에 만족하지 않고, 발트해에 면한 폴란드의 자유무역항인 단치히Danzig를 넘겨 달라고 요구했기 때문이었다.

36. X. 추축국이라는 이름은 1936년 독일과 이탈리아가 체결한 동맹 협정에서 유래했다. 이 협정을 당시 로마-베를린 추축Rome-Berlin axis이라고 불렀다.

37. 폴란드

38. 영국과 프랑스가 독일에 대하여 선전포고를 한 날짜는?

39. 독일은 제1차 세계대전 후 베르사유 조약을 위반하여 재무장을 완료했고 공군루프트바페의 전력을 강화함으로써 공중에서 엄호를 받은 채 탱크와 장갑차를 앞세우고 그 뒤를 보병이 따라가는 식으로 신속하게 진격할 수 있게 되었다. 이러한 전술을 무엇이라고 하는가?

40. 1939년 독일은 바르샤바에 무엇을 창설한 뒤, 이곳을 도시의 나머지 지역으로부터 완전히 차단·격리했는가?

41. 1939년에 프랑스를 지원하기 위해 파견된 영국 군대 이름은?

42. 프랑스군은 프랑스-독일 국경을 따라 구축된 방어 시설인 마지노선 Maginot Line 뒤에 진을 치고 있으면 안전하리라 판단하였다. 나치 독일군은 이 장벽을 어떻게 돌파하였는가? (지도 참조)

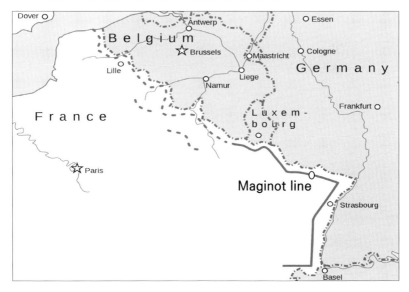

○정답○

38. 1939년 9월 3일

　　보충: 독일은 1934년 폴란드와 불가침조약을 체결했지만 1939년 9월 1일 폴란드 서부 국경을 침공했고, 이틀 후 영국과 프랑스가 히틀러의 독일에 선전포고하며 제2차 세계대전 발발했다.

39. 전격전電擊戰, blitzkrieg

　　보충: 번개 전쟁lightning war'이라고 한다.

40. 바르샤바 게토Warsaw Ghetto

　　보충: 나치 독일은 폴란드를 점령한 뒤, 바르샤바에 게토를 만들어 이곳에 유대인들을 강제로 수용했다. 1942년부터 본격적인 유대인 말살 정책을 시행하면서 게토 내 유대인들이 집단학살 수용소로 차례로 이송한 뒤 처형했다.

41. 영국 해외 파견군British Expeditionary Force

　　보충: 이 부대는 제2차 세계대전 중인 1939년부터 1940년까지 유럽 대륙에서 활동했던 영국군 부대이다. 1939년 9월 1일 독일이 폴란드를 침략하자 프랑스와 영국은 독일에 선전포고하고 경제제재를 가했다. 영국은 유럽을 지키기 위해 원정군BEF을 편성해 벨기에와 프랑스의 북부 방어선에 투입했다.

42. 독일군은 벨기에, 특히 아르덴 숲프랑스 북동부의 벨기에와 접한 산림 지대을 지나, 프랑스의 허술한 방어선을 뚫고 공격하였다.

43. 독일군은 프랑스를 돌파하는 과정에서 1940년 5월 20일 무슨 작전을 성공시켰나?

44. 프랑스의 됭케르크Dunkirk에서 병사들을 철수시키는 데 필요하다는 영국 해군성의 호소에 응하여 작전에 투입된 (아래 사진 속) 작은 배들— 낚싯배, 요트 등—을 무엇이라고 부르는가?

45. 이 작전으로 약 33만 8000명의 연합군 병사들이 독일군 공격을 간신히 피해 프랑스에서 철수하는 데 성공하였다. 하지만 이들이 현지에 두고 온 것은?

46. 1940년 4월 독일이 덴마크와 노르웨이를 침공할 때 처음으로, 전혀 새로운 병사들이 대규모로 전선에 전개되었다. 이들은 무슨 병사들인가?

47. 영국과 프랑스가 덴마크에서 독일 침략군에 밀려 쫓겨나온 뒤, 1940년 5월 영국 총리 네빌 체임벌린은 사임하였다. 그를 이어 선거를 통해 총리 자리에 오른 인물은 누구인가?

㊸. 독일군은 연합군 병력을 분리한 뒤, 영국군을 프랑스 해안으로 밀어붙였다.

㊹. (됭케르크의) 작은 배들

보충: 제2차 세계대전 초기, 수세에 몰린 벨기에군과 영국 원정군BEF 및 3개 프랑스군 등 총 34만여 명을 됭케르크 해안에서 영국 본토로 구출할 목적으로 실행된 대규모 철수 작전이 펼쳐졌는데, 여기에 동원 또는 징발된 민간 선박들을 '(됭케르크의) 작은 배들'이라고 부른다. 9일 동안 860척에 달하는 선박(각종 화물선, 어선, 유람선 및 왕립 구명정협회의 구명정 등)이 긴급히 동원되어 병사들을 해안에서 바다에서 대기 중인 대형 선박(주로 대형의 구축함)으로 수송했다.

㊺. 연합군은 무기와 군사 장비 대부분을 버리고 철수했다.

㊻. 낙하산 부대원들

㊼. 윈스턴 처칠Winston Churchill

48. 프랑스는 1940년 독일에 항복하였다. 나치 치하에서 새롭게 수립된 프랑스 괴뢰 정부는 어디에 근거지를 두었는가?

49. 1940년 9월에서부터 1941년까지 계속된 영국 주요 도시에 대한 독일의 공습을 무엇이라고 부르는가?

50. '브리튼Britain 전투'는 몇 년도에 일어났는가?

51. 1940년 윈스턴 처칠이 의회에서 행한 "인류 전쟁사에서 이토록 많은 사람들이 이렇게 적은 사람들로부터 이토록 큰 도움을 받은 적이 없다Never in the field of human conflict was so much owed by so many to so few."라는 연설에서 그가 말한 '이렇게 적은 사람들'은 누구를 가리키는가?

52. 이 사진 속의 프랑스 장교는 누구인가? 그는 1940년 영국에서 자유 프랑스군을 조직했다.

53. 1940년 1월 8일 전시 중인 영국이 도입하여, 1954년까지 부분적으로 지속한 제도는 무엇인가?

54. 1940년 멕시코시티에 망명 중이던 러시아 혁명가인 레온 트로츠키Leon Trotsky를 암살할 때 사용된 무기는 무엇이었나?

○정답○

48. 비시Vichy, 프랑스 중부의 도시

49. 블리츠The Blitz

보충: 우리나라에서는 흔히 '영국 대공습'이라고 부른다.

50. 1940년

보충: 브리튼 전투는 1940년부터 시작된 독일 공군의 대규모 야간 공습에 맞서 수적으로 열세이던 영국 공군이 도버 해협과 영국 상공에서 벌인 공중전을 가리키는 말이다. 우리나라에서는 주로 '영국 (본토) 항공전'이라고 부른다. '브리튼 전투'라는 이름은 6월 18일 윈스턴 처칠이 국회에서 한 연설에서 따온 것이다.

51. 영국 본토 항공전에서 독일 전투기에 맞서 영국 상공을 지킨 영국 공군 조종사와 항공병들

52. 샤를 드골Charles de Gaulle 장군

53. 배급제도

54. 얼음 깨는 송곳

보충: 트로츠키는 10월 혁명의 주역으로 레닌 사후에, 스탈린과의 권력투쟁에서 패배한 뒤 당에서 제명되고 소련에서 추방당했다. 그 후 망명지를 옮겨 다니며 스탈린 체제를 비판하다가 멕시코에서 스탈린이 보낸 라몬 메르카데르Ramón Mercader에 의해 암살됐다.

55. 제2차 세계대전 당시, 프랑스의 실존주의 철학자인 장 폴 사르트르 Jean-Paul Sartre와 시몬 드 보부아르Simone de Beauboir가 가담했던 단체는?

A 레지스탕스   B 비시 정부   C 나치 당

56. 제2차 세계대전 기간에 난민들에게 피난처를 제공한 유럽의 중립국은 어느 나라인가? 이 나라의 많은 외교관이 자신들이 주재하는 나라의 유대인들에게 위조여권을 발부해주어 그들의 탈출을 도왔다.

A 스웨덴   B 스위스   C 포르투갈

57. 제2차 세계대전 당시, 런던에는 정식으로 승인받은 9개의 망명 정부가 있었다. 나치에 점령당해 런던에 망명 정부를 수립했던 나라들은 어디인가?

58. OX 문제   제2차 세계대전 기간 중, 런던에는 에티오피아의 하일레 셀라시에 황제, 알바니아의 조그 왕 등, 다수의 정부 수반들이 망명해 있었다.

59. 1941년 일본이 필리핀을 침공한 뒤, 필리핀 망명 정부는 어느 나라에서 수립되었는가?

A 오스트레일리아   B 중국   C 미국

60. 1940년대에 "나치가 공산주의자들을 덮쳤을 때, / 나는 침묵했다. / 나는 공산주의자가 아니었기 때문이다."라는 구절로 시작되어 "그들이 나에게 닥쳤을 때는, / 나를 위해 말해줄 이들이 / 아무도 남아 있지 않았다."로 끝나는 시를 쓴 사람은 누구인가?

○정답○

⑤⑤. **A** 레지스탕스_{The French Resistance}

보충: '레지스탕스'는 프랑스말로 '저항'을 의미한다. 2차 대전이 발발하고 독일이 프랑스를 점령한 뒤, 프랑스 국내에서는 프랑스 공산당을 비롯하여 프랑스 공화국 이념에 충실한 지식인들, 드골을 따르는 민족주의 세력 등이 각자 조직을 만들어 독일과 비시 정부에 대한 전항 운동을 벌였다.

⑤⑥. **C** 포르투갈

⑤⑦. 벨기에, 체코슬로바키아, 프랑스, 그리스, 룩셈부르크, 네덜란드, 노르웨이, 폴란드, 유고슬라비아

⑤⑧. **O**

⑤⑨. **A** 오스트레일리아

보충: 1941년 12월 진주만 기습으로 태평양전쟁을 일으킨 일본은 4시간 뒤 필리핀을 기습 공격하였고, 이듬해 5월경에는 필리핀 전체가 일본군에 의해 완전히 점령당하였다. 케존_{Quezon} 대통령이 이끄는 필리핀 임시정부는 오스트레일리아를 거쳐 미국의 샌프란시스코로 망명하였고 필리핀은 다시 일본의 식민 지배를 받게 되었다.

⑥⓪. 독일의 마르틴 니묄러_{Martin Niemöller} 목사

보충: 나치당의 만행에 적극적으로 동조하진 않았어도 무관심으로 방조했던 대다수 사람을 비판하는 금언으로 많이 인용되는 이 시의 정확한 제목은 〈처음 그들이 왔을 때_{First they came}〉이다.

61. 제2차 세계대전 당시, 지중해의 한 섬은 1940년부터 1942년까지 독일군과 이탈리아군에 의해 포위되었다. 북아프리카에서 작전 중인 추축국 군대의 보급선을 차단하기 위해 연합국 공군기들이 발진기지로 삼았던 이 섬의 이름은?

62. 1941년 독일은 옛 동맹국을 400만의 병력을 동원하여 침공했다. 이것은 역사상 최대 규모의 침공 작전이었다. 독일의 목표는 어느 나라였는가?

63. 이 침공 작전에 독일이 붙인 이름은 무엇인가?

64. 1941년 9월부터 1944년 1월까지 독일군에게 포위된 러시아의 도시는 어디인가? 이 도시의 점령을 놓고 벌인 포위 작전은 전쟁 역사상 최장기간 지속한 포위전으로 기록돼 있다.

65. 연합군이 보유한 거대한 대포들은 아시아의 어느 지역에 배치되어 있었는가? 그리고 그것들은 왜 기대했던 것만큼 그 도시를 방어하는 데 큰 도움을 주지 못했는가?

66. 요시프 브로즈Josip Broz는 제2차 세계대전 당시, 유고슬라비아 공산당 빨치산 부대의 최고 지도자로 나치 독일군에 저항하여 투쟁하였다. 그는 어떤 다른 이름으로 더 잘 알려져 있는가?

○정답○

㉚. 몰타_{Malta}

㉜. 소련

보충: 1941년 6월 22일 나치 독일은 소련과의 불가침조약을 일방적으로 파기하고 선전포고 없이 소련을 대규모로 침공했다.

㉝. 바르바로사_{Barbarossa} 작전

보충: 바르바로사는 '붉은 수염'이라는 뜻으로 동방 개척에 관심이 많았던 신성 로마 제국의 황제 프리드리히 1세의 별명이다. 그는 십자군 원정길에 사망한 것으로 알려져 있다.

㉞. 레닌그라드_{지금의 상트페테르부르크St. Petersburg}

보충: 레닌그라드 포위전은 제2차 세계대전 중 동부 전선에서 레닌그라드 점령을 시도한 독일 북부 집단군의 장기간 군사 작전이다. 이 전투는 역사상 가장 길고 파괴적이었을 뿐 아니라, 가장 많은 사상자_{약 3백만 명으로 추산}를 낸 도시 전투로 꼽힌다.

㉟. 당시 영국 식민지였던 싱가포르에 배치돼 있었다. 연합군의 해안포는 해안에 접근하는 전함을 포격하기 위한 탄약을 장착한 채 모두 총구를 바다를 향하고 있었다. 하지만 일본군은 육상 침투를 감행했다. 즉 1941년 영국군이 절대로 통과할 수 없다고 오판했던 말레이반도를 통하여 진격했다.

㊱. 티토_{Tito}

67. 미국은 일본군이 1941년 12월 7일, **사진**에 나타난 것처럼 자국의 해군기지에 대한 기습 공격을 감행하기 전까지는 제2차 세계대전에서 중립을 유지하고 있었다. 이 해군기지가 위치한 곳은 어디인가?

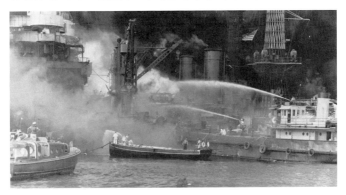

68. 1941년 2월 '아프리카 군단'의 지휘를 맡은 나치 독일의 장군은 누구이며, 그의 별명은 무엇인가?

69. 1942년 1월 나치 독일은 반제 회의Wannsee Conference에 경악스러운 결정을 내린다. 그것이 무엇인가?

70. 오른쪽 지도는 1942년의 정세를 나타내는 지도이다. 점선은 무엇을 의미하는가?

○정답○

67. 하와이의 진주만Pearl Harbor

보충: 일본 해군은 미국 태평양 함대와 이를 지키는 공군과 해병대를 대상으로 기습 공격을 감행하였다. 태평양 전쟁의 도화선이 된 이 공습으로 미국 함선 8척이 침몰했고, 2400명이 넘는 희생자가 발생했다.

68. 에르빈 로멜Erwin Rommel 장군이며, 그는 '사막의 여우Desert Fox'라는 별명으로 불리었다.

보충: 로멜은 제2차 세계대전이 발발하자 기갑사단을 이끌고 프랑스가 자랑하는 마지노 요새를 전격 작전으로 돌파해 프랑스 점령의 첫 단추를 연 장군이다. 연합군은 그가 지휘하는 제7기갑사단을 '도깨비 사단', '유령 사단'이라 부르며 두려워했다. 그 후 로멜은 독일 아프리카군단 사령관으로 취임하여 연합군에게 공포를 안겨주었다. 그는 불과 10만 명의 병력과 150대의 전차만으로 신출귀몰한 작전을 펼쳐 20만 명의 병력과 1300대의 전차로 무장한 연합군의 혼을 빼놓았다. 연합군을 그를 '사막의 여우'라 불렀다.

69. 그들은 이 회의에서 스스로 '최종 해결책'이라고 이름 붙인 정책, 즉 유대인들을 죽음의 수용소에서 처형하거나 기타 방법으로 조직적인 말살한다는 정책을 채택했다.

보충: '최종 해결책the Final Solution'이라는 말은 나치가 유대인 전멸 계획을 지칭하기 위해 사용한 완곡한 표현이었다.

70. 일본이 최대로 많은 해외 영토를 점령했을 때의 상황

71. 제2차 세계대전 기간 중 판세를 가르는 전환점이 몇 차례 있었다. 러시아의 경우, 가장 중요한 전환점은 무엇이었나?

72. OX 문제 1943년 7월, 독일과 러시아는 쿠르스크Kursk에서 전쟁 역사상 최대 규모의 전투를 벌였다. 이 전투는 러시아의 승리로 끝났고, 그 후 적군은 독일 영토 안까지 진격해 들어가는 과정에서 한 번도 패하지 않았다.

73. 나치의 선전을 영어로 방송한 윌리엄 조이스William Joyce는 어떤 별명을 얻었는가?

74. 제2차 세계대전에서 또 한 번의 전환점은 이 신임 연합군 사령관이 전쟁 전면에 등장하여 결정적인 승리를 쟁취한 1942년 10월에 일어났다. 이 사람은 누구인가? (사진 참조)

75. 윈스턴 처칠은 이 중요한 전투가 끝난 뒤, "이 전투 이전에 우리는 한 번도 승리하지 못했지만, 이 전투 이후에는 한 번도 패하지 않았다."라며 감격해했다. 그가 언급하고 있는 것은 무슨 전투인가?

○정답○

71. 1942년 8월부터 1943년 2월까지 지속된 스탈린그라드 전투The Battle of Stalingrad 개전 초기에는 독일군이 러시아군을 볼가Volga강까지 밀어붙였지만, 러시아의 적군赤軍은 기습적으로 양면 공격을 펼쳐 나치 독일군을 포위하였고, 결국 굴복시켰다.

72. O

73. 호호 경Lord Haw-Haw

보충: 윌리엄 조이스는 파시스트 성향의 정치인으로 1940년에 독일 시민권을 취득한 미국계 영국인이다. 제2차 세계대전이 터지자 나치 독일로 건너가 선전부장이 되어 대 연합군 선전방송을 진행했다. 종전 후 영국군에 체포되었고, 1946년에 처형되었다.

74. 버나드 몽고메리 장군General Bernard Montgomery

보충: 몽고메리는 영국 육군 장군으로 1942년에 북아프리카 전선에서 제8군의 사령관을 맡아 그때까지 승승장구하던 에르빈 로멜 휘하의 독일 북아프리카 군단을 엘 알라메인 전투에서 격파하여 전쟁의 판세를 뒤엎었다.

75. 2차 엘 알라메인El Alamein 전투

보충: 제2차 세계대전 당시인 1942년 엘 알라메인이집트 북부 해안의 도시에서 북아프리카의 전세를 뒤바꾼 탱크전이 두 차례 벌어졌다. 단일 전투로는 가장 많은 전차를 양측에서 동원한 전투로 알려져 있다. 연합군이 결정적 승리를 거둔 2차 전투가 유명하다.

76. 북아프리카 전선에서 승리를 거둠으로써 연합군은 어느 나라에 대한 침공이 가능해졌나?

A 프랑스   B 스페인   C 이탈리아

77. 연합국이 '에니그마 기계Enigma'로 작성된 독일 해군의 암호를 해독하는 데 날씨가 어떤 도움을 주었는가?

78. 일본군 함정은 태평양전쟁 당시, 미 해군의 초계 어뢰정Patrol Torpedo Boat 한 척을 들이받아 침몰시킨 적이 있었는데, 장래의 미국 대통령이 이 배를 지휘하고 있었다. 그는 누구인가?

79. 아래 사진 속의 일본군 조종사들이 구사한 절망적인 전술은?

80. 1944년부터 독일이 영국을 겨냥하여 발사한 '날아다니는 폭탄' V1에는 어떤 별명이 붙었는가?

81. 연합군의 노르망디 상륙 작전과 독일 침공 작전을 지휘한 총사령관을 맡은 미국 장군은 누구인가?

힌트: 그는 1953년에 미국 대통령에 당선되었다.

○정답○

76. C 이탈리아

77. '날씨'를 뜻하는 독일어 단어 'Wetter'가 매일, 같은 시각에 방송되는
일기예보에 들어 있었고, 이 말을 실마리로 삼아 연합군의 암호해독
전문가들이 암호를 해독했다.
　보충: 에니그마Enigma는 제2차 세계대전 당시 독일군이 사용했던 암호 기계
　　　다. 연합국 암호전문가들은 독일군이 매일 새벽, 일기예보를 암호화해
　　　송신할 것이며, 따라서 오전 6시 직후 수신된 암호에는 '날씨'를 뜻하는
　　　독일어 Wetter가 들어 있을 확률이 매우 높다고 추정한 뒤, 이를 실마리
　　　로 삼아 전체 암호 체계를 파악하는 데 성공했다.

78. 존 F. 케네디

79. 폭탄을 가득 실은 항공기로 연합군 해군 함정을 들이받는 가미카제식
자살 공격
　보충: "가미카제神風"는 13세기 원나라의 일본 원정 당시 원나라 침공을 저지
　　　한 태풍을 "신이 일으킨 바람"이라 부른 데에서 따온 것이다.

80. 개미귀신

81. 드와이트 D. 아이젠하워Dwight D. Eisenhower

82. 디데이D-Day에서 D는 무엇을 의미하는가?

　　A 새벽Dawn　　**B** 날Day　　**C** 결정Decision

83. 디데이의 상륙 작전에서 목표로 삼은 노르망디 해안의 5개 지역을 나타내는 암호는 각각 무엇이었나?

84. **OX 문제**　영국 공수부대가 디데이에 프랑스에 성공적으로 침투했다는 소식은 '노르망디 공Duke of Normandy'이라는 전령 비둘기에 의해 영국에 전해졌다.

85. 1944년에 미래의 관세동맹, 즉 베네룩스 협약Benelux Convention을 체결하는 유럽 3개국은 어디인가?

86. 아래 사진은 1945년 2월 연합군의 융단 폭격을 맞은 뒤에 촬영된 독일의 한 도시의 모습이다. 이곳은 어디인가?

87. 1945년 2월 얄타Yalta 회담에서 회동한 3개국 정상은 누구누구인가?

○정답○

82. B 날_{Day}

> 보충: 군사작전상 공격예정일 뜻한다.

83. 골드_{Gold}, 주노_{Juno}, 오마하_{Omaha}, 소드_{Sword}, 유타_{Utah}

> 보충: 제2차 세계대전의 주요 전투 가운데 하나인 노르망디 상륙작전에서 연
> 합군측이 상륙지점으로 설정한 프랑스 노르망디 해안 일부에 부여된 코
> 드명. 서쪽에서 동쪽으로 유타-오마하-골드-주노-소드의 순서이다.

84. O

85. 벨기에, 네덜란드, 룩셈부르크

86. 드레스덴_{Dresden}

> 보충: 드레스덴은 독일의 다른 도시들과 달리 후방에 위치해 제2차 세계 대전
> 초반에는 큰 피해를 입지 않았으나 전쟁이 끝나갈 무렵인 1945년 2월
> 14일, 연합군의 폭격_{드레스덴 폭격}으로 수많은 건축물들과 공장시설이 파
> 괴되어 큰 피해를 입었다.

87. 소련의 스탈린, 미국의 프랭클린 D. 루스벨트, 영국의 윈스턴 처칠
수상

88. 1945년 4월 12일 사망한 전시 지도자는 누구이며, 그의 후계자는 누구인가?

89. 1945년 4월 30일, 히틀러가 마지막으로 취한 행동은?

90. **OX 문제** 1945년 5월 1일, 나치의 선전부 장관인 요제프 괴벨스와 그의 부인인 마그다Magda는 6명의 자녀를 독살한 다음, 자살하였다.

91. 1945년 7월 실시된 영국 총선거에서 나온 뜻밖의 결과는 무엇인가?

92. 1945년 7월 16일, 미국의 물리학자 로버트 오펜하이머는 힌두교 경전인 《바가바드기타Bhagavadgita》를 인용하여, "나는 이제 죽음이요, 세상의 파괴자가 되었도다."라고 말했다. 그는 무슨 일에 대한 반응으로 이런 말을 하였는가?

93. 1945년 8월 6일 세계 최초로 원자폭탄이 투하된 일본의 도시는 어디인가?

94. 1945년 8월 9일, 두 번째 원자폭탄의 목표가 된 도시는 어디인가?

95. 1945년 9월 2일 마침내 일본은 어디에서 항복 문서에 정식으로 서명하였나?

○정답○

88. 프랭클린 D. 루스벨트 미국 대통령이며, 부통령인 해리 S. 트루먼_{Harry} _{Truman}이 대통령직을 이어받았다.

89. 베를린에 있는 벙커에서 총으로 자살했다.

90. O

91. 클레멘트 애틀리_{Clement Attlee}가 이끄는 노동당이 전시 수상이었던 윈스턴 처칠과 보수당을 꺾었다.

92. 뉴멕시코에서 실시된 '트리니티_{Trinity} 테스트'에서 최초의 원폭 폭발을 실험했다.

　보충: '트리니티'는 뉴멕시코주에서 실시된 인류 최초의 핵실험에 사용된 핵무기이다. 사용된 폭탄은 플루토늄 폭탄으로 TNT 20킬로톤의 위력을 지녔다.

93. 히로시마

94. 나가사키

95. 도쿄만에 정박해 있던 미 해군의 전함인 USS 미주리호 함상에서

96. 나치는 아우슈비츠를 비롯한 유대인 강제 수용소의 정문 위에 "Arbe-it macht frei"라는 표어를 걸어놓았다. 이 말은 무슨 뜻인가?

97. 전 세계 인구 중 제2차 세계대전에 연루된 사람은 어느 만큼(%)이었을까?
A 25% **B** 50% **C** 75%

98. 제2차 세계대전 말기, 중국 공산당과 국민당을 무엇을 시작하였나?

99. 1945년 11월 나치 지도자들에 대한 전범 재판이 시작되었다. 이 재판이 열린 도시는?

100. 제2차 세계대전이 끝난 뒤, 유럽과 아시아 국가 대부분이 황폐해졌거나 경제적으로 탈진 상태에 빠진 가운데 세계에서 가장 부유한 국가로 부상한 나라는?

○정답○

96. "노동이 그대를 자유케 하리라."

보충: 이 말은 1876년 독일에서 나온 소설의 제목이며, 이후 독일 사회에서 속담 비슷한 경구로 사용되었다.

97. C 75%

98. 내전_{국공 내전}을 재개하였고, 이 내전은 1949년에 결국 공산당의 승리로 끝났다.

99. 독일 남부의 뉘른베르크_{Nuremberg}

100. 미국

사진 판권

47 페이지: Nazca Lines – aerial view of Hummingbird; photo tr3gi / iStock.

49 페이지 (위): Nok terracotta bust of a woman, Nigeria; photo Werner Forman / Universal Images Group / Getty Images.

49 페이지 (아래): Tollund man, Museum Silkeborg, Denmark; photo Werner Forman/ Universal Images Group / Getty Images.

51 페이지: The Urn Tomb, first of The Royal Tombs, Petra, Jordan; photo Kuznetsov Alexey / Shutterstock.com.

55 페이지: The Great Serpent Mound in Adams County, Ohio; photo MPI / Getty Images.

57 페이지: Illustration of Archimedes by UGChannel / Shutterstock.com.

59 페이지: The Rosetta Stone at the British Museum, London; photo Claudio Divizia / Shutterstock.com.

61 페이지: SPQR, official emblem of modern-day Rome and classic symbol of Ancient Rome; photo Ruslan Kalnitsky / Shutterstock.com.

63 페이지: Illustration of a Parthian horse archer from *The Book of Archery* by George Agar Hansard, London, 1841.

67 페이지: *Boadicea and Her Daughters*, bronze sculpture by Thomas Thornycroft, Westminster Bridge, London; photo Alexandra King / Shutterstock.com.

69 페이지: Illustration of Vesuvius before the 79 A. D. eruption, published in *Magasin Pittoresque*, Paris, 1840; image Marzolino / Shutterstock.com.

71 페이지 (위): Photo of Hadrian's Wall, Northumberland by Phillip Maguire / Shutterstock.com.

71 페이지 (아래): the ancient city of Palmyra in the Syrian desert; photo Linda Marie Caldwell / Shutterstock.com.

73 페이지: The stele of Aksum in Ethiopia; photo hecke61 / Shutterstock.com.

75 페이지: Illustration of the Roman Empire in A. D. 395 from *The Byzantine Empire* by Edward Foord, London, 1911.

77 페이지: Photo of Mayan hieroglyphs by Yummyphotos / Shutterstock.com.

81 페이지: Map showing Lombardy in Northern Italy by Rainer Lesniewski / Shutterstock.com.

85 페이지: Map of the Byzantine Empire under Justinian from *The History of Medieval*

Europe by Lynn Thorndike, Houghton, Mifflin & Co., Cambridge, Mass., 1917.

91 페이지: Monks Mound, Collinsville, Illinois; photo Skubasteve834 (CC BY-SA 3.0).

97 페이지 (위): Engraving of Harun al-Rashid from *Das Welttheater oder die allgemeine Weltgeschichte* by C. Strahlheim, Frankfurt, 1834 -1840.

97 페이지 (아래): Fresco of *The Coronation of Charlemagne* by Raphael, Room of the Fire in the Borgo, Vatican Muse\-um; photo Viacheslav Lopatin / Shutterstock. com.

99 페이지: A political map of Europe featuring areas of major Viking incursions and the dates of famous Viking raids / Adhavoc (CC BY-SA 3.0).

107 페이지: Map of the Khazar Empire 600 -850 A.D., public domain.

115 페이지: Map showing the extent of the Chola Empire during the reign of Rajendra Chola I; illustration by Venu62 / en.wikipedia (CC BY-SA 3.0).

117 페이지: Scene from the Bayeux Tapestry showing King Harold receiving an arrow in his eye; illustration from *The Story of the World* by Elizabeth O'Neill, New York, 1910.

121 페이지: Map of the Seljuk Dynasty (1037-1194 A.D. via the Arab League at English Wikipedia / public domain.

123 페이지: Photo of a Chichen Itza chacmool by CampPhoto / iStock.

125 페이지: Lone moai standing on Easter Island; photo Tero Hakala / Shutterstock. com.

127 페이지 (위): Map to illustrate the principal routes of the first four Crusades from *Outlines of the World's History* by William Swinton, American Book Company, 1902.

127 페이지 (아래): Illustration of Frederick Barbarossa from Clipart.com.

129 페이지: portrait of Saladin on a Syrian banknote (1991); photo vkilikov / Shutterstock.com.

133 페이지: Illustration, by John Leech, of King John refusing to sign the Magna Carta when first presented to him, published 1875: image Everett Historical / Shutterstock.com.

139 페이지: Map showing the Mongol Empire at its greatest extent ca. 1300 from *His-*

torical Atlas by William Shep\-herd, New York, 1911.

143 페이지 (위): *Macbeth, Shakespeare: the three weird sisters* by Henry Fuseli / Wellcome Images (CC BY-SA 3.0).

143 페이지 (아래): Illustration from *Dolls of the Tusayan Indians* by Jesse Walter Fewkes, publisher E. J. Brill, Boston and Leiden, 1894.

145 페이지: Spread of the Black Death in medieval Europe; map Andy85719 (CC BY-SA 3.0).

147 페이지: jar with dragon, Ming dynasty, early 15th century; gift of Robert E. Tod, 1937 / Metropolitan Museum of Art, New York.

153 페이지: Plan of the Battle of Agincourt from *The Art of War in the Middle Ages* by Charles Oman, Oxford, 1885.

155 페이지: Illustration of Hiawatha by Frederic Remington from *The Song of Hiawatha* by Henry Wadsworth Longfellow, Houghton, Mifflin & Co., Cambridge, Mass., 1890.

157 페이지: A bust of Vlad Tepes, Vlad the Impaler, the inspiration for Dracula, in the Old Princely Court, Curtea Veche, Bucharest, Romania: photo douglasmack / Shutterstock.com.

159 페이지: France in the late 15th Century', from *Muir's Historical Atlas: Medieval and Modern*, London, 1911; map adapted by Zigeuner (CC BY-SA 3.0).

161 페이지: Map showing Africa and the Songhai Empire; Universal Images Group North America LLC / Alamy.

163 페이지: Treaty of Tordesillas, 1494; map showing the Treaty line / Ultimadesigns at English Wikibooks.

173 페이지 (위): Map of the Mughal Empire from *India: a country study* / Federal Research Division, Library of Con\-gress.

173 페이지 (아래): map of Brazil in 1534 showing the administrative divisions / Shadowxfox (CC BY-SA 4.0).

175 페이지: Head of an Oba, Nigeria, Court of Benin; The Michael C. Rockefeller Memorial Collection, Bequest of Nelson A. Rockefeller, 1979 / Metropolitan Museum of Art, New York.

179 페이지: Fresco depicting the Battle of Lepanto in 1571 and showing Don Juan of

Austria and the cardinals, Franciscan Church of the Visitation, Ein Karem, Israel; photo Abraham (CC BY-SA 3.0).

187 페이지: Defenestration of Prague, 1618, wood engraving published in 1881; image ZU_09 / iStock.

189 페이지: Engraving showing the Pilgrim Fathers leaving Delfshaven in the Netherlands in 1620 / Clipart.com.

191 페이지: Portrait of Cardinal Richelieu by Philippe de Champaigne, the Louvre Museum, Paris; photo Everett Historical / Shutterstock.com.

195 페이지: Map of Bohemia from CIA Publications / *The World Factbook*.

197 페이지: Portrait of Louis XIV by the Hyacinthe Rigaud studio, 1701; photo Everett – Art / Shutterstock.com.

207 페이지 (위): Map from *The Colonies 1492-1750* by Reuben Gold Thwaites, New York, 1910.

207 페이지 (아래): the Mission San Luis Obispo de Tolosa, a Californian landmark since 1772; photo Marty Nelson / Shutterstock.com.

209 페이지: Engraving of George Washington published in *The Gallery of Portraits With Memoirs*, 1837; image Georgios Kollidas / Shutterstock.com.

211 페이지: King George III, ca. 1760s; image Everett Historical / Shutterstock.com.

213 페이지: The Storming of the Bastille, 1789; illustration Everett Historical / Shutterstock.com.

217 페이지: Map of the 'Triangular Trade' between Britain, its American colonies and Africa in the 17th and 18th centuries; illustration Granger Historical Picture Archive / Alamy.

219 페이지: Map from *An Elementary History of our Country* by Eva March Tappan, Houghton, Mifflin & Co., 1922.

221 페이지: Route of the Lewis and Clark Expedition; map Victor van Werkhooven / public domain.

223 페이지: A statue of the Duke of Wellington located in the historic city of Norwich, UK; photo chrisdorney / Shutterstock.com.

225 페이지: Map of Napoleon's Russian campaign from *The Life of Napoleon I* by John Holland Rose, G. Bell and Sons Ltd., London, 1910.

227 페이지: Map of the Battle of Waterloo *A Brief History of Europe from 1789 to 1815* by Lucius Holt, Alexander Chilton and William Harrison, The Macmillan Company, New York, 1919.

231 페이지: Statue of Simon Bolivar, founder of La Gran Colombia, in Iber-American Plaza, Central Station, Sydney, Australia; photo Sourabh / Shutterstock.com.

233 페이지: Map of Gran Colombia, 1819; Shadowxfox (CC BY-SA 3.0).

237 페이지: A 1975 British postage stamp celebrating the 150th Anniversary of the Public Railways with the found\-ing of the Stockton and Darlington Railway, 1825; image Andy Lidstone / Shutterstock.com.

245 페이지: The Alamo in San Antonio, Texas; photo Steven Frame / Shutterstock.com.

249 페이지: Map showing the industrialisation of Western Europe from *A History of Europe from the Reformation to the Present Day* by Ferdinand Schevill, New York, 1923.

255 페이지: Illustration of the Charge of the Light Brigade, Battle of Balaclava, 1854, from the Illustrated London News.

261 페이지: Map of Italy in 1861 from Clipart.com.

263 페이지: Portrait of Abraham Lincoln; photo Everett Historical / Shutterstock.com.

265 페이지: Contemporary map of the Battle of Gettysburg, July 3 1863; image Andrew_Howe / iStock.

267 페이지: Buffalo soldiers of the 25th Infantry or the 9th Cavalry, while stationed at Yosemite National Park, ca. 1899; photo Everett Historical / Shutterstock.com.

269 페이지: *The Driving of the Last Spike*, 1881, a painting by Thomas Hill depicting the ceremony held at Prom\-ontory Point, Utah, on May 10, 1869, marking the completion of the transcontinental railroad; photo Everett Historical / Shutterstock.com.

275 페이지: Photo of Zulu warriors from the Bain Collection / Library of Congress Prints and Photographs Division (LC-DIG-ggbain-00042).

277 페이지: Contemporary photo of the eruption of Krakatoa, taken from a passing ship, public domain.

279 페이지 (위): por\-trait of Geronimo, Chiricahua Apache warrior in 1898, when he was held with his family at Fort Sill, Oklahoma; photo Everett Historical / Shutterstock.com.

279 페이지 (아래): Statue of Liberty, New York; photo UbjsP / Shutterstock.com.

281 페이지: Map of Vietnam by Peter Hermes Furian / iStock.

283 페이지: Map of Ethiopia by Peter Hermes Furian / Shutterstock.com.

287 페이지: USA Central Intelligence Agency map of Thailand (2002) / Library of Congress Geography and Map Division (item 2005632335).

293 페이지: Portrait of Albert Einstein / Library of Congress Prints and Photographs Division (LC-USZ62-106042).

297 페이지: Photo of Joseph Stalin from Clipart.com.

299 페이지: British WWI machine gun crew in a front line trench, 1914-18: photo Everett Historical / Shutter\-stock.com.

303 페이지: WWI poster by Alfred Leete / Library of Congress Prints and Photographs Division (LC-DIG-ppm\-sca-37468).

305 페이지: Map of the Somme battlefield from *The Somme, Volume I: The First Battle of the Somme (1916 -1917)*, Michelin & Cie., 1919.

307 페이지: Russian Royal family in 1914 (left to right seated: Marie, Queen Alexandra, Czar Nicholas II, Anas\-tasia, Alexei; standing: Olga and Tatiana; photo Everett Historical / Shutterstock.com.

309 페이지: statue of Lenin, Moscow Square, St. Petersburg; photo Vinokurov Kirill / Shuttestock.com.

311 페이지: Europe and the Middle East after the peace settlements of 1918 and the formation of the Turkish Republic in 1923; map by David Woodroffe from *The 20th Century in Bite-sized Chunks*, Michael O'Mara Books Ltd., 2016.

313 페이지: Portrait of Faisal I, king of Iraq in 1921-1933; photo by APIC / Getty Images.

317 페이지: Howard Carter, English egyptologist, pictured near the golden sarcophagus of Tutankhamun in Egypt, 1922; photo Harry Burton / APIC / Getty Images.

325 페이지: The route of the Long March in China, 1934-1935; map Rowanwindwhis-

tler / Ericmetro (CC BY-SA 3.0).

329 페이지: Windows of a Jewish-owned business smashed during Kristallnacht, Berlin, November 9-10, 1938; photo Everett Historical / Shutterstock.com.

333 페이지: The Maginot Line in France / Goran tek-en (CC BY-SA 3.0).

335 페이지: Photo of World War II Dunkirk evacuation from Clipart.com.

337 페이지: General de Gaulle saluting the guard of honour on his visit to Tunisia, 1943 / Library of Congress Prints and Photographs Division (LC-DIG-fsa-8d32420).

343 페이지 (위): Pearl Harbour, Hawaii; USS West Virginia aflame / Library of Congress Prints and Photographs Division (LC-USW33-018432-C).

343 페이지 (아래): The extent of Japanese expansion by 1942; map by David Woodroffe from *The 20th Century in Bite-sized Chunks*, Michael O'Mara Books Ltd., 2016.

345 페이지: Field Marshal Bernard L. Montgomery watches his tanks move up, North Africa, November 1942 / US National Archives (ID: 208-PU-138LL-3, War and Conflict Book No. 1017).

347 페이지: Japanese kamikaze pilots. Kamikaze, 'Divine Wind', refers to a typhoon that swept Mongol invaders away from the Japanese coast in 1286; photo © Hulton-Deutsch Collection / Corbis via Getty Images.

349 페이지: Bodies in the street after the allied fire bombing of Dresden, Germany, February 1945; photo Keystone / Hulton Archive / Getty Images.